职业教育改革创新示范教材

Qiche Weihu
汽车维护

（第二版）

马伟森　桂长江　主　编
丁偲瑾　孙永江　朱福顺　副主编

人民交通出版社股份有限公司
China Communications Press Co.,Ltd.

内 容 提 要

本书是职业教育改革创新示范教材之一，主要内容包括：汽车维护基础知识、汽车发动机的维护、汽车底盘的维护、汽车电气设备的维护、汽车车身的维护以及4S店售前维护操作规程和维护灯复位操作。

本书可作为职业院校汽车运用与维修专业的教材，也可供汽车维修及相关技术人员参考阅读。

图书在版编目(CIP)数据

汽车维护 / 马伟森，桂长江主编. —2版. —北京：人民交通出版社股份有限公司，2016.4

ISBN 978-7-114-12850-9

Ⅰ.①汽… Ⅱ.①马… ②桂… Ⅲ.①汽车—车辆修理—高等职业教育—教材 Ⅳ.①U472

中国版本图书馆CIP数据核字(2016)第041057号

职业教育改革创新示范教材

书　　名：汽车维护(第二版)
著 作 者：马伟森　桂长江
责任编辑：翁志新
出版发行：人民交通出版社股份有限公司
地　　址：(100011)北京市朝阳区安定门外外馆斜街3号
网　　址：http://www.ccpress.com.cn
销售电话：(010)59757973
总 经 销：人民交通出版社股份有限公司发行部
经　　销：各地新华书店
印　　刷：北京市密东印刷有限公司
开　　本：787×1092　1/16
印　　张：11.25
字　　数：256千
版　　次：2011年8月　第1版
　　　　　2016年4月　第2版
印　　次：2016年4月　第2版　第1次印刷　累计第5次印刷
书　　号：ISBN 978-7-114-12850-9
定　　价：28.00元

职业教育改革创新示范教材编委会

第二版前言

PREFACE TO THE SECOND EDITION

“十二五”期间,人民交通出版社以职教专家、行业专家、学校教师、出版社编辑“四结合”的模式开发出了“职业教育改革创新示范教材”,受到广大职业院校师生的欢迎。

随着职业教育教学改革的不断深入,学校对课程、教材的内容与形式提出了更高的要求。《教育部关于深化职业教育教学改革全面提高人才培养质量的若干意见》(教职成〔2015〕6号)中提出:对接最新职业标准、行业标准和岗位规范,紧贴岗位实际工作过程,调整课程结构,更新课程内容,深化多种模式的课程改革。要普及推广项目教学、案例教学、情景教学、工作过程导向教学,广泛运用启发式、探究式、讨论式、参与式教学,充分激发学生的学习兴趣和积极性。根据文件精神,人民交通出版社组织专家和主编老师,对已出版的“职业教育改革创新示范教材”进行了全面修订,对个别不能完全适应学校教学的教材进行了重新整合,并增加了几种学校急需教材,更新了教材内容,并对教材中的错漏之处进行了修正。

《汽车维护》是其中一本,此次修订,纠正了第一版中的错误之处;删除了陈旧的知识点;更新了相关技术标准和法规;进一步修改了维护流程和操作规范,使之更加准确和规范;配套的电子课件也进行了修订。书中部分知识点标题旁有二维码,手机扫码后可在线观看动画或操作视频。

本书由佛山市华材职业技术学校马伟森、昆明市盘龙职业高级中学桂长江担任主编,丁俈瑾、孙永江、朱福顺担任副主编,参加编写的还有张立新、梁上海、邓津海、黄宜坤、郭大民、李泰然。

职业教育改革创新示范教材编委会

2016年1月

第一版前言

PREFACE

《国家中长期教育改革和发展规划纲要(2010—2020年)》中提出:大力发展职业教育,把职业教育纳入经济社会发展和产业发展规划,把提高质量作为重点;以服务为宗旨,以就业为导向,推进教育教学改革。实行工学结合、校企合作、顶岗实习的人才培养模式;满足人民群众接受职业教育的需求,满足经济社会对高素质劳动者和技能型人才的需要。

职业教育的发展已作为国家当前教育发展的战略重点之一,但目前学校所使用的教材普遍存在以下几个方面的问题:

(1)学生反映难理解,教师反映不好教;

(2)企业反映脱离实际,与他们的需求距离很大;

(3)不适应新一轮教学改革的需要,汽车车身修复、汽车商务、汽车美容与装潢等专业教材急缺;

(4)立体化程度不够,教学资源质量不高,教学方式相对落后。

针对以上问题,结合人民交通出版社汽车类专业教材的出版优势,我们开发了《职业教育改革创新示范教材》。本套教材以"积极探索教学改革思路,充分考虑区域性特点,提升学生职业素质"的指导思想,采用职教专家、行业一线专家、学校教师、出版社编辑"四结合"的编写模式。教材内容的特点是:准确体现职业教育特点(以工作岗位所需的知识和技能为出发点);理论内容"必需、够用";实训内容贴合工作一线实际;选图讲究,易懂易学。

该套教材将先进的教学内容、教学方法与教学手段有效地结合起来,形成课本、课件(部分课程配)和习题集(部分课程配)三位一体的立体教学模式。

本书由佛山市华材职业技术学校马伟森、昆明市盘龙职业高级中学桂长江担任主编,由江门职业技术学院梁上海、广东省理工职业技术学校邓津海担任副主编,参加编写的还有范沛龙、黄宜坤、郭大民、李培军、李泰然、樊雅双、杨艳芬、卢中德、曲昌辉等。

限于编者的经历和水平,书中难免有不妥或错误之处,敬请广大读者批评指正,提出修改意见和建议,以便再版修订时改正。

职业教育改革创新示范教材编委会

2011年5月

目录 CONTENTS

第一章　汽车维护基础知识　/　1

第一节　汽车维护制度 …… 2
第二节　汽车运行材料 …… 18
第三节　汽车维护的工具、量具及仪器 …… 35
第四节　汽车维护安全知识 …… 46

第二章　汽车发动机的维护　/　54

第一节　燃油供给系统的维护 …… 54
第二节　进排气系统的维护 …… 59
第三节　点火系统的维护 …… 65
第四节　冷却系统的维护 …… 73
第五节　润滑系统的维护 …… 80

第三章　汽车底盘的维护　/　84

第一节　传动系统的维护 …… 85
第二节　转向系统的维护 …… 97
第三节　行驶系统的维护 …… 101
第四节　制动系统的维护 …… 107

第四章　汽车电气设备的维护　/　113

第一节　蓄电池的维护 …… 113
第二节　交流发电机与起动机的维护 …… 121
第三节　空调系统的维护 …… 129
第四节　照明、仪表和报警灯系统的维护 …… 139

第五节　其他电气设备的维护 …… 146

第五章　汽车车身的维护　/　152

第一节　车身外部清洗维护 …… 153
第二节　车身手工打蜡维护 …… 160

第六章　4S 店售前维护操作规程和维护灯复位操作　/　164

第一节　4S 店售前维护(PDI)项目操作 …… 164
第二节　常见车型的维护灯复位操作 …… 168

参考文献　/　170

第一章

汽车维护基础知识

知识目标

1. 了解汽车维护制度;
2. 明确汽车维护的目的和意义;
3. 了解汽车不同维护周期的作业要求和技术规范;
4. 掌握汽车维护工具和设备的选择,并能正确使用;
5. 熟悉各种汽车运行材料的特性和类型;
6. 掌握检查维护中的安全操作规范。

汽车市场可以分为汽车前市场和汽车后市场,汽车前市场是指汽车制造业,而汽车后市场是指汽车服务业。汽车服务业主要业务包括整车销售、汽车配件销售、汽车修理、汽车美容与装饰、汽车维护与检测、汽车零件的互换、二手汽车评估认证、汽车救援和汽车保险等。

汽车作为机电产品,其使用寿命是随着制造业的不断进步而延长的,但是零部件都会逐渐发生磨损,技术状况会不断变差,只有根据零部件的磨损规律实施切实可行的维护措施,才能保持汽车完好的使用状态和技术性能。

第一节 汽车维护制度

一 汽车维护的目的与意义

汽车维护是为维持汽车完好技术状况或工作能力而进行的作业。实践证明，对汽车进行可靠的维护作业，是延长其使用寿命、防止零部件早期损坏、减少运行故障的最佳措施。汽车维护的意义就是在以预防为主的思想指导下，结合汽车各部总成、机构、零件发生自然松动和磨损的规律，通过合理的维护，使汽车的技术状况或工作能力得以维持，使用寿命得以充分延长，汽车维护实例如图1-1所示。

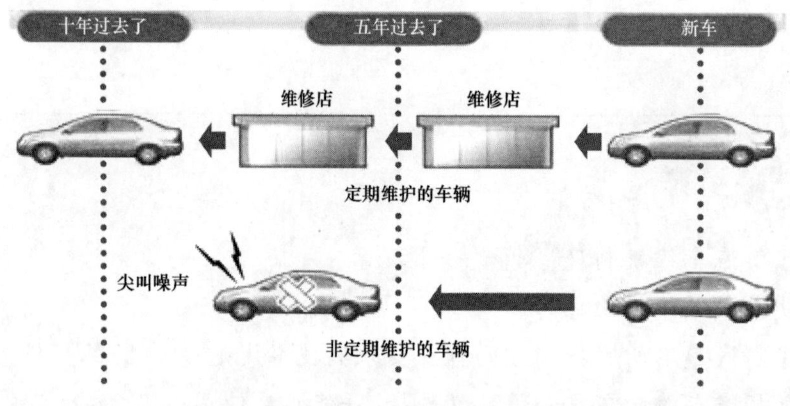

图1-1 汽车维护实例对比图

汽车维护的目的在于保持汽车外观整洁，延长零部件使用寿命，减少不应有损坏，而且同时实现下述功能：

(1)确保汽车经常处于良好的技术状况，随时可以出车，提高车辆完好率。

(2)在正常的使用条件下，汽车在运行中不至于因中途损坏而停歇，同时保证行车安全。

(3)确保汽车各部件总成的技术状况尽可能保持均衡，延长大修间隔里程。

(4)确保汽车运行中燃料、润滑材料、专用液体及轮胎的消耗费用降到最低。

(5)减少车辆的噪声与排放污染物对环境的污染。

二 我国的汽车维护制度

汽车在运行中，由于受摩擦、振动、冲击以及自然条件等各种运行条件的影响，

各部件和零件会产生不同程度的松动、变形、磨损、疲劳、腐蚀、老化和损伤。随着行驶里程的增加，运行状况逐渐恶化，故障增多，汽车动力性、安全性、经济性下降，甚至出现意外事故。为此，我国建立了“定期检查、强制维护、视情修理、预防为主”的汽车维修制度。

依据作业周期和性质的不同，汽车维护可分为定期维护和非定期维护两种。汽车定期维护分为日常维护、一级维护、二级维护。汽车非定期维护分为走合期维护和换季维护。

三 汽车定期维护周期及其确定

《汽车维护、检测、诊断技术规范》（GB/T 18344—2001）中明确规定：汽车日常维护的周期为出车前、行车中和收车后。汽车一、二级维护周期的确定，应以汽车行驶里程为基本依据，对于不便于用行驶里程统计的汽车，可用时间间隔确定周期。定期维护间隔里程应依据车辆使用说明书的有关规定，结合汽车使用条件的不同，由各地省级交通主管部门确定；按使用时间间隔确定维护周期的车辆可依据汽车使用强度和条件的不同，参照汽车一、二级维护行驶里程周期确定。

汽车一、二级维护周期主要依据车辆使用说明书的有关规定，结合汽车使用条件和汽车使用强度等因素来确定。

1 车辆使用说明书的有关规定与维护周期

在每一辆汽车的随车文件中，车辆使用说明书是一份必不可少的使用技术资料。其中，对该车型的强制维护的分级、周期及各级维护的作业内容都有明确规定，并要求车辆在使用过程中应按照使用说明书的要求严格执行，尤其是初驶过程中应到制造厂指定的特约维修站进行车辆维护。

2 机油更换周期与维护周期

确定汽车机油的合理更换周期，也是确定整车维护周期的重要参照依据。因为机油更换合理与否，将直接影响发动机乃至整车的使用寿命，以及车辆的使用经济性。我国汽车用户对机油更换的原则主要是以汽车制造厂推荐的换油周期为标准。

3 汽车使用条件与维护周期

汽车使用条件包括汽车运行地区的地理环境、气候、风沙条件，汽车运行强度和

燃料、润滑材料的品质等。应根据汽车使用条件的不同,结合汽车使用说明书的要求,确定汽车一、二级维护的周期。

四 汽车日常维护

汽车日常维护是指以清洁、补给和安全检视为中心内容的作业,主要由车辆驾驶人负责。在汽车使用过程中,为确保汽车正常行驶,必须对汽车进行日常维护。日常维护是发挥车辆效率、减少行车事故、节约维修费用、降低能耗和延长车辆使用寿命的重要环节。

1 汽车日常维护的基本要求

汽车日常维护的目的是保证车辆各部分的清洁和润滑,各总成、部件的工作正常,尤其是要掌握车辆安全部件的技术状况,保证其工作可靠性。具体做到:车容整洁;工作介质(燃油、机油、动力传动液、冷却液、制动液及蓄电池电解液等)充足,密封良好;水、电、油、气无泄漏;附件齐全,无松动;制动可靠,转向灵敏,灯光、喇叭等工作正常。

2 汽车日常维护的作业内容

❶ 清洁的要求

(1)对汽车外观、发动机外表进行清洁,保持车容整洁。

(2)保持汽车外观和发动机外表的整洁,不仅是文明生产的需要,也是汽车各部分正常工作的需要。

❷ 检视补给的要求

(1)对汽车各部分润滑油(脂)、燃油、冷却液、制动液及液压油等各种工作介质和轮胎气压等进行检视补给。

(2)汽车油液是各部分正常工作必不可少的工作介质,必须保证其充足清洁和性能良好;轮胎气压应符合要求,这是保证汽车正常行驶的基本条件,所以对油液和轮胎气压等进行检视补给是汽车日常维护的基本作业内容。

❸ 安全装置和发动机状况检查的要求

(1)对汽车制动、转向、传动、悬架、灯光、信号等安全部位和装置以及发动机运转状态进行检视、校紧,确保行车安全。

(2)随着道路条件的改善,汽车运行速度不断提高,对汽车安全行驶的要求也越来越高。保证安全部件始终处于完好状态非常重要,是日常维护检查的重点。发动机的技术状况直接影响汽车的动力性能、排放净化性能和燃油消耗率，随着环保和节能的要求日益提高，发动机的技术性能要求也在不断提高，因此要进行重点检查。

注意

在实施维护作业的过程中要防止液体清洁剂进入电器元件；搬动蓄电池不可以倾斜，避免电解液飞溅到衣服或皮肤上；禁止将任何金属物体放到蓄电池壳体上。

五 汽车一级维护

汽车一级维护是指除日常维护作业外，以清洁、润滑、紧固为中心内容的作业，并检查制动、操纵等安全部件的车辆维护作业，由维修企业负责执行。

一级维护作业的中心内容在日常维护的基础上增加了润滑、紧固和安全部件检查的要求，一级维护应由专业维修企业负责进行，即应进厂维护。

在汽车使用过程中，随着行驶里程的增加，有些零部件可能会出现松脱，润滑部位会出现缺油或者漏油等现象，影响汽车的操纵安全性，因此，定期对汽车进行一级维护十分必要。由于一级维护作业中零部件紧固、润滑油添加和更换、安全部件技术状况的检查等属于专业性维护作业，需要利用相关专业设备和工具按技术标准进行，如图1-2所示。

图1-2　汽车一级维护场景

1 汽车一级维护的基本要求

汽车一级维护是一项运行性维护作业，即在汽车日常使用过程中的一次以确保车辆正常运行状况为目的的作业，以清洁、润滑、紧固为主要内容，并检查制动、操纵等安全部件。

2 汽车一级维护的作业内容

汽车一级维护的大量作业内容是检查，同时含有清洁、补给、润滑、紧固和调整等。汽车一级维护的作业内容见表1-1。

汽车一级维护作业内容 表 1-1

序号	项　　目	作 业 内 容	技 术 要 求
1	点火系统	检测、调整	工作正常
2	发动机空气滤清器、压缩机滤清器、机油滤清器、燃油滤清器	清洁或更换	各滤芯应清洁无破损，上下衬垫无残缺，密封良好；滤清器外部安装牢固，清洁无油污
3	润滑油液面、冷却液液面、制动液液面高度检查	检查各液面高度	液面高度应该在 MAX 和 MIN 之间
4	曲轴箱通风装置、三元催化装置	外观检查	齐全、无破损
5	散热器、油底壳发动机前后支撑、水泵、空气压缩机、进排气管、输油泵、喷油泵连接螺栓	检查校紧	各个连接螺栓、螺母应该紧固，锁销、垫圈以及胶垫应完好、有效
6	发动机、空调压缩机传动带	检查传动带磨损、老化程度，调整传动带松紧度	无老化、开裂
7	转向器	检查转向器液面以及密封状况，润滑万向节、十字轴、横竖拉杆、球头销、转向节的部位	各个连接部位润滑良好，无松旷现象
8	离合器	检查、调整离合器	操作机构灵敏可靠，踏板自由行程一般在 20 ~ 40mm
9	变速器、差速器	检查变速器、差速器液面及密封状况，润滑传动轴、万向节、十字轴、中间轴承，校紧各部位连接螺栓，清洁各个通气塞	无泄漏、连接可靠
10	制动系统	检查、紧固各个制动管路、检查调整制动踏板自由行程	管路接头应不漏气、不漏油，支架螺栓紧固可靠，制动、联动机构灵敏可靠、储气筒无积水，制动踏板自由行程应为 15 ~ 30mm
11	车架、车身及附件	检查、紧固	各部螺栓及拖钩、挂钩应紧固可靠，无裂纹，无裂损、无窜动、齐全有效
12	轮胎	检查轮辋及压条、挡圈，检查轮胎气压（包括备胎）并视情况补充；检查轮辋轴承间隙	轮辋及压条挡圈无裂损、变形，轮胎气压符合规定要求，气门嘴、帽齐全，轮辋轴承间隙无明显松旷
13	悬架机构	检查	无损坏，连接可靠
14	蓄电池	检查	电解液液面高度应符合规定要求，通气孔畅通，极桩夹头清洁、牢固
15	灯光仪表、信号装置	检查	齐全有效，安装牢固
16	全车润滑点	润滑	各润滑嘴安装正确，齐全有效
17	全车	检查	全车不漏油、不漏水、不漏电、不漏气、不漏尘，各种防尘罩齐全有效

六 汽车二级维护

汽车二级维护是指完成一级维护作业外,以检查、调整转向节、转向摇臂和悬架等使用过一定时间后容易磨损或变形的安全部件为主;拆检轮胎,进行轮胎换位;检查、调整发动机和排气污染控制装置的工况等车辆维护作业,由维修企业负责执行。

汽车行驶一定里程后,汽车的磨损和变形会增加,为了延长汽车的使用寿命和保证行车安全,必须按期进行汽车二级维护。

汽车二级维护是汽车维护作业的最高级别。二级维护要求在维护前进行不解体检测诊断,确定附加作业项目,强调对安全部件的检查、调整,同时检查、调整发动机和排气污染控制装置的工况。

1 汽车二级维护的基本要求

汽车二级维护的目的是消除安全隐患,恢复车辆性能,尤其是排放和安全性能,所以二级维护作业应该进行得非常全面和彻底。

(1)汽车二级维护检测诊断。应该全面完成二级维护检测诊断项目,这关系到对该车的技术状况能否真正掌握,关系到二级维护附加作业的确定是否合理、是否到位,关系到汽车潜在的故障能否通过维护得到彻底的排除。

(2)在汽车维护作业过程中,检验是控制二级维护作业质量的重要环节。汽车二级维护是否达到预期目的,取决于二级维护的基本作业和附加作业项目是否到位,是否按技术要求完成作业任务。只有加强对维护作业过程的检验,才能对汽车维护质量进行有效控制,以确保汽车二级维护达到应有的目的。

(3)汽车维护竣工出厂检验。维护企业应有明确的、针对具体车型的汽车维护竣工检验技术标准,根据该标准配备相应的检测设备及掌握现代汽车检测诊断技术的质量检验员,这是保证汽车维护质量的关键。

2 汽车二级维护检测、诊断及附加作业项目的确定

按检测目的和范围,汽车二级维护检测项目可分为七个方面:发动机动力性能检测、排气净化性能检测、电控燃油喷射系统检测、柴油机工作性能检测、安全性能检测、操纵和行驶系统检测和底盘传动系统技术状况检测。汽车二级维护附加作业项目的确定,要根据检测结果进行。附加的作业项目和内容应以消除汽车故障、恢复汽车的技术状况为目的,确定后与基本作业项目一并进行二级维护。

3 汽车二级维护基本作业项目

汽车"强制维护"的原则要求汽车二级维护基本作业项目无论车辆技术状况如何都必须完成。汽车二级维护基本作业项目见表1-2。

汽车二级维护基本作业项目　　表1-2

序号	维护项目	作业内容	技术要求
1	机油、机油滤清器	1. 更换机油； 2. 必要时更换机油滤清器	1. 机油规格、性能指标符合要求； 2. 油面高度符合规定； 3. 机油滤清器密封良好无堵塞
2	检查润滑油	检查转向器、变速器、主减速器等润滑油液面高度，不足时按要求补给	符合出厂规定的液面高度范围
3	空气滤清器	清洁空气滤清器	1. 空气滤清器清洁有效，安装可靠； 2. 真空管安装可靠，进气转换阀工作灵敏、准确
4	燃油箱及油管、燃油滤清器、燃油泵	1. 检查接头密封情况； 2. 清洁燃油滤清器，必要时更换； 3. 检查燃油泵，必要时更换	1. 接头无破损、渗漏，紧固可靠； 2. 燃油滤清器工作正常； 3. 燃油泵工作正常，油压符合规定
5	燃油蒸发控制装置	检查、清洁，必要时更换	工作正常
6	曲轴箱通风装置	检查、清洁	清洁、畅通，连接可靠，不漏气，各阀门无堵塞、卡滞现象，灵敏有效，符合规定
7	散热器、膨胀水箱、百叶窗、水泵、节温器、传动带	1. 检查密封情况、箱盖压力阀、液面高度、水泵密封； 2. 检视传动带外观，调整传动带松紧度	1. 散热器及软管无变形、破损及渗漏；箱盖结合表面良好，胶垫不老化，箱盖压力阀开启压力符合要求；水泵不漏水，无异响；节温器工作性能符合规定； 2. 传动带无裂痕和过量磨损，表面无油污，松紧度符合规定
8	进、排气歧管、消声器、排气管、汽缸盖	1. 检查紧固，必要时补焊或更换； 2. 按规定次序和扭紧力矩校紧汽缸盖	1. 无裂纹、无漏气，消声器性能良好； 2. 扭紧力矩符合规定
9	增压器、中冷器	检查、清洁	符合规定
10	发动机支架	检查、紧固	连接牢固，无变形和裂纹
11	分电器、高压线	清洁、检查	分电器无油污，无漏电现象，高压线性能符合规定

续上表

序号	维护项目	作业内容	技术要求
12	火花塞	清洁、检查或更换火花塞，调整电极间隙	电极表面清洁，间隙符合规定
13	喷油器、喷油泵	检查喷油器和喷油泵作用，必要时检测喷油压力和喷油状况	1. 喷油器雾化良好，无滴漏、漏油现象，喷油压力符合规定； 2. 供油提前角符合规定
14	气门间隙	检查、调整	符合规定
15	电控燃油喷射系统油管	检查密封状况	密封良好，作用正常
16	三元催化装置	检查三元催化装置的作用，必要时更换	密封良好，作用正常
17	离合器	检查、调整离合器踏板自由行程	离合器踏板自由行程符合规定
18	前轮制动	检查前轮制动器调整臂作用	作用正常
		拆卸前轮毂总成、制动蹄、支撑销；清洗转向节、轴承、支撑销；清洁制动底板等零件	清洁，无油污
		检查制动盘、制动凸轮轴、校紧装置螺栓	1. 制动底板不变形，按规定力矩扭紧螺栓； 2. 凸轮轴转动灵活，无卡滞，间隙符合规定
		检查转向节及螺母、保险片及油封、转向节臂，校紧装置螺栓	1. 转向节无裂纹，螺纹完好，与螺母配合无径向松旷，保险片作用良好，油封不漏油； 2. 转向节轴颈与轴承配合间隙符合要求，转向节臂装置螺栓扭紧力矩符合规定
		检测内外轴承	滚子保持架无断裂，滚柱不脱落，无裂痕和烧蚀，轴承内圈无裂痕和烧蚀
		检查制动蹄复位弹簧	弹簧无明显变形，自由长度，拉力符合规定
		检查制动蹄及支撑销	1. 制动蹄无裂纹及明显变形，制动片无破损，厚度符合规定； 2. 支撑销无过量磨损，与制动蹄承孔衬套间隙符合规定
		检查前轮毂、制动鼓及轴承外座圈，校紧轮胎螺栓内螺母	轮毂无破损，轴承外座圈无裂纹，无烧蚀；制动鼓无裂纹，检视孔完整，内径尺寸符合规定；轮胎螺栓齐全完好，按规定力矩旋紧

续上表

序号	维护项目	作业内容	技术要求
19	后轮制动	拆卸半轴、轮毂总成、制动蹄、支撑销，清洗各零件及制动底板，半轴套管	1. 轮毂通气孔畅通； 2. 各零件及制动盘、后桥套管清洁无油污
		检查制动底板、制动凸轮轴，校紧连接螺栓	制动底板不变形，连接螺栓按规定力矩紧固，凸轮轴转动灵活，无卡滞，间隙符合规定
		检查内外轴承	1. 轴承保持架无断裂，滚柱无脱落、无裂损和烧蚀； 2. 轴承内圈无裂纹、烧蚀
		检查制动蹄和支撑销	1. 制动蹄无裂纹及变形，制动片无破裂、制动片厚度符合规定； 2. 支撑销与制动蹄承孔衬套配合间隙正常； 3. 支撑销无过量磨损
		检查制动蹄复位弹簧	复位弹簧无变形，自由长度符合规定，拉力良好
		检查半轴	半轴无明显弯曲，无裂痕，花键无明显磨损或变形
		装复后轮轮毂，调整制动间隙	1. 润滑轴承； 2. 制动片、制动鼓表面清洁无油污； 3. 制动片与制动鼓之间间隙符合规定要求，转动无摩擦现象； 4. 轮毂转动灵活，拉力符合规定
20	转向器、转向连接机构	1. 检查转向器传动机构的工作状况和密封性，校紧各部位螺栓； 2. 检查、调整转向盘的自由转动量	转向盘的自由转动量符合规定，转向轻便、灵活，无卡滞、漏油现象，各部位螺栓连接可靠
21	前束及转向角	调整	符合规定
22	变速器、差速器	检查密封性和操纵机构，清洁通气孔	密封良好，通气孔畅通，操纵机构作用正常
23	传动轴、传动轴承支架、中间轴承	1. 检查防尘罩； 2. 检查传动轴万向节工作状态； 3. 检查转动轴支架； 4. 检查中间轴承间隙	1. 防尘罩无裂纹和损坏，卡箍可靠； 2. 万向节不松旷，无卡滞，无异响； 3. 传动轴支架无松动； 4. 中间轴承间隙符合规定
24	驻车制动	检查驻车制动性能，检查驻车制动自由行程	符合规定，作用正常

续上表

序号	维护项目	作业内容	技术要求
25	悬架	检查、紧固，必要时补焊、校正	不松动，无裂痕，无断片，按规定扭紧力矩扭紧螺栓
26	发电机、调节器、起动机、蓄电池	清洁、检查润滑、补给	符合规定，安装牢固，液面高度正常
27	前照灯、仪表、喇叭、刮水器、全车电气线路	检查、调整，必要时修理或更换	1. 前照灯、喇叭、各仪表及信号装置功能齐全、有效，符合规定； 2. 刮水器电动机运转无异响，连动杆连接可靠； 3. 全车线路整齐，连接可靠、绝缘良好
28	车身、车架、安全带	检查、紧固	性能可靠，工作良好，无变形、断裂脱焊，连接螺栓、铆钉紧固
29	内装饰	检查、紧固	设备完好，无松动
30	空调装置	检查空调系统工作状况，密封状况	1. 制冷系统密封，制冷效果良好； 2. 暖气装置工作正常
31	润滑	全车加注润滑脂的部位全部润滑	润滑脂嘴齐全有效，润滑良好

4 汽车二级维护过程检验

在二级维护过程中，要始终贯穿过程检验，并做检验记录。二级维护作业项目执行过程中要全面、自始至终实施质量检验；要做检验记录，特别是对有配合间隙、调整数据或拧紧力矩等技术参数要求的作业项目，要有检验数据记录，作为作业过程质量监督的依据。二级维护基本作业项目表中“技术要求”一栏是过程检验的技术标准。

七 汽车走合维护

为保证汽车的使用寿命，新车、大修车以及装用大修发动机的汽车必须进行走合磨合，在走合期结束时进行一次走合维护，其作业项目和深度按汽车生产厂家的要求进行。

新车走合期结束后的维护，一般由生产厂家免费提供服务。汽车走合期的里程为1500～3000km，维护内容主要是清洁、润滑、紧固等。

1 走合前的维护

走合前维护是为了防止汽车出现事故和损伤，保证汽车顺利地完成走合期的磨合。其主要作业内容如下。

(1)清洁全车，检查全车各部位的连接情况，全车外露的螺栓、螺母必须紧固。

(2)检查、添加燃油和润滑油料。驾驶新车前，应将各润滑部位按规定加注足够的润滑脂。使用规定标号的汽油或柴油，若不得已改变燃油标号时，需对供油系统和点火系统作相应调整。

(3)检查、补充冷却液，排除“四漏”现象。检查补充散热器内的冷却液，排除全车的漏油、漏气、漏水和漏电现象。

(4)检查底盘的技术状况，检查变速器各挡能否正确变换；检查转向机构是否存在松旷和发卡现象；检查和调整轮胎气压。发现变速器或转向系统等存在故障时，应将车开到维修厂进行维修。

(5)电气系统的检查。检查电气设备、灯光和仪表工作是否正常，并检查蓄电池电解液密度及液面高度。

(6)检查制动效能。检查制动系统的性能，试车检查汽车的制动距离，检查是否有跑偏和制动拖滞现象。若不符合要求，应查明原因，及时排除。

2 走合中的维护

走合中的维护是在汽车行驶约500km时进行的，主要是对汽车各部分技术状况开始发生变化的部分进行一次及时的维护，以恢复其良好的技术状况，保证下阶段走合顺利进行。其主要作业内容如下。

(1)润滑。充分润滑全车的各个润滑点。在最初行驶30～40km时，应检查变速器、驱动桥、轮毂和传动轴等处是否发热或有异响。若发热或者有异响应查明原因，予以调整。

(2)检查。检查制动效能和各连接处制动管路的密封程度，必要时加以调整和紧固，做好总成和零部件的检查、调整工作。

(3)紧固。新车行驶150km后，需检查一次全车外部螺栓、螺母紧固情况；行驶500km时，应将前、后轮毂螺母紧固一次。有些国产汽车需要对缸盖螺栓进行紧固。在紧固时，应按规定顺序由中部开始，依次向两边对角线交叉进行或螺旋线方向进行。汽车在走合行驶过程中，要注意观察各总成的温度情况，并要随时检查和排除“四漏”(漏油、漏水、漏气、漏电)。

3 走合后的维护

汽车走合期结束后,应及时将汽车送到厂家指定的维修站进行走合后的维护。这次汽车走合维护的目的,一方面是对汽车进行全面的检查、紧固、调整和润滑作业,使汽车达到良好的行驶状态;另一方面也是生产厂家对汽车售后服务的身份认定。

汽车走合后维护的主要内容是:

(1)更换润滑油、更换滤清器滤芯;

(2)检查、补充发动机冷却液;

(3)检查、调整发动机传动带松紧度;

(4)检查、校正点火正时;

(5)检查、调整发动机尾气排放;

(6)检查、调整制动系统;

(7)检查、调整离合器踏板自由行程;

(8)检查、紧固悬架和转向机构;

(9)检查整车各部分的泄漏情况并进行排除;

(10)润滑各部分铰链;

(11)检查轮胎技术状况;

(12)检查调整电气系统的技术状态。

八 汽车换季维护

1 汽车的夏季维护

高温季节,车辆因充气系数下降、润滑油容易变质、机器零件易烧蚀、制动性能变差,驾驶人因高温易困,道路因行人增多、雨水打滑等原因易造成车辆受损,事故增多。所以,做好夏季车辆的维护,保持车辆性能是一项十分重要的工作。在进入高温季节时,应对汽车全车进行一次必要的技术检查和调整,其维护的主要内容见表1-3。

汽车夏季维护项目表　　表1-3

序号	维护项目	作业内容	技术要求
1	冷却系统	风扇传动带的松紧度;散热器盖上的通风口和通气口是否畅通;检查冷却液量是否充足;节温器的工作性能等	风扇松紧度正常;通风口畅通;冷却液充足;节温器工作性能良好

续上表

序号	维护项目	作业内容	技术要求
2	润滑系统	检查润滑油数量和质量;更换润滑油滤芯、主减速器和转向器中换用夏季用齿轮油,轮毂轴承换用滴点较高的润滑脂	润滑油数量和质量正常;齿轮油和润滑脂符合规定
3	轮胎	检查、调整轮胎气压;检查轮胎磨损程度;是否有异物等	调整至标准气压;轮胎检查状态正常
4	防止爆震	更换燃油标号;调整点火提前角	更换标准燃油;调整到合适的点火提前角
5	蓄电池	检查液面高度;检查通气孔是否堵塞,检查电解液密度	高度正常;通气孔畅通;电解液密度正常
6	制动系统	更换制动液;检查液面高度;检查橡胶软管	液面高度正常;橡胶软管无裂纹

2 汽车的冬季维护

进入冬季时汽车的检查与维护也是十分必要的,其主要内容见表1-4。

汽车冬季维护项目表　　表1-4

序号	维护项目	作业内容	技术要求
1	更换各种油液	更换燃油;更换润滑油;更换齿轮油和润滑脂	各种更换的油液符合冬季车辆运行要求
2	冷却系统	检查节温器;清洗水套;清除水垢;加注防冻液	保证冷却系统性能良好,无腐蚀、堵塞现象
3	轮胎	检查、调整轮胎气压;检查轮胎磨损程度;是否有异物等	调整至标准气压;轮胎检查状态正常
4	电气设备	调整电解液密度;调高发电机充电电压;维护起动机;给蓄电池保温	电解液密度正常;发电机充电电压调高0.6V;起动机性能良好;蓄电池各种温度正常
5	预热系统	检查维护其电路和油路	确保预热系统工作正常
6	制动系统	更换制动液;检查油水分离器	制动液符合冬季运行保障;排出油水分离器内水分
7	点火系统	调整点火提前角	符合冬季点火的特点

九 丰田汽车维护制度

丰田汽车维护分为5000km免费检查维护、10000km免费检查维护和定期维护项目。定期检查维护分为1.5万km或18个月检查维护、2万km或24个月检查维护、3万km或36个月检查维护和4万km或48个月的检查维护项目等。根据车辆的行驶里程和时间(以先到为准)进行相应的检查和维护,并填写相应的工作单,见表1-5。

丰田汽车维护记录　　表 1-5

10000km免费检查项目

检查后状态良好	√	检查后更换	R
检查后清洗	C	检查后调整/紧固/修理/加油	×

■ 不需要接受检查的项目
□ 需要接受检查的项目
* 按时间追加检查的项目

发动机基本部件

■	正时齿形带
■	气门间隙
■	传动带
□	机油
□	机油滤清器
■	冷却和加热系统
■	发动机冷却液
■	排气管和装配件*
■	变换器冷却液

点火系统

■	火花塞
□	蓄电池

燃油和排气控制系统

■	燃油滤清器
□	空气滤清器
■	加油口盖、燃油管、接头和燃油蒸气控制阀
■	活性炭罐

底盘和车身

■	离合器踏板
□	制动踏板和驻车制动器
■	制动摩擦片和制动鼓*
□	制动摩擦块和制动盘
□	制动液
□	离合器液
■	制动管路和软管*
□	动力转向液
□	转向盘、连杆和转向机
■	传动轴套
□	球头和防尘罩
■	手动变速器油
■	自动变速器油
■	混合动力传动桥液
■	差速器油*
□	前后悬架装置
□	轮胎和充气压力
□	灯光、喇叭、刮水器和清洁器
□	空调滤清器
■	后部空调滤清器
■	空调制冷剂的量*

□	转向节，转向直拉杆，中间转向臂和转向传动杆系统润滑脂（仅限COASTER）
□	传动轴润滑脂（仅限SUV）
■	车轮轴承润滑脂和球头润滑脂*（转向节与球头一体车型）
□	水沉淀（仅限COASTER柴油机）
■	前悬架臂轴套润滑脂（仅COASTER）*

*发动机机油、机油滤清器的费用由客户自行承担。

行驶距离＿＿＿＿＿＿＿＿km
定期检查维护日期＿＿＿＿年　月　日
定期检查维护人员姓名＿＿＿＿＿＿＿＿
下次建议维护里程（或时间）＿＿＿＿＿＿

丰田汽车的检查维护方法是根据九个不同的位置进行的，力争使汽车在不同的位置进行最合理的检查维护项目，以达到最佳的效果和效率，见表1-6。

丰田汽车检查维护项目流程　　表 1-6

序号	汽车位置	检查项目
1		车灯（驾驶人位置）、风窗玻璃刮水器、风窗玻璃喷水器、喇叭、驻车制动器、制动器踏板、转向盘、门控灯开关、车身的螺栓和螺母、加油口盖、悬架、车灯、备用轮胎、空调滤清器
2		球节

续上表

序号	汽车位置	检查项目
3		排放机油、ATF,检查驱动轴护套、转向连接机构、动力转向液、制动管路、燃油管路、排气管和安装件、车辆下螺母和螺栓、悬架,更换机油滤清器、机油排放螺塞、润滑脂(参考)
4		拆卸车轮、轮胎、盘式制动器、鼓式制动器
5		制动器拖滞、补充制动液
6		更换制动液、临时安装车轮
7		加注机油、发动机冷却液,检查散热器盖、传动带、火花塞、蓄电池、制动液液面高度、制动管路、离合器液液面高度、更换空气滤清器,检查炭罐、前减振器上支撑,添加喷洗液,紧固车轮螺栓,检查 PCV 系统、ATF,检查空调性能,检查动力转向液液面高度,检查气门间隙,更换燃油滤清器
8		复查检查
9		清洁车辆、路试

十 大众汽车维护制度

大众集团奥迪 A6 轿车是市场上保有量较多的车型,其定期维护的周期及内容见表 1-7。

奥迪A6轿车定期维护及内容　　表1-7

周期	项目	内容
12个月	照明、用电器、开关、显示屏、其他控制元件	检查功能
12个月	风窗玻璃刮水器和清洗系统	检查喷水器调整和功能
12个月	风窗玻璃刮水片	检查静止位置及是否损坏
12个月	自诊断	用V. A. G5051查询故障存储器
12个月	技术维护周期显示	复位
12个月	车门定位和锁芯	润滑
30000km	机车顶	清洁轨道并润滑
12个月	蓄电池	检查电解液液面高度，如需要，补充蒸馏水
12个月	发动机和发动机舱	目视检查是否有泄漏及损坏
12个月	冷却系统	检查防冻效果，如需要，补充冷却液
60000km	空气滤清器	清洁空气滤清器壳体并更换滤芯
60000km	火花塞	更换
60000km	液压系统	检查是否泄漏及液压油油面高度，如需要，补加液压油
30000km	机油滤清器	更换
12个月		检查发动机、变速器、转向系统、万向节护套是否泄漏和损坏
30000km	手动变速器	检查润滑油油面高度，如需要，补加润滑油
60000km	自动变速器	检查ATF油面高度，如需要，补加润滑油
12个月	机油	排放、更换
12个月	制动系统	目视检查是否泄漏和损坏
12个月	制动摩擦片	检查厚度
30000km	车底防护层	目视检查是否损坏
12个月	排气系统	目视检查是否泄漏和损坏
12个月	万向节	检查防尘套是否泄漏和损坏
12个月	转向横拉杆球头	检查间隙、固定及防尘套
12个月	万向节	检查防尘套是否泄漏和损坏
12个月	轮胎（包括备胎）	检查状态和磨损情况、校正轮胎压力、检查轮胎花纹深度
12个月	机油	补加
12个月	制动液液面高度，取决于制动摩擦片磨损情况	检查
30000km	前照灯	检查，如需要，进行调整
12个月	不干胶标签	记录下次维护日期，包括更换制动液，并将标签贴到仪表左侧或B柱上
120000km	凸轮轴充电齿形带、张紧轮、多楔带	更换
180000km	凸轮轴传动带	更换
24个月	制动液	更换

第二节 汽车运行材料

在汽车维护的清洁、检查、紧固、润滑、调整和补给六大作业中，清洁、润滑和补给作业与汽车运行材料的选用密切相关，相关运行材料选用的正确与否将直接影响汽车维护作业的成败和维护质量的好坏。例如，若机油选用不当，会加快发动机的磨损，缩短发动机的大修间隔里程，严重时会引起发动机的粘缸和抱瓦等故障，直接降低发动机使用寿命；自动变速器使用性能的好坏和寿命的长短取决于自动变速器油的正确选用和适时更换，若选用不当或更换不及时将导致自动变速器过早损坏；在南方夏季，轿车和旅行大巴等高速车辆如果选用 DOT3、DOT4 或 JG0、JG1、JG2 等低沸点、易吸潮的制动液，在高速行驶而紧急制动时，易引起制动液立刻沸腾而产生气阻，从而导致制动失灵，引起车毁人亡。所以，作为汽车专业维修人员要了解汽车各种运行材料的品牌、规格和型号等技术要求，必须正确掌握选用、更换各种汽车运行材料的方式方法。

一 燃油

1 汽油

1 汽油的标号

目前，我国市面上的常用无铅汽油分为 90 号、93 号、97 号等标号，它们是按照研究法的辛烷值的大小来划分的。90 号、93 号、97 号汽油除了抗爆性不同外，其他的性能如清洁性、杂质是一样的，属于同一档次的油。辛烷值是汽油的重要指标，汽油的标号越高其辛烷值就越高，汽车发动机的抗爆性就越强。例如 90 号汽油，可以保证在压缩比不大于 9 的发动机上使用不产生爆震现象，97 号汽油就可以保证在压缩比不大于 9.7 的发动机上使用不产生爆震现象。

随着我国对于环境保护的标准不断提高，近年来一些大城市相继出现了 89 号、92 号和 95 号的新汽油标号，分别替代了之前的 90 号、93 号和 97 号汽油，新的标号的汽油与旧的标号的汽油相比可以有效降低机动车排放污染。

2 汽油的选用

选用汽油标号的总的原则是不使发动机产生爆震。为此，应依据以下几点要求选用汽油。

(1)依据汽车生产厂家规定选用汽油。在随车提供的汽车使用说明书中一般都有明确的规定和说明,所以依据使用说明书规定选用汽油是最常用的方法。另外,绝大多数汽车在油箱加注口上有车辆加注燃油的标号要求,如图1-3所示。

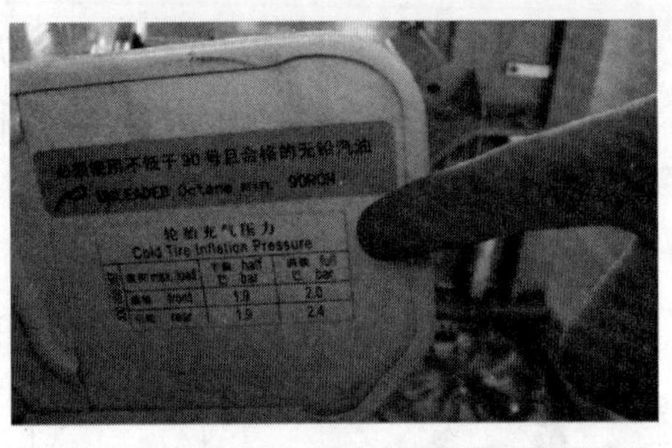

图1-3 汽车燃油标号要求

(2)依据发动机压缩比的高低选用汽油。压缩比越高发动机越易产生爆震,因此,高压缩比的发动机不能选用低标号的汽油,否则容易产生爆震。低压缩比的发动机可选用高标号的汽油,但不经济。汽油标号选择的一般原则是:压缩比为7.0~8.0的汽油机应选用90号汽油;压缩比在8.0以上的汽油机应选用93号或97号汽油。

(3)依据汽车的使用条件选用汽油。经常处于大负荷、大转矩、低转速状况下使用的汽油车,容易产生爆震,应选用较高标号的汽油(与在正常使用条件下的汽车相比);高原地区由于气压低,空气稀薄,汽缸充气性差,汽油机工作时爆震燃烧的倾向减小,可适当降低汽油的标号。实践表明,海拔每上升100m,汽油辛烷值可降低约0.1个单位。

❸ 汽油的使用注意事项

(1)根据使用汽油的标号不同对发动机有关系统进行适当调整。当汽油机使用辛烷值低于规定标号的汽油时,应调小点火提前角,以免发生爆震。如果在平地或稳速行驶中,仍能听到持续的爆震声,应检查调整的效果、汽油的品质和发动机的压缩比等内容。

如果在加速中或在爬坡行驶中,在较短的时间内,听到一些轻微的爆震声,但过后能消失,则属正常现象。

(2)根据海拔高度调整有关参数。根据汽车行驶地区的海拔高度,及时调整点火提前角的大小等参数。汽车从平原(或高原)行驶到高原(或平原)后,应及时将点火角适当提前(或推迟)一些。

目前大多数的汽车发动机都装有爆震传感器,用来感测发动机运转情况,当发动机发生爆震时传感器将信号传输给发动机控制单元,发动机控制单元根据信号状态适时调整点火提前角,确保发动机运转正常。

(3)预防供油系统产生"气阻"。汽车在炎热夏季或高原、高山地区行驶时,应选用隔热物将汽油泵和输油管隔开,尽量减少输油管道的弯角,并加强发动机舱内的通风,以防产生气阻。如已产生气阻,则选择通风处停车,并在汽油泵、输油管和进气管等处敷湿毛巾等使其自然降温。

(4)应及时清除积炭、漆膜等物体。在维修发动机时,维修人员要彻底清除进气管、进排气门和燃烧室等处的积炭和漆膜等,以防这些物质的隔热作用而导致发动机产生“早燃”或“爆震”现象。

(5)防止油箱、输油管路等处胶质的产生。油箱内要经常装满汽油,尽量减少油箱中的空气量,保持蒸气空气阀的开闭自如,以免产生胶质而堵塞油道、量孔和喷油器等。

图 1-4 使用汽油时的安全注意事项

(6)在维修车辆时,严禁使用汽油清洗汽车零部件,以免发生火灾。

(7)汽油是易燃易爆物品,其蒸气与空气混合达到一定的比例后,一遇火星就会着火,甚至爆炸。运输、维修企业内,暂时储存装卸汽油时,应严格防火、防爆,如图 1-4 所示。

2 柴油

1 柴油的标号

柴油标号是根据柴油的凝固点来划分的。目前国内汽车用轻柴油按凝固点分为六个标号:10 号柴油、0 号柴油、-10 号柴油、-20 号柴油、-35 号柴油和 -50 号柴油。

2 柴油的选用

选用柴油标号的总原则是在任何气温下,都要保证柴油的流动供给。根据车辆使用地区和季节的不同,选用适应季节气温的柴油,是选用柴油的基本依据。一般选用柴油的凝点应比最低气温低 5℃左右,以保证柴油在最低气温时不致凝固而影响使用。各种柴油的适用范围见表 1-8。

各种柴油的适用范围 表 1-8

序号	柴油标号	适用温度	适用季节或地区
1	10	温度在 6℃以上	我国热带地区全年使用
2	0	最低温度在 4℃以上	适用全国夏季以及华南地区全年使用
3	-10	最低温度在 -5℃以上	我国华中、华东地区冬季使用
4	-20	温度在 -14 ~ -5℃	我国华北部分地区冬季使用
5	-35	最低温度在 -29℃以上	严寒地区,如我国东北、西北地区冬季使用
6	-50	最低温度在 -44℃以上	高寒地区,如我国内蒙古、黑龙江北部地区

3 柴油的使用注意事项

(1)保持柴油的清洁,以免损伤喷油泵、喷油器中的精密偶件。柴油在使用之前，要经过长时间的沉淀和过滤，以防机械杂质的混入。在加注时，应保持储油容器和加油工具的清洁。

(2)可以混用不同标号的柴油。根据不同季节气温适当调配不同标号的柴油掺兑使用，可降低柴油的凝固点，从而提高流动性。但要注意掺兑后的凝点不是两种标号柴油的平均值，要比两者平均值稍高一些。例如－10号和－20号各掺一半，掺兑后所得柴油凝点不是－15℃，而是高于－15℃，掺兑时应注意搅拌均匀。

在冬季缺乏低凝点柴油时，也可在0号柴油里掺入40%的裂化煤油(航空煤油)，可获得－10号柴油。

(3)汽油与柴油不能掺兑使用，如图1-5所示。因为汽油的燃点较高，柴油中若掺入汽油，燃烧性能将显著变差，导致起动困难，甚至不能起动。汽油进入汽缸还会冲刷汽缸润滑油膜，加速汽缸的磨损。

图1-5　柴油和汽油不能掺兑

(4)选用品质好的柴油。选用柴油时，应尽量选用优级品或一级品(硫的质量分数分别不大于0.2%和0.5%)，以减少柴油机各精密偶件的腐蚀磨损。

3 LPG

1 LPG的含义

液化石油气是石油产品的一种，英文名称为Liquefied Petroleum Gas，简称LPG，是由炼厂气或天然气加压、降温、液化得到的一种无色、挥发性气体。由炼厂气所得的液化石油气，主要成分为丙烷、丙烯、丁烷、丁烯，同时含有少量戊烷、戊烯和微量硫化合物杂质；由天然气所得的液化气的成分基本不含烯烃。

2 LPG的指标

液化石油气主要用作石油化工原料，用于烃类裂解制乙烯或蒸气转化制合成气体，可作为工业、民用、内燃机燃料。其主要质量控制指标为蒸发残余物和硫含量等，有时也控制烯烃含量。

3 LPG的优点

LPG与其他燃料比较，具有以下独特的优点：

(1)污染少。LPG是由C3(碳三)、C4(碳四)组成的碳氢化合物，可以全部燃烧，无粉尘。在现代化城市的公交车辆中应用，可大幅度减少对环境的污染。

(2)发热量高。同样质量的LPG的发热量相当于煤的2倍，液态发热量可达到

$45.185 \sim 45.980\text{kJ/m}^3$。

(3)运输容易。LPG 在常温常压下是气体,在一定的压力下或冷冻到一定温度后可以液化为液体,可用火车(或汽车)槽车、LPG 船在陆上和水上运输。

(4)压力稳定。LPG 车辆供气管道中的 LPG 在形成可燃混合气前压力稳定,使用方便安全。

(5)储存设备简单,供应方式灵活。与城市煤气的生产、储存及供应情况相比,LPG 的储存设备比较简单,即可用 LPG 储罐储存,又可装在车载气瓶里供车辆使用,也可通过配气站和供应管网,实行管道供气。

4 使用注意事项

(1)LPG 燃料汽车的结构组成,除保留多点顺序燃油喷射发动机的原有部件外,还要注意需加装钢瓶、气量表、组合阀、管道、转换开关、蒸发调压器、燃气喷射阀、电磁阀和微电脑控制器等组件。

(2)LPG 是一种易燃易爆物品,当其在空气中的含量达到一定浓度时,遇明火即爆炸。因此,要注意通风,在加气和维护时要杜绝明火。

二 机油

发动机润滑油俗称机油,如图 1-6 所示。目前市场上供应的机油品牌既有国产的又有进口的,品种较多。如国产品牌有:长城、南海、飞天、海牌和七星等,进口品牌有:壳牌、美孚、嘉实多、雪铁戈、埃索、埃尔夫、艾德隆及 BP 等。一般情况下,汽油机和柴油机采用不同的机油,汽油机使用汽油机机油,柴油机采用柴油机机油。但现在市场上供应的通用机油,既可以用于汽油机,也可以用于柴油机。

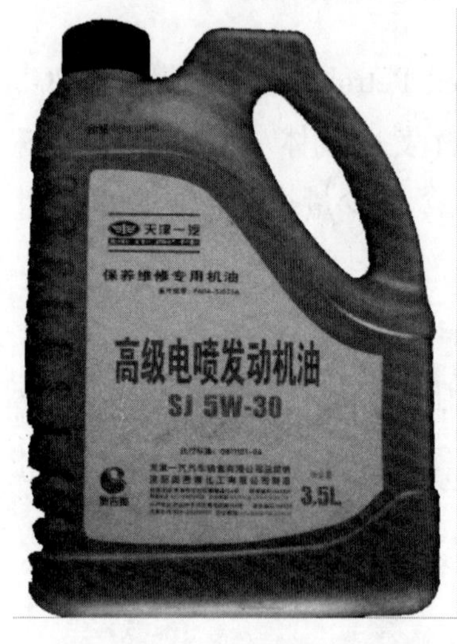

图 1-6 机油

机油的主要作用有:润滑、冷却、密封、防腐和传递动力等。

现代机油必须满足一系列远远超出原本润滑功能的相关要求。主要要求包括:较高的耐磨性和降低摩擦、有利的黏温特性、较强的防沉积能力、较强的清洁和中和能力、较高的耐热性、较高的耐氧化性和耐老化性、不易蒸发、有利的泡沫特性 、较高的防腐性、较高的可混合性/相溶性、较高的导热性和较好的冷却能力、不易形成燃烧残留物并可存放较长时间。

1 机油的分类

我国机油的牌号是按照润滑油的使用性能和黏度等级的两种分类方法来划分的，是参照美国汽车工程师协会（SAE）和美国石油协会（API）的分类标准制定的。

1 机油牌号的SAE黏度等级分类

1991年美国汽车工程师协会（SAE）制定了黏度分类方法，即机油的牌号是以某一温度下的黏度来编制的。按照SAE的黏度分类方法，可以分为0W、5W、10W、15W、20W、25W和10、20、30、40、50、60等级别。数值越大，黏度越大；数值越小，黏度越低。

0W：冬季时机油的液流特性（W）。第一个数值（0）越小，低温情况下的机油液流特性越好。机油经过发动机的速度越快，损耗越小。根据不同SAE等级，基准温度为－5～－30℃。

30：第二个数值（例如30或40）表示高温范围内的机油液流特性。即使在高温情况下，油膜在发动机内也会保持稳定状态且不会脱落。该数值越高，机油膜承受负荷的能力越强。此时基准温度为100℃。

2 机油牌号的API使用性能分类

1947年美国石油协会（API）制定了质量分级法。按照质量分级法可以把汽油机用机油分为SC、SD、SE、SF、SG、SH和SL七个等级，柴油机用机油分为CC、CD、CD-Ⅱ、CE和CF-4五个等级。级别越高，机油的品质越好。

3 国产机油的分类

国家标准GB/T 7631—1995将内燃机机油划分为汽油机机油（用“S”表示）和柴油机机油（用“C”表示），基本上与美国石油协会分类方法相似。

2 机油的选用方法

机油被看作是发动机的血液，选用和更换是否正确直接影响到发动机的使用寿命。根据发动机种类不同、使用条件不同、新旧程度不同，选用的机油牌号也不同，不同温度环境下如何选用正确牌号的机油如图1-7所示。

三 润滑脂

润滑脂，是指将稠化剂掺入液体润滑剂中制成的一种稳定的固体或半固体润滑产品。在不宜用液体润滑剂的部位使用润滑脂，可起到润滑抗磨、密封防护等作用。

例如，汽车的轮毂轴承、各拉杆球头、传动轴万向节等处，均使用润滑脂，如图 1-8 所示。

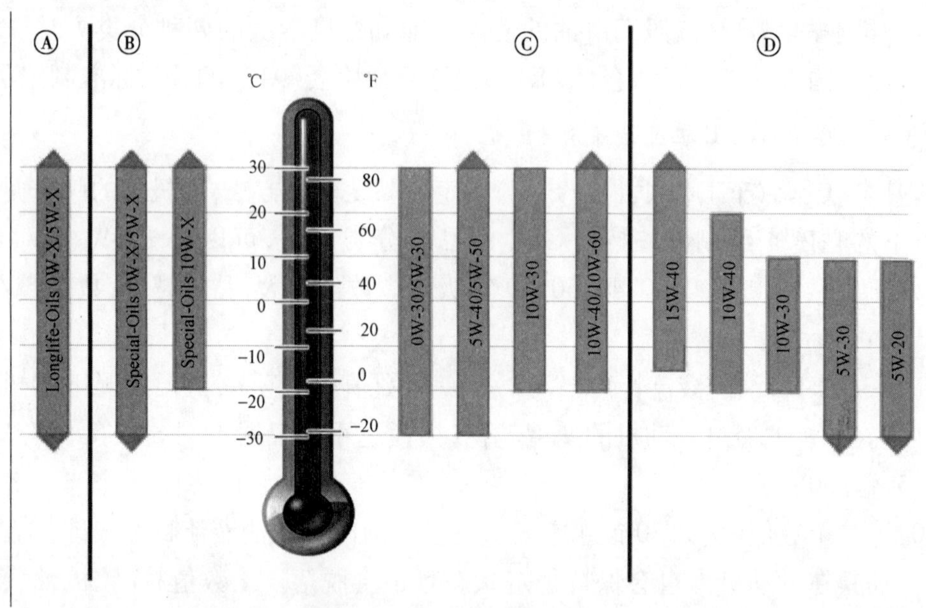

图 1-7　不同温度下机油的选用方案

Ⓐ-长效机油；Ⓑ-专用机油；Ⓒ-柴油发动机适用规格；Ⓓ-汽油发动机适用规格

图 1-8　润滑脂

1 润滑脂的分类及选用

润滑脂的种类有：钙基润滑脂、钠基润滑脂、钙钠基润滑脂、通用锂基润滑脂、汽车通用锂基润滑脂、极压锂基润滑脂和石墨钙基润滑脂等。各种润滑脂的特性及适

用范围见表1-9。

各种润滑脂的特性及适用范围 表1-9

品 种	特 性	适用范围
钙基润滑脂	抗水性好,耐热性差,使用寿命短	使用温度范围为-10~60℃,适用于汽车轮毂轴承、底盘拉杆球节、水泵轴承、分电器凸轮等部位
钠基润滑脂	耐热性好,抗水性差,有较好的极压减磨性能	使用温度可达120℃,只适用于低速高负荷轴承,不能用在潮湿环境或水接触部位
钙钠基润滑脂	耐热性、抗水性介于钙基和钠基润滑脂之间	使用温度不高于100℃,不宜在低温下使用,适用于不太潮湿条件下的滚动轴承,如底盘、轮毂等处的轴承
复合钙基润滑脂	较好的机械稳定性和胶体稳定性,耐热性好	适用于较高温度及潮湿条件下润滑大负荷工作的部件,如汽车轮毂轴承等处的润滑,使用温度可达150℃左右
通用锂基润滑脂	具有良好的抗水性、机械稳定性、防锈性和氧化稳定性	适用于-20~120℃温度范围内各种机械设备的滚动轴承和滑动轴承及其他摩擦部位的润滑,是一种长寿命通用润滑脂
汽车通用锂基润滑脂	良好的机械稳定性、胶体稳定性、防锈性、氧化稳定性、抗水性	适用于-30~20℃下汽车轮毂轴承、水泵、发电机等各摩擦部位润滑,国产和进口车辆普遍推荐用该润滑脂
极压锂基润滑脂	有极高极压抗磨性	适用于-20~120℃下高负荷机械设备的齿轮和轴承的润滑,部分国产和进口车型推荐使用
石墨钙基润滑脂	具有良好的抗水性和抗碾压性能	适用于重负荷、低转速和粗糙的机械润滑,可用于汽车钢板弹簧、半挂车铰接盘、起重机齿轮转盘等承压部位

2 润滑脂的选用注意事项

选用润滑脂时,其性能指标除了应具备适当的稠度、良好的高低温性能以及抗磨性、抗水性、防锈性、防腐性和稳定性等基本条件外,还应注意以下几点:

1 尽量使用汽车通用锂基润滑脂

汽车通用锂基润滑脂,外观发亮,呈奶油状,滴点高、使用温度范围广,并具有良好的低温性、抗减磨性、抗水性、抗腐蚀性和热氧化稳定性等,是目前汽车最常用的一种多效能的润滑脂。

2 清理润滑部位

保证油脂清洁,加注润滑脂时应特别注意,通过油嘴注入时应擦净油嘴,从油脂枪中先挤出少许润滑脂并抹掉;更换油脂时在涂脂前必须用有机溶剂洗净零部件表面并吹干,然后重新加注润滑脂。在更换润滑脂时,要注意不同种类的润滑脂不能混用,即使是同类的润滑脂也不可新旧混合使用。因为旧润滑脂含有大量的有机酸和机械杂质,将会加速新润滑脂的氧化,所以在换润滑脂时,一定要把旧润滑脂清洗干净,才能加入新润滑脂。

❸ 用量适当,不宜过多

轮毂轴承的润滑是汽车上最为重要的润滑作业。更换轮毂轴承润滑脂时,应只在轴承的滚珠或滚柱之间塞满润滑脂,而轮毂内腔采用"空毂润滑",即在轮毂内腔表面仅涂上薄薄一层润滑脂起到防锈作用即可。这样利于散热,并可降低润滑脂的工作湿度,防止润滑脂稀化流淌。不要采用"满毂润滑",即把润滑脂填满整个轮毂内腔,这样既不科学,又很浪费,甚至在汽车频繁制动和制动时间过长的情况下,可能会因轮毂过热而使润滑脂流淌到制动摩擦片表面而引起打滑,使制动失灵,造成车毁人亡。

四 齿轮油

齿轮油是润滑油的一种,如图1-9所示。

1 齿轮油的分类

(1)国外汽车齿轮油的分类方法有两种,一种是按SAE(美国汽车工程师协会)分类法划分为70W、75W、80W、85W、90、140、250等七个黏度级。带"W"字样的为冬季用齿轮油,它是根据齿轮油黏度达到150Pa·s的最高温度和100℃时的最小运动黏度两项指标划分的。不带"W"字样的为夏季用齿轮油,它是根据100℃时的运动黏度范围划分的。另外,还有多级齿轮油,如80W/90、85W/90等。另一种是按API(美国石油协会)分类法及工作条件的苛刻程度划分为GL-1、GL-2、GL-3、GL-4、GL-5和GL-6等六个使用级。

图1-9 齿轮油

近年来,随着汽车技术的不断发展,许多汽车制造商对汽车齿轮油的要求超过这些技术规范。因此,SAE和ASTM(美国材料试验协会)建议用新的等级表示,即MT-1和PG-2。其中MT-1是机械变速器用油,它的质量高于GL-4,改善了热氧化稳定性、清洁性、抗磨性及与密封材料的配伍性。PG-2质量要求比GL-5高,用于驱动桥润滑。

(2)目前国内汽车齿轮油的分类方法也有两种,一种是按黏度分类,其分类标准参照SAE黏度分类(SAE J306)执行,具体见表1-10。另一种是按使用性能分类,执行标准为GB/T 7631.7—1995的附录B。

我国汽车齿轮油的黏度分类　　表 1-10

黏度牌号	达到 150Pa·s 的最高温度(℃)	100℃时运动黏度(mm²/s)	
		最　低	最　高
70W	-55	4.1	—
75W	-40	4.1	—
80W	-26	7.0	—
85W	-12	11.0	—
90	—	13.5	24.0
140	—	24.0	41.0
250	—	41.0	—

我国汽车齿轮油的适用级别与 API 分类对应的关系见表 1-11。

我国汽车齿轮油的适用级别与 API 分类对应的关系　　表 1-11

我国齿轮油	普通齿轮油	中负荷齿轮油(GL-4)	重负荷齿轮油(GL-5)
API 分类号	GL-3	GL-4	GL-5

2 齿轮油的选用

通常按照汽车使用说明书的规定选择与该车型相适应的齿轮油的黏度级及使用级标号,还可参照下列原则选用齿轮油。

1 根据当地季节气温选择齿轮油的黏度级别

齿轮油的黏度级别有 75W、80W、85W、90、140 和 250 号等标号,分别适用于最低气温为 -40℃、-20℃、-12℃、-10℃、10℃和 20℃的地区,应对照当地季节最低气温适当选用齿轮油的黏度级别。

近年来,由于进口品牌的齿轮油在国内大量生产并销售,国内市场上出售的齿轮油基本上都使用国际标准的标号,即 SAE 黏度分级标号和 API 质量分级标号。按照国际标准为汽车选用齿轮油就可以满足汽车使用齿轮油的各项技术要求。

2 根据齿轮类型和工况选择齿轮油的使用性能级别

对于一般工作条件下的螺旋锥齿轮主减速器、变速器和转向器等总成可选择普通车辆齿轮油;对于双曲面圆弧齿轮主减速器,必须根据工作条件选用中等负荷车辆齿轮油或重负荷车辆齿轮油。具体选择方法见表 1-12。

汽车齿轮油的选择 表 1-12

使用性能级别选择		对应黏度级别选择	
性能级别	齿轮类型、工作条件和示例	黏度级别	使用气温范围
普通车用齿轮油	工作条件缓和的螺旋锥齿轮主减速器和变速器、转向器(解放 CA1091 后桥、变速器等)	90	-10℃以上地区全年通用
		80W/90	-30℃以上地区全年通用
		85W/90	-20℃以上地区全年通用
中负荷车用齿轮油	工作条件一般(齿间压力在 3000MPa 以下,齿间滑移速度在 8m/s 以下)的准双曲面齿轮主减速器(东风 EQ1090)或要求使用 GL-4 齿轮油的进口汽车	90(旧 18 号)	-10℃以上地区全年通用
		旧 7 号严寒区准双曲面齿轮油	-43℃以上地区全年通用
		85W/90	-20℃以上地区全年通用
重负荷车用齿轮油	工作条件苛刻的准双曲面齿轮主减速器(丰田皇冠等进口轿车)或要求使用 GL-5 齿轮油的进口汽车	90	10℃以上地区全年通用
		140(旧 26 号)	重负荷、炎热夏季
		85W/90	-20℃以上地区全年通用

3 齿轮油选用注意事项

(1)不能混淆齿轮油和机油的 SAE 黏度级别。在润滑油黏度级别分类标准中为避免相互混淆,把高的分级标号用在齿轮油上,而把低的分级标号用在机油上。但旧牌号的齿轮油分级号较低,此时应注意,齿轮油和机油的黏度级别并无联系,同型号不能互用。切不可将齿轮油当成机油使用,否则发动机将会发生粘缸、抱瓦等严重机械故障。

(2)应分清齿轮油的种类和使用级别。准双曲面齿轮啮合轮齿间的挤压力非常大,普通齿轮油无法保持足够的润滑油膜,如果在其间使用了普通齿轮油,准双曲面齿轮将很快损坏,所以,绝不能用普通齿轮油代替准双曲面齿轮油。也不可随意用准双曲面齿轮油替代普通齿轮油,否则,会造成各啮合齿轮的腐蚀性磨损和不必要的经济损失。应根据齿轮传动的特点及齿轮工作的苛刻条件,选用使用性能级别合适的齿轮油。

(3)不能错误地认为齿轮油的黏度级别越高其润滑性能就越好。若使用黏度标号太高的齿轮油,则会出现供油不及时、润滑不可靠、运动阻力加大、油耗激增,特别是对高速轿车影响更大,所以,应尽可能选用合适的多黏度级齿轮油。

(4)用油量要适当,油面高度应合适。用油量应适当,不要过多也不要过少。过多不仅增加搅油阻力和燃料消耗,而且齿轮油容易经后桥壳窜入制动鼓(如果密封不良)造成制动失灵;过少会使润滑不良,温度过高,加速齿轮磨损。齿轮油油面高度一般与变速器、驱动桥壳上的观察螺塞孔下缘平齐即可。应经常检查各齿轮油箱

是否渗漏，并保持各油封、衬垫完好无损。

(5)要按时换油，合理用油。应按规定换油指标换用新油，无油质分析手段时，可按规定期限换油。汽车制造厂推荐的换油周期一般为30000～48000km。换油时，应趁热放出旧油，并将齿轮和齿轮箱清洗干净后方可加入新油。加新油时，应防止水分和杂质混入。齿轮油的使用寿命较长，如果使用单黏度级齿轮油，则在换季维护时根据季节气温换用合适的黏度标号即可。放出的旧油如不到换油期限，可在下次换油时添加使用。旧油应妥善保管，严防水分、机械杂质和废油污染。

(6)齿轮油使用禁忌。在使用中，严禁向齿轮油中加入柴油等进行稀释，也不要因影响冬季起步而烘烤后桥、变速器等总成，以免齿轮油严重氧化变质。如果出现这种情况，应换用低黏度的多级齿轮油。

五 液力传动油

液力传动油又称自动变速器油(Automatic Transmission Fluid)，简称ATF，是指专门用于自动变速器(AT)和无级变速器(CVT)等的集润滑油、液力传递、液压控制功能于一身的特殊油液，如图1-10所示。ATF对自动变速器的工作、使用性能以及使用寿命都有着非常重要的影响。汽车自动变速器维护的主要内容就是对ATF的检查和更换。

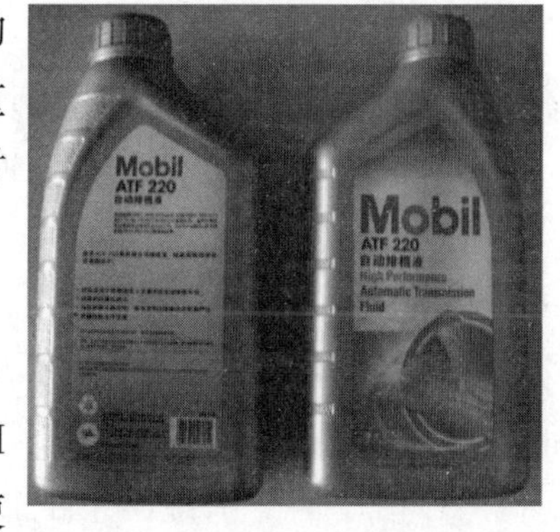

图1-10 液力传动油

1 液力传动油的分类

(1)国外液力传动油的分类多采用美国ASTM和API共同提出的PTF(Power Transmission Fluid)使用分类法，将PTF分为PTF-1、PTF-2和PTF-3等三类。其规格及适用范围见表1-13。

液力传动油使用分类 表1-13

分类	符合的规定	适用范围
PTF-1	通用汽车公司GM DEXRON Ⅱ，福特汽车公司FORD M2C33-F，克莱斯勒CHRYSLER MS-4228	轿车和轻型货车液力传动油
PTF-2	通用汽车公司GM Track、Coach，阿里林AllisonC-2、C-3	重型货车和越野汽车液力传动油
PTF-3	约翰迪尔John Deere J-20A，福特FORD M2C1A，玛赛·费格森Mqssey-Ferguson M-1135	农业和建筑机械液力传动油

(2)国产液力传动油的分类按100℃运动黏度将液力传动油分为6号和8号两种。其与国外液力传动油的基本对应关系见表1-14。

液力传动油的分类标准 表1-14

国外分类	国内分类	应用范围
PTF-1	8	轿车、轻型货车液力传动油
PTF-2	6	越野汽车、载货汽车、工程机械
PTF-3		农业和建筑野外机械

2 液力传动油的选择与使用

1 液力传动油的选择

按车辆使用说明书的规定,选用适当品种的液力传动油。轿车和轻型货车应选用8号油,进口轿车要求用GMA型、A-A型或Dexron型自动变速器油的均可用8号油代替。重型货车、工程机械的液力传动系统则应选用6号油。

2 液力传动油的使用注意事项

(1)注意保持ATF的正常工作温度。油温过高,易变稀、变质,油压降低,使离合器打滑;油温过低,油压变高,时滞过长,使自动变速器换挡不及时。

(2)应经常检查ATF的液面高度。ATF的液面高度检查,分为冷态检查(不行车、不走挡)和热态检查(行车后或停车走挡)两种。检查时要求车辆停在平地上,发动机达到正常工作温度后进行。此时油平面应分别在ATF油标尺的冷态上、下两刻线或热态上、下两刻线之间,不足时及时添加。若油面过低,则油压不足而打滑;若油面过高,产生气泡,则同样打滑。

(3)按车辆使用说明书的规定更换ATF。通常每行驶10000km应检查油面一次,每行驶30000km应更换油液。应尽量避免人工换油,多采用机器换油。

(4)注意观察ATF的品质情况。在检查油面高度和换油时,在手指上蘸少许油液,检查油质、颜色、气味和杂质等情况,确认ATF是否因打滑或过热等原因变质。现在常用的GM系列DexronⅡATF一般染成红色,油质清澈纯净,如颜色变黑、有烧焦味且含有杂质等时,则予以更换。

六 制动液

汽车制动液是用于液压制动系统中传递压力的工作介质,是油液中的一个特殊品种,其性能对汽车行驶安全性影响很大,如图1-11所示。

1 制动液的分类

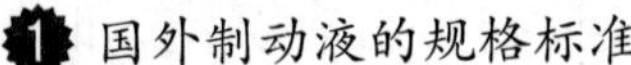

1 国外制动液的规格标准

图1-11　制动液

常用的进口制动液有 DOT-3、DOT-4 和 DOT-5 三种。DOT 是美国交通部的英文缩写，其后面数字越大，级别越高。DOT-3、DOT-4 与 DOT-5 的不同之处主要在于沸点不同，DOT-5 比 DOT-4 更耐高温，DOT-4 比 DOT-3 更耐高温。其性能指标见表1-15。

DOT-3 和 DOT-4 制动液是非矿物油系，是以聚二醇为基础和乙二醇及乙二醇衍生物为主的醇醚型合成制动液，再加润滑剂、稀释剂、防锈剂和橡胶抑制剂等调和而成，也是各国汽车所用最普遍的一种制动液。

制动液性能指标　　表1-15

沸点（平衡回流沸点）	工作情况	DOT-3	DOT-4	DOT-5
	干	205℃以上	230℃以上	260℃以上
	湿	140℃以上	155℃以上	180℃以上

这种常用的制动液吸湿性较强。制动系统虽然进不了水分，但制动液使用一段时间以后会吸收相当多的水分。制动液中水分越多，沸点越低，制动时越易沸腾。为了保证行车安全，制动液应定期更换（一般2年需更换一次）。

由于制动液会吸收水分，所以放置多年已开封的制动液不要再用。

2 国产制动液的品种、牌号和规格

国产制动液依据其平衡回流沸点，分为 JG0、JG1、JG2、JG3、JG4、JG5 六个质量等级，序号越大平衡回流沸点越高，高温抗气阻性越好，行车制动安全性越高。

目前国内制动液按原料的不同分类，有合成型、醇型和矿油型三种。

2 制动液的选用注意事项

（1）各种制动液绝对不能混用，否则会因分层而失去制动作用。

（2）由于醇醚类制动液有一定的吸水性，因此在一般情况下，制动液应在使用1～2年后进行更换，以防制动液吸潮后影响制动性能。更换制动液应在每年雨季过后进行。

（3）在山区下长坡连续使用液压制动，或在高温地区长期频繁制动时，制动蹄片温度可达350～400℃，使制动液温度随之升高达150～170℃，此时，已超过一般合成

制动液的潮湿沸点，因此，要注意检查制动液温度，以防因气阻发生交通事故。

(4)防止矿物油混入使用醇型和合成型制动液的制动系统。使用矿物油制动液，制动系统应换用耐油橡胶件；使用醇型制动液前，应检查是否有沉淀，如有沉淀应过滤后再使用。

七 冷却液

现代汽车所用冷却液是指在原来防冻液的基础上再加防沸剂、防锈剂和防垢剂等添加剂，从而具有防结冰、防沸腾、防锈蚀和防水垢等综合作用的冷却媒介，适用于全国全年各种车辆使用，如图 1-12 所示。

图 1-12　冷却液

1 冷却液的分类

目前，国产常用的冷却液有如下几个品种。

1 乙二醇-水型冷却液

乙二醇是一种无色微黏的液体，沸点是197.4℃，冰点是 -11.5℃，能与水以任意比例混合。当乙二醇的含量为68%时，冰点可降低到 -68℃，超过这个限量时，冰点反而要上升。乙二醇冷却液在使用中易生成酸性物质，对金属有腐蚀。因此，应加入适量的磷酸氢二钠等以防腐蚀。乙二醇有毒，但由于其沸点高，不易产生蒸气被人吸入体内而引起中毒。乙二醇的吸水性强，储存的容器应密封，以防吸水后溢出。由于水的沸点比乙二醇低，使用中蒸发的是水，故缺冷却液时，只要加入纯净软水就行了。这种冷却液用后，经过沉淀、过滤，加水调整浓度，补加防腐剂后，还可继续使用，一般可用3～5 年。

2 酒精-水型冷却液

酒精的沸点是 78.3℃，冰点是 -114℃，酒精与水可以任意比例混合，组成不同冰点的冷却液。酒精的含量越多，冰点越低。酒精是易燃品，当冷却液中的酒精含量达到40%以上时，就容易产生酒精蒸气而着火。因此，冷却液中的酒精含量不宜超过40%，冰点限制在 -30℃左右。酒精-水型冷却液具有流动性好、散热快、取材方便、配制简单等优点。它的缺点是沸点低、蒸发损失大且容易着火。酒精蒸发后，冷却液成分改变，冰点升高，所以在高原地区行驶的汽车不宜使用酒精-水型冷却液。

③ 甘油-水型冷却液

甘油-水型冷却液,不易挥发和着火,对金属腐蚀性也小,但甘油降低冰点的效率低,配制同一冰点的冷却液时,比乙二醇、酒精的用量大。因此,这种冷却液用得较少。

2 冷却液的选用

(1)根据环境温度选择不同冰点的冷却液。

(2)根据不同车型选择冷却液。

(3)应兼顾防锈、防腐及除垢能力来选择冷却液。

(4)选用与橡胶密封件和橡胶水管相匹配的冷却液。

3 冷却液的使用注意事项

(1)冷却液及其添加剂均为有毒物质,切勿直接接触皮肤,要放置于安全场所。

(2)冷却液的使用浓度(体积分数)一般不要超出40% ~60%。

(3)除乙二醇-水型冷却液外,放出的冷却液不宜再使用,应严格按有关法规处理废弃的冷却液。

(4)凡更换缸盖、缸垫和散热器时,必须更换冷却液。

(5)发动机“开锅”时,冷却系统处于高温、高压状态,因此,“开锅”时切勿打开散热器盖,以防烫伤。

(6)必须在发动机处于冷态时添加冷却液,以免高温机体水套遇冷炸裂,而损坏发动机。

(7)在冬季紧急情况下,若全部加入了纯净的软水,则必须尽快按规定添加冷却液添加剂,使冷却液浓度恢复到正常状态,以防水套结冰。

(8)冬季来临前应检查冷却液浓度,并按规定调配浓度,保证冷却液具有足够的防冻能力。

八 制冷剂

在空调设备中完成制冷循环的工作介质,称为制冷剂,如图1-13所示。

图1-13 制冷剂

1 制冷剂的发展简介及目前车用制冷剂

长期以来含氟利昂(CCL2F2)的R12一直是汽车空调的唯一制冷剂,后经科学

研究发现,R12 中的氯会破坏地球上空 15 ~ 25km 内的臭氧层,从而使更多的太阳光紫外线辐射到地球危害人体健康,因此,国际社会于 1987 年 9 月在加拿大缔结了蒙特利尔协议书,明确规定了禁用 R12 的期限为 2000 年,但后来由于臭氧层的破坏不断加剧,国际社会把 R12 的完全禁用日期提前到了 1995 年,发展中国家则可推迟 10 年。我国有关部门于 1992 年明确规定:各汽车厂从 1996 年起在汽车空调中逐步用新制冷剂 R134a 替代 R12,在 2000 年后生产的新车上不准再用 R12。因此,汽车使用和维修人员必须了解和熟悉新制冷剂 R134a 的特点,以便能够熟练、正确地使用制冷剂。

2 制冷剂 R134a 的主要特点

(1)R134a 不含氯原子,对大气臭氧层无破坏作用。

(2)R134a 具有良好的安全性能,不易燃、不易爆、无毒、无刺激性、无腐蚀性。

(3)R134a 的传热性能与 R12 比较接近,所以制冷系统的改型比较容易。

(4)R134a 的传热性能比 R12 好,因此制冷剂的用量可大大减少。

3 R134a 与 R12 制冷系统的主要区别

(1)存放 R134a 的容器为浅蓝色,而存放 R12 的容器为白色。

(2)R134a 制冷系统连接软管是用橡胶和尼龙特制的,并且在其明显处有美国汽车工程师协会的印记;而 R12 制冷系统连接软管一般用橡胶管。

(3)R134a 制冷系统连接管有颜色标记(低压管是蓝色带黑色条纹,高压管是红色带黑色条纹,普通管是黄色带黑色条纹),而 R12 制冷系统连接管则无标记。

(4)R134a 制冷剂入口处使用的是快速接头,而 R12 制冷系统使用的是螺纹接口。

(5)R134a 制冷系统连接软管与仪表的接头是 1/2in(1in = 25.4mm)螺纹,且高压口的接头比低压口的大;而 R12 制冷系统连接软管与仪表的接头是 7/16in 螺纹。

(6)与 R12 制冷系统相比,R134a 制冷系统具有较高的压力和温度,需要较大的冷却风扇。

4 制冷剂的使用注意事项

(1)要绝对避免 R12 和 R134a 混用。

(2)要绝对避免 R12 和 R134a 的冷冻润滑油混用。

(3)检修制冷系统时应做好安全防护,避免手和眼睛等处皮肤接触液态制冷剂,以免被冻伤。

(4)在加注 R134a 时需要将它放在盛热水的容器里进行加热,但温度不要超过40℃。

(5)R134a 系统必须使用专用密封圈与密封垫,若使用了 R12 系统专用的密封圈和密封垫,则会起泡失效,从而导致制冷剂泄漏。

(6)在加注 R134a 时,应使装有 R134a 的容器保持直立状态,确保 R134a 以气态方式进入系统,加注作业必须在空气流通的地方进行,以防操作人员因缺氧而窒息。

(7)避免空气进入储液干燥器,以免干燥剂吸湿能力减弱,甚至失效。

第三节　汽车维护的工具、量具及仪器

常言道"工欲善其事,必先利其器",对于汽车维修工作来讲也有"三分技术,七分工具"的说法,由此可见,正确地选用工具对汽车维修来说是何等重要。但很多维修技术人员不太重视工具和量具的使用方法,导致不能顺利完成维修工作。

常用的维修工具、量具及设备是每一个维修企业开业的必备条件,认识和掌握这些维修机具对规范维修操作、保证维修质量、提高工作效率至关重要。

在从事测量作业当中,应尽可能采用精密的测量仪器,但不论何种测量仪器在测量过程中总是会存在测量误差。而误差包括测量仪器的误差(制造和磨损产生的误差)以及测量者本身的误差(因测量者习惯以及视觉因素产生的误差)。因此,测量时应该注意以下事项,方能保持测量仪器的精度。

(1)进行测量时,应使测量仪器温度和握持的方法保持在一定的测量状态。

(2)保持固定的测定动作。

(3)使用后应注意仪器的清理和维护,并存放在不受灰尘和气体污染的场所。

(4)要定期地检查仪器精度。

一　扳手

扳手种类繁多,常见的有梅花扳手、开口扳手、组合扳手以及活动扳手等。在拆卸螺栓时,应按照"先套筒扳手、后梅花扳手、再开口扳手、最后活动扳手"的选用原则进行选取,如图 1-14 所示。

在选用扳手时,要注意扳手的尺寸,尺寸是指它所能拧动的螺栓或螺母正对面间的距离。例如扳手上表示有 22mm,即此扳手所能拧动螺栓或螺母棱角正对面间的距离为 22mm。

现在常见的工具都有公制、英制两种尺寸单位。公制和英制之间的换算关系

为：1mm = 0.03937in。

禁止使用一种单位关系系统的扳手旋动另外一种单位关系系统的螺栓或螺母。

二 钳子

钳子用于弯曲小的金属材料、夹持扁形或圆形零件、切断软的金属丝等。

钳子的选用及使用应根据在汽车维修中所要达到的不同目的来选用不同种类的钳子，并且还要考虑工作空间的大小等因素。

在汽车维修中，常用的类型有钢丝钳、鲤鱼钳、尖嘴钳、斜嘴钳、水泵钳等，如图1-15所示。

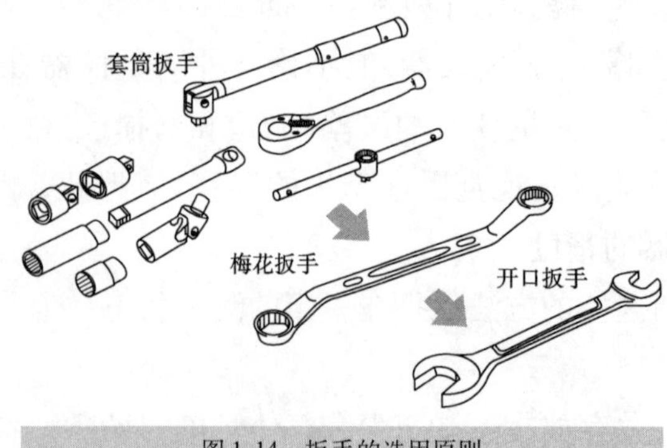

图1-14　扳手的选用原则

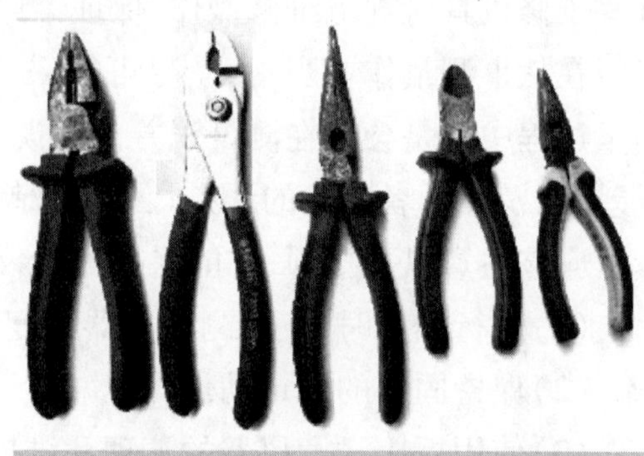

图1-15　常用钳子的类型

三 螺丝刀

螺丝刀俗称改锥或起子，主要用于旋拧小扭矩、头部开有凹槽的螺栓和螺钉。

螺丝刀的类型取决于本身的结构及尖部的形状，常用的有一字螺丝刀、十字螺丝刀。一字螺丝刀用于单个槽头的螺钉，十字螺丝刀用于带十字槽头的螺钉，如图1-16所示。

尖部形状相同的螺丝刀，尺寸也不完全一样，例如十字螺丝刀，在汽车维修中经常用到头部尺寸是2号的螺丝刀，但也有更大一点的3号螺丝刀和更小一点的1号螺丝刀，甚至还有更小的微型螺丝刀。

选用螺丝刀时，应先保证螺丝刀头部的尺寸与螺钉的槽部形状完全配合，选用不当会严重损坏螺丝刀。选用时应先大后小，即先选择3号，如3号不合适，再依次选择2号、1号。

如果螺丝刀的头部太厚，则不能落入螺钉槽内，易损坏螺钉槽；如果螺丝刀的头部太薄，使用时螺丝刀头部容易扭曲。

使用螺丝刀时，应右手握住螺丝刀，手心抵住柄端，螺丝刀与螺钉的轴心必须保持同轴，压紧后用手腕扭转，拆卸时螺钉松动后用手心轻压螺丝刀，并用拇指、食指、中指快速旋转手柄，如图1-17所示。

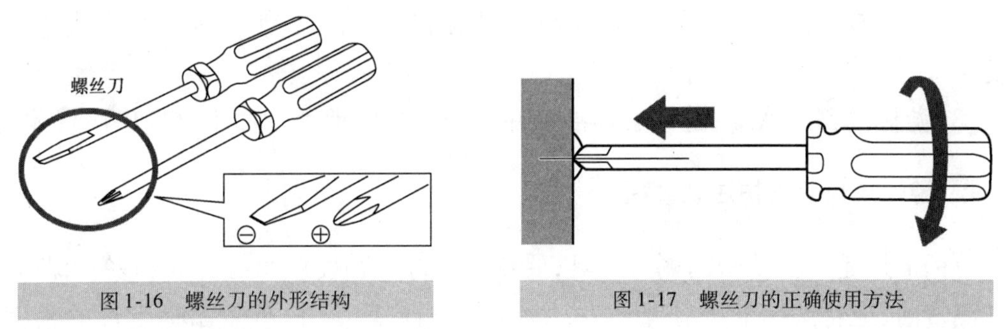

图1-16　螺丝刀的外形结构

图1-17　螺丝刀的正确使用方法

另外，在使用过程中，要尽量避免将螺丝刀当撬棒，否则会造成螺丝刀的弯曲甚至断裂。禁止将普通螺丝刀当作錾子使用（通心式螺丝刀除外），否则会造成头部缩进手柄内或断裂和缺口。

四 游标卡尺

游标卡尺又称四用游标卡尺，简称卡尺，是由尺身（又称主尺）和游标（又称副尺）制造而成的精密测量仪器，如图1-18所示，能够正确且简单地从事长度、外径、内径及深度的测量。常用的游标卡尺的测量范围是0～150mm，应根据所测零部件的精度要求选用合适规格的游标卡尺。

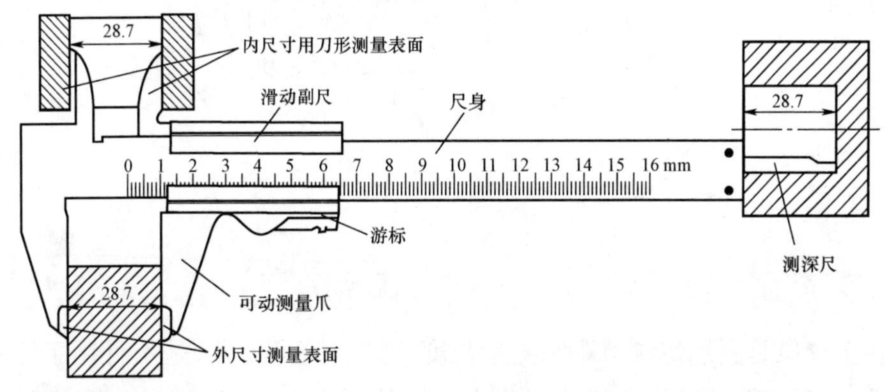

图1-18　游标卡尺的结构

1 使用前的检查

使用游标卡尺时先应依照下列事项逐一检查。

(1)测量爪的密合状态:尺身和游标的测量爪必须完全密合。内径测量用测量爪在密合状态下,能够看到少许光线表示密合良好;反之,如果穿透光线很多,则表示测量爪密合不佳。

(2)零点校正:当测量爪密切结合后,尺身和游标的零点必须相互一致才是正确的。

(3)游标的移动状况:游标必须能够在尺身上轻轻地移动而不会发出声音才行。

2 游标卡尺的维护注意事项

游标卡尺是一种精密的测量工具,要获得很好的精度应小心轻放和妥善保存。

测量前,应将游标卡尺清理干净,并将两个测量爪合并,检查游标卡尺的精度情况。在使用之后,应清除灰尘和杂物。读数时,要正对游标刻度,看准对齐的刻线,目光不能斜视,以减小读数误差。

游标卡尺用完后,应清除污垢并涂上防锈油,将其放回盒子里并放在不受冲击及不易掉下的地方保存。

五 外径千分尺

外径千分尺又称螺旋测微器,如图 1-19 所示。

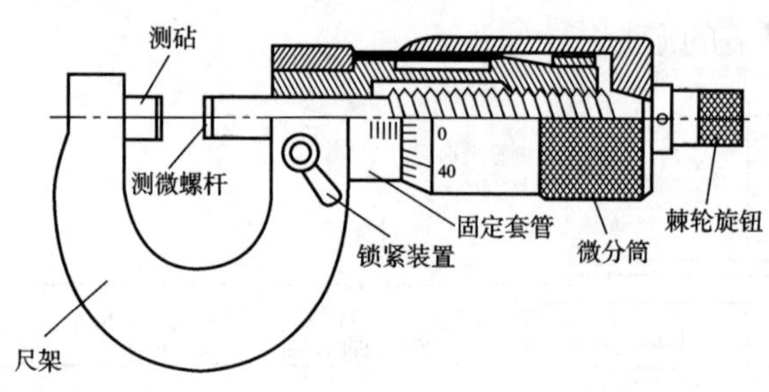

图 1-19 外径千分尺的结构

外径千分尺是利用螺纹节距来测量长度的精密测量仪器,是一种用于测量加工精度要求较高的零部件,汽车维修工作中一般使用可以测至 1/100mm 的千分尺,其测量精度可达到 0.01mm。

1 使用外径千分尺测量时应注意的事项

（1）使用前确保零点校正，若有误差请用调整扳手调整或用测量值减去误差。

（2）被测部位及千分尺必须保持清洁，若有油污或灰尘须立即擦拭干净。

（3）测量时请将被测面轻轻顶住测砧，转动棘轮旋钮使测微螺杆前进。不可直接转动微分筒。

（4）测量时尽可能握住千分尺的尺架部分，同时要注意不可碰及测砧。

（5）旋转后端棘轮旋钮，使测砧端和测微螺杆端夹住被测部件，然后再旋转棘轮旋钮一圈左右，当听到发出两三响"咔咔"声后，就会产生适当的测量压力。

（6）为防止因视差而产生误读，最好让眼睛视线与基准线成直角后再读取读数。

（7）当测量活塞、曲轴轴径之类的圆周直径时，必须保证测轴轴线与最大轴径保持一致（即测试处为轴径最大处）。若从横向来看，测微螺杆轴线应与检测部件中心线垂直，只有这样才能保证测试数据正确无误。

2 外径千分尺的维护注意事项

（1）使用时应避免掉落地面或遭受撞击，如果不小心落地，应立刻检查并作适当处理。

（2）严禁放置在污垢或灰尘很多的地点，并且要在使用后将测砧和测微螺杆的测量面分离后再放置。

（3）为防止生锈，使用后须立即擦拭并涂上一层防锈油。保存时应先放置于储存盒内，再置于湿度低、无振动的地方保存。

六 百分表

百分表利用指针和刻度将心轴移动量放大来表示测量尺寸，主要用于测量工件的尺寸误差以及配合间隙。

一般汽车维修厂采用最小刻度为1/100mm的百分表。同时百分表可以和夹具配合使用，如图1-20所示。

1 百分表的使用维护注意事项

使用百分表时要注意以下两点。

（1）百分表内部构造和钟表类似，应避免摔落或遭受强烈撞击。

(2)心轴上不可涂抹润滑油或油脂。如果心轴上沾有油污或灰尘而导致心轴无法平滑移动时,请使百分表保持垂直状态,再将套筒浸泡在品质极佳的汽油内浸至中央部位,来回移动数次后再用干净的抹布擦拭,即能恢复至原来平滑的情况。

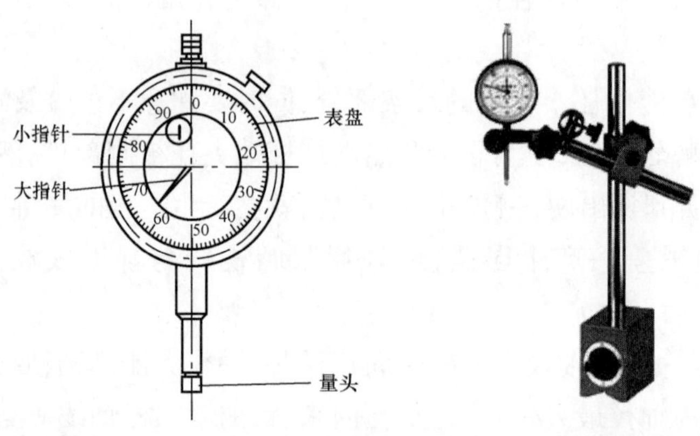

图 1-20 百分表及应用

2 百分表的保存

(1)为防止生锈,使用后立即擦拭并涂上一层防锈油。

(2)定期检查百分表的精度。

(3)收藏时先将百分表放在工具盒内,再放置在湿度低、无振动的库房内。

七 量缸表

量缸表又称内径百分表,是利用百分表制成的测量仪器,也是用于测量孔径比较常用的测量工具。量缸表通常用于测量汽缸的磨耗量及内径。

(1)量缸表需要经过装配才能使用。首先根据所测缸径的公称尺寸选用合适的替换杆件和调整垫圈,使量杆长度比缸径大 0.5 ~ 1.0mm。替换杆件和垫圈都标有尺寸,根据缸径尺寸可任意组合。量缸表的杆件除垫片调整式,还有螺旋杆调整式,无论哪种类型,只要将杆件的总长度调整至比所测缸径大 0.5 ~ 1.0mm 即可。

(2)将百分表插入表杆上部,预先压紧 0.5 ~ 1.0mm 后固定。

(3)为了便于读数,百分表表盘方向应与接杆方向平行或垂直。

(4)将外径千分尺调至所测缸径尺寸,并将千分尺固定在专用固定夹上,对量缸表进行校零、当大表针逆时针转动到最大值时,旋转百分表表盘,使表盘上的零刻度线与其对齐,如图 1-21 所示。

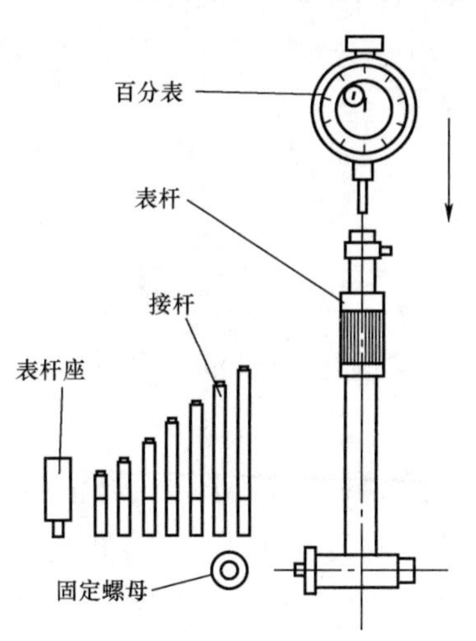

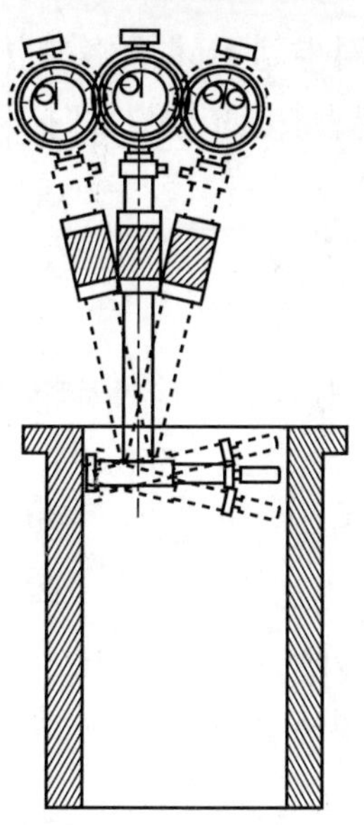

图 1-21 量缸表及应用

八 汽缸压力表

汽缸压力表用来检查汽缸的压缩压力。压力表的仪表盘指示压力的数值,它以千帕(kPa)为单位进行显示。量程范围通常在 0 ~ 2100kPa。

压力表有压入式和螺纹旋入式两种类型,如图 1-22 所示。压入式压力表有一个短的连接杆,杆的尾端是锥形橡胶头,以便适合任何尺寸的火花塞孔。在拆下火花塞后,橡胶头被塞入火花塞孔内并在发动机旋转的几个压缩周期中始终保持安装位置。虽然使用简单,但是,如果压入式压力表在火花塞孔中安装不紧密,它会显示不精确的读数。

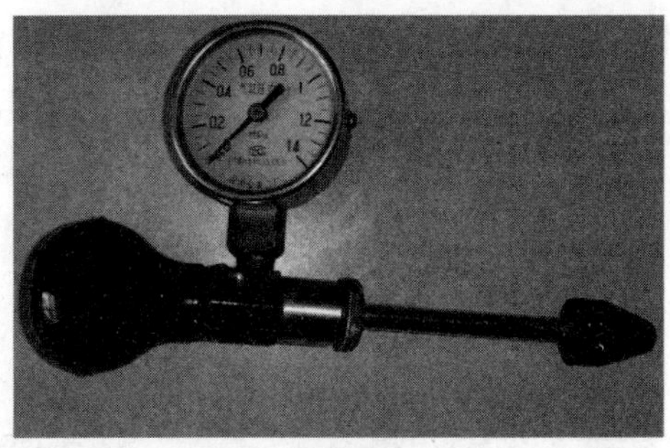

a) 压入式汽缸压力表

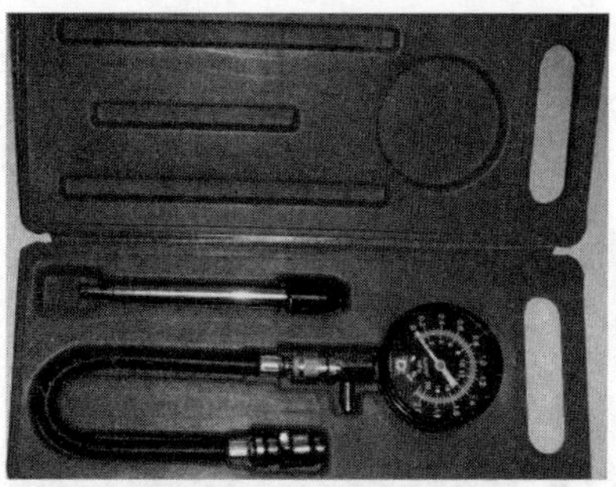

b) 螺纹旋入式汽缸压力表

图 1-22 汽缸压力表及类型

螺纹旋入式压力表有一个长而灵活的橡胶管,管的尾部是连接头。这种压力检测计应用普遍,因为灵活的橡胶管能进入压入式检测计很难达到的地方。连接头可

以更换,从而得到不同规格的接头来适应 10mm、12mm、14mm、18mm 直径的孔。连接头通过旋入安装在火花塞插孔中。

九 燃油压力表

燃油压力表对于诊断燃油喷射系统非常重要。燃油系统的工作依靠很高的燃油压力,通常为 350 ~ 550kPa。油压的降低会减少输送到喷油器中的油量,从而导致较稀的空燃混合比。

燃油压力表,如图 1-23 所示,是用来检查燃油泵的输出压力、燃油喷射系统的调节压力,以及喷油器的压力降。通过压力检测能够发现有故障的油泵、调压器或喷油器,也能够检测出燃油喷射系统存在的堵塞。堵塞通常是由燃油滤清器、变形的软管引起的。

检测燃油压力时应小心,不要溢出燃油。防止因为燃油溢出引起爆炸和着火,导致严重的人员伤害和财产损失。

十 冷却系统压力检测仪

冷却系统压力检测仪由一个手持泵和一个压力表组成。一根软管将手持泵和安装在散热器加液口处的一个专用接头连接在一起,如图 1-24 所示。压力检测仪用来对冷却系统加压,从而检查冷却液是否泄漏。外加的接头能够将此压力检测仪连接到散热器盖上。将压力检测仪连接到散热器盖上,可以检测散热器盖的泄压作用。

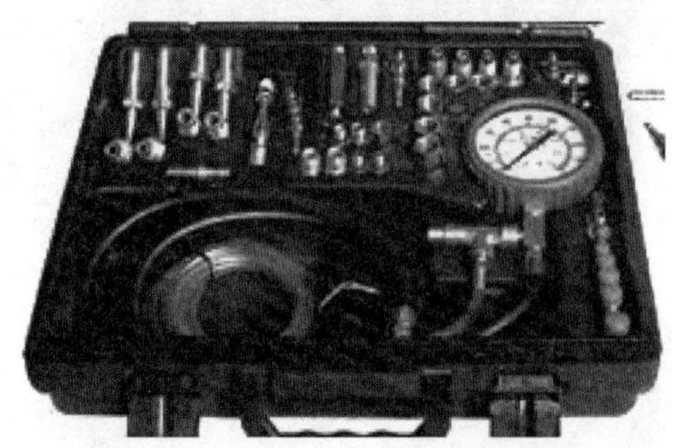

图 1-23 燃油压力表的组成

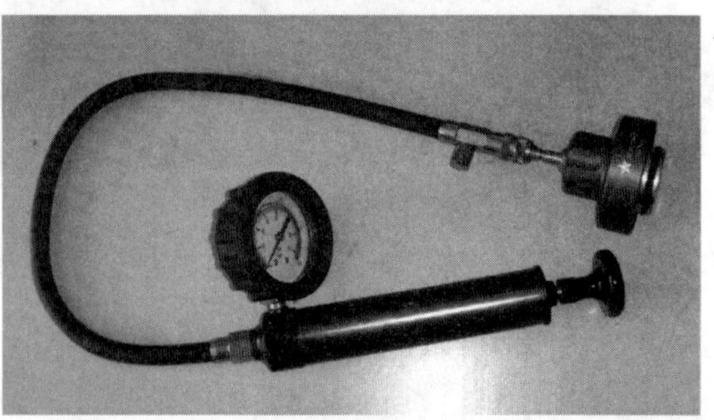

图 1-24 冷却系统压力检测仪

十一 电路测试灯

测试灯实际就是带导线的“电笔”，主要是用来检查电控元件电路的通、断。测试灯带有显示电路通、断的指示灯，对电路进行检测时，根据指示灯的亮度还可判断被测电路的电压高低。测试灯分为不带电源测试灯（12V 测试灯）和自带电源测试灯两种类型，如图 1-25 所示。

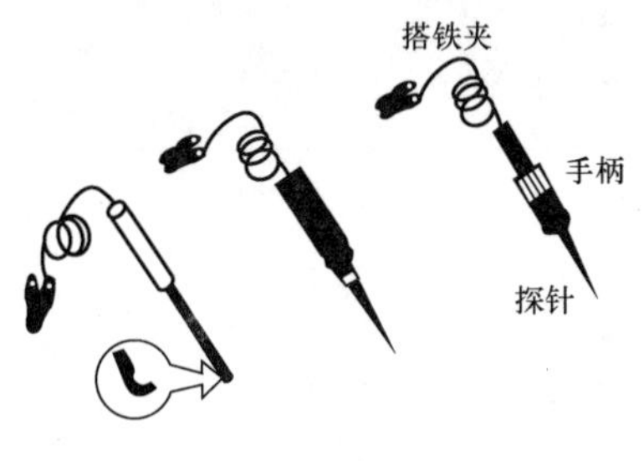

a) 不带电源测试灯（12V测试灯）

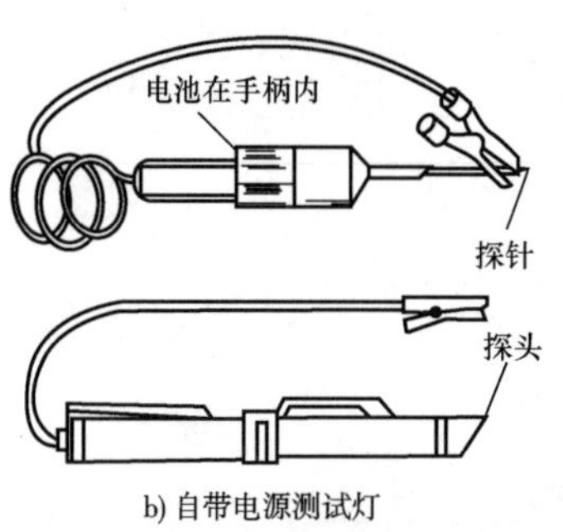

b) 自带电源测试灯

图 1-25　测试灯

十二 数字式万用表

数字式万用表是目前常用的一种数字化仪表，如图 1-26 所示。

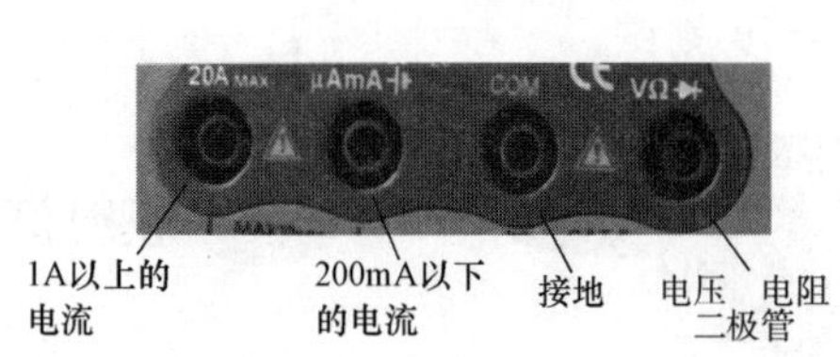

图 1-26　数字式万用表及其测量插孔标记

数字式万用表具有以下特点：数字显示，读取直观、准确，避免指针式万用表的读数误差；分辨率高；测量速度快；输入阻抗和集成度高；测试功能、保护电路齐全；功率损耗小；抗干扰能力强。

图 1-26 为 VOLTCRAFT 型汽车万用表,其主要功能如下。

(1)直流电压(DCV)测量。

(2)交流电压(ACV)测量。

(3)直流电流(DCA)测量。

测量电流时,应将万用表串联在被测电路中。

(4)交流电流(ACA)测量。

(5)电阻测量。

在电路中测量电阻时,应切断电源。

(6)电容测量。

不能利用表笔测量。测量容量较大的电容时,稳定读数需要一定的时间。

(7)二极管测试及带蜂鸣器的连续性测试。

(8)晶体管放大倍数 Hfe 的测试。

(9)音频频率测量。

(10)温度测试。

十三 正时灯

正时灯主要是用来检测与曲轴位置相关的点火正时的仪器。正时灯上的两根接线必须正确地连接到蓄电池的两极。大多数正时灯都有一个感应夹,可以夹在一缸火花塞高压线上,如图 1-27 所示。老式正时灯还有一根可以串联在一缸火花塞高压线和火花塞之间

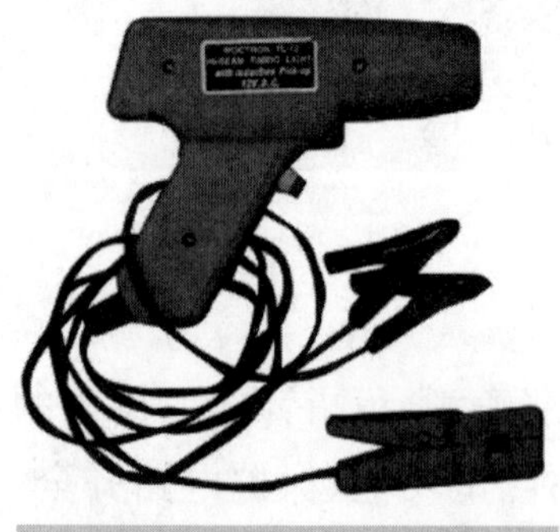

图 1-27 带感应传感器的正时灯

的接线。正时灯上有一个扳机，控制正时灯的开关。当发动机运转时按下扳机，正时灯就会在每次火花塞点火时发射光束。

十四 汽车解码器

解码器不仅具有读码、清码功能，而且还具有解码功能，使用起来非常方便，是汽车电控系统维护中不可缺少的检测设备之一。

一般地讲，带有数据流功能的解码器，可分为原厂专用型和通用型两大类型。原厂专用型解码器，一般是汽车制造厂为检测诊断本厂生产的汽车而专门设计制造的解码器。世界上一些大的汽车制造商，如通用公司、福特公司、克莱斯勒公司、奔驰公司、宝马公司、奥迪公司、日产公司等，都有专用型解码器(表1-16)，只适用检测诊断本厂生产的汽车，一般配备在汽车特约维修站，以提供良好的售后服务。

汽车生产厂家及专用解码器　　表1-16

序　号	汽车生产厂家	解码器名称
1	宝马	ISID
2	丰田	IT- ⅱ
3	通用	TEC-II
4	奔驰	STAR2000
5	中华	元征 X431
6	大众	VAS 5052
7	日产	CONSULT-3
8	奥迪	VAS 5052
9	雪铁龙	PP-2000
10	福特	IDS

通用型解码器，一般是检测设备制造厂为适应检测诊断多种车型而设计制造的。它往往存储有几十种甚至几百种不同厂牌、不同车型汽车电控系统的检测程序、标准数据和诊断代码等资料，并配备有各种车型的检测接头，可以检测诊断多种车型，因而适用综合性维修企业使用。

十五 车轮动平衡机

离车式车轮动平衡机，如图1-28所示。目前应用最多的是硬式二面测定车轮动

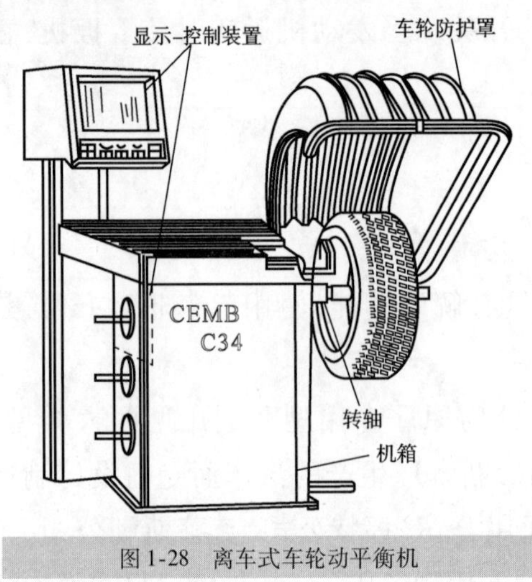

图 1-28　离车式车轮动平衡机

平衡机,该动平衡机一般由驱动装置、转轴与支撑装置、显示与控制装置、制动装置、机箱和车轮防护罩等组成。

驱动装置、转轴与支撑装置等均装在机箱内,车轮防护罩可防止车轮旋转时,其上的平衡块或胎面花纹内夹杂物飞出伤人。制动装置可使车轮停转。近年来生产的车轮动平衡机多为微机控制式,具有自动判断和自动调校系统,能将传感器送来的电信号通过微机运算、分析、判断后显示出不平衡量及相位。

十六 四轮定位仪

四轮定位仪是在水平地面上设置转动调整仪,若用专用器具装设在各车轮上则能进行前轮外倾角、主销后倾角及侧向角的测试。通常为便于测试及测试后的调整作业,四轮定位仪一般是和四轮升降器合并使用,其一般测试项目有:前后轮外倾角、前轮主销后倾角、前后轮前束和前轮主销内倾角等。

KDS 系列光学式微机四轮定位仪主要由微机主机、彩色显示器、键盘、控制箱、传感器、机壳、打印机和红外遥控器等组成,其系统框图如图 1-29 所示。

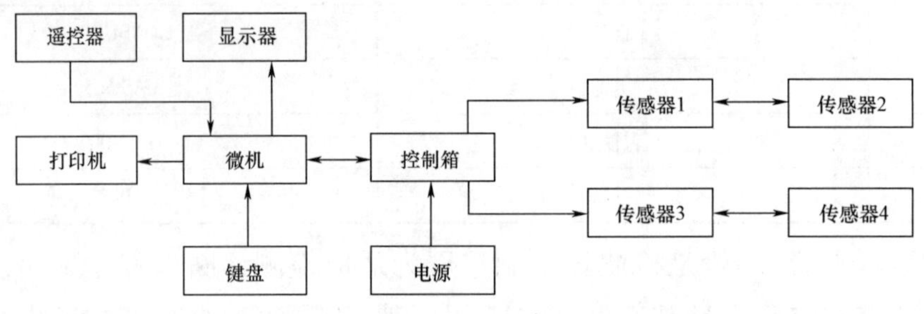

图 1-29　KDS 系列光学式微机四轮定位仪框图

第四节　汽车维护安全知识

维修车间发生事故会对人员造成严重伤害,甚至导致残疾或死亡。这是因为存在以下情况:

(1)汽车、设备和很多零部件都很重，足以对人员造成严重伤害；

(2)汽车的很多部件会变得很烫，会导致严重烧伤；

(3)在汽车的冷却系统、燃油系统内会产生高压液体，这些高压液体喷出来就会伤人，特别是喷到人的眼睛里，伤害更严重；

(4)蓄电池内有强腐蚀性和可爆炸性酸性电解液，它可以导致烧伤和眼睛失明；

(5)燃料和常用的清洗剂都是易燃物；

(6)汽车排出的废气是有毒的；

(7)进行某些维修作业时，维修技师会暴露在有害尘埃和气体中，这可导致慢性疾病。

以上这些危险足以让人产生畏惧，但是，如果掌握了工作安全常识，维修汽车时造成伤害的可能性就会接近于零。车间内的每个人都对车间安全负有责任，必须共同努力，保护健康和安宁。本节包含许多涉及人身、工作环境、工具、设备、有害材料的安全指南，还特别对很容易导致伤害的情况进行提醒。作业时，一定要遵守维修手册和其他技术文献中给出的安全指南，这样才能保护自己，免受危害。

一 个人安全

个人安全一般来说是为了保护自己免受伤害而采取的防范措施或注意事项，包括佩戴防护装置、穿着安全和正确地使用工具和设备。

1 眼睛保护

维修车间有很多情况会使工作人员的眼睛发生感染或永久损伤。

有些作业(如磨削)会散发出高速运动的细小金属颗粒和尘埃，这些金属颗粒和尘埃很容易进入作业者的眼睛中，将眼球擦伤或割伤。从有裂纹的管子或管接头中泄漏出的压力气体和液体可以喷射很远距离，这些化学品进入眼睛会导致失明。在汽车下面进行作业时，从腐蚀金属上脱落下来碎屑很容易落入眼睛中。

当工作环境存在损伤眼睛的风险时，就要戴上安全眼镜，对眼睛进行保护。可供使用的护目器材有多种，如图1-30所示。为了对眼睛进行足够的保护，安全眼镜的镜片要用安全玻璃制成，还要对眼部侧面进行防护。普通眼镜不能对眼部提供足够的防护，因此，普通眼镜不能作为安全眼镜使用。在车间里戴普通眼镜时，应配上侧面护罩。

进行某些作业时，应该佩戴其他的护眼器材，而不是安全眼镜。例如维修汽车空调系统时，就应当戴着防溅护目镜；用压力喷射清理零部件时，就要戴上防护面

罩，防护面罩不仅能对眼部进行保护，还能对面部进行保护。

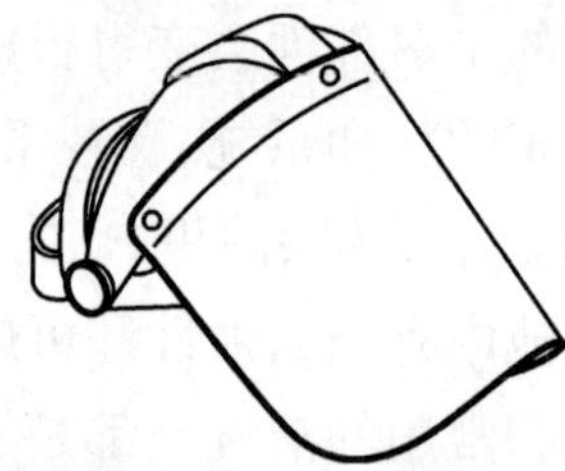

图 1-30　安全护目装置

在蓄电池电解液、燃油、溶剂等化学品进入眼睛时，要用清水长时间冲洗眼睛，还要及时让医生进行处理。

2 服装

服装必须穿着合适、舒服，不能采用坚硬的布料。宽大、松垂的衣服很容易被卷入旋转的零件或机器。不可以戴领带。各种短裤也不适合车间工作。

汽车维修工作经常处理一些很重的部件，这些部件很可能意外地落在脚上。所以为了保护脚部不受伤，要穿皮革或类似材料的鞋子、靴子，而且这些鞋的鞋底要防滑。钢质鞋尖的安全鞋能为脚提供额外的保护。在车间里不适合穿球鞋、休闲鞋和凉鞋。

人们经常忽视对手部的保护。如果手部擦伤、划伤或烧伤，会在很长一段时间里使工作效率下降。进行研磨、焊接或处理高温零部件时，应该戴上合适的劳保手套。处理腐蚀性化学物质时要戴上合格的橡胶手套，腐蚀性物质是很强烈、很危险的化学品，它们很容易烧伤皮肤，处理这类化学品时要格外小心。

3 听力保护器

长时间处于高分贝的噪声中会造成听力下降。气动扳手、带负荷运转的发动机和封闭空间内运行的车辆都会产生令人厌烦、有害的噪声。如果经常在这种环境下工作，要戴上保护听力的耳塞或耳罩，如图 1-31 所示。

a) 带架耳塞　　b) 耳罩　　c) 耳塞

图 1-31　常见的耳塞和耳罩

4 头发和首饰

长发或宽松、垂挂的首饰会带来与宽松的衣服相同的危害，它们可能会被卷入运转的发动机或机器中。如果是长发，要将头发挽到后面或者卷到工作帽里。

绝对不要戴戒指、手表、手镯和项链，它们很容易被卷入运转的部件并造成严重伤害，特别是在维护蓄电池、电气系统或在其旁边工作时，它们更有可能对你造成伤害。

5 其他个人安全警告

(1)在汽车上或在车间的任何机器上工作时都不允许吸烟，要在指定的区域内吸烟，如图 1-32 所示。

(2)车间里没有地方让你玩吹气比赛、爬行比赛甚至搞恶作剧。如果有人被送到医院，打闹和嬉戏就不会那么有趣了。

(3)为了防止恶性伤害，皮肤应远离高温金属部件，诸如散热器、排气歧管、排气管、催化转换器和消声器等。

(4)使用液压机时，要确保液压系统安全、正常。一般说来，操作时要站在侧面，并要一直戴着安全眼镜。

图 1-32　在指定的区域吸烟

(5)要把零件和工具放在一个合适、安全的地方，以免人们被绊倒，这不仅会减少伤害，还能减少寻找零件和工具的时间。

二 举升和搬运

掌握搬运重物的正确方法是很重要的。提升重物时应使用合适的背部保护装置，并在自己的能力范围内搬举，如果遇到不确定是否能自行处理的大件物品应找别人帮忙。甚至一些小型的紧凑部件也可能出奇的重，也可能是不平衡的，搬运前要考虑好如何操作。搬运任何物品，都要遵循以下步骤。

(1)搬运之前，确认搬运路上没有碍事的零件或工具。

(2)使脚紧靠搬运物。站稳脚位，这样才能保持平衡。

(3)尽量保持肘部和背部的直挺。弯曲膝盖直到手能够到搬运物并有一个最佳紧握位置，如图 1-33 所示。

(4)如果搬运物放在橱柜里，确保橱柜是完好的。旧的、潮湿的以及密封不好的

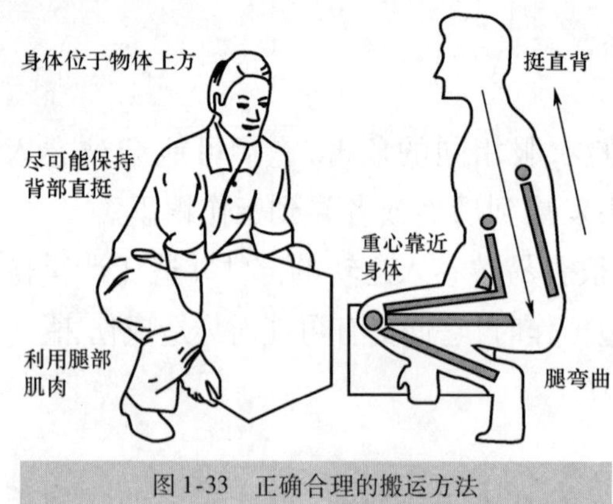

图 1-33　正确合理的搬运方法

橱柜很容易破裂,使零部件从中掉落。

(5)抓稳搬运物。搬运时不要尝试改变紧握姿势。

(6)不要通过扭转身体来改变移动方向,一定要转动包括双脚在内的整个身体。

(7)将物品放到货架或柜台上时,不要向前弯曲身体,应将物品的边缘先放在货架上,然后向前推重物,注意不要将手指夹住。

(8)在放下重物时,弯曲膝盖,但要挺直背部,不要向前弯曲身体,否则会拉伤背部肌肉。

(9)将重物放到地面上时,应将物品放在木头垫块上,以保护手指免受损伤。

三 举升车辆的安全

举升机可以举升车辆,这样技师就可以在汽车下面工作,举升臂必须安置在汽车生产商推荐的举升部位。还应注意以下安全事项。

(1)举升机提升后一定要确保保险锁锁止。松开保险锁后,缓慢操作控制手柄降低车辆。决不能用举升机或千斤顶去支撑超过其承载能力的物体,使用前检查它们的额定承载能力。如果千斤顶的额定荷载为2t,不要尝试用它去支撑大于2t的载荷,因为这对人员和车辆都是很危险的。

(2)引导别人把车开上举升机时,要站在驾驶人的侧面而不是在车前方。然后用清楚明白的手势或口令向驾驶人指示行车方向。如果汽车有意外动作,确保自己有一个明确逃离方向。把车开到举升机上要先检查车底的间隙,这非常重要。如果悬架系统或排气系统的位置较低,也许会碰到举升机使它们损坏。

(3)把车开到举升机上之前,应安放好举升臂并确保没有任何阻碍。不要撞击、开车碾过举升臂、连接器、支撑轴,这样会损坏举升机、汽车或轮胎。

(4)放好举升臂接触垫,使之位于车辆支撑点位置。升起举升机使接触垫接触到汽车。然后,检查接触垫确保它们和汽车完全接触,如图1-34所示。最后将车辆举升到所需高度。

(5)举升车辆前,车门、发动机舱盖和行李舱盖一定要完全关闭,车内有人时决不能将车辆升起。在车底工作前,确保举升机的保险锁装置正常。

(6)当车辆升到所需高度后,将车辆降低至其机械保险装置。有些车上,组件的拆卸(或安装)会造成车辆重心的改变,这可能导致车辆在举升机上不稳,要参看车

辆维修手册推荐的程序以避免这种情况的发生。

(7)车辆下面一定不要有工具箱、案台或其他设备。降下举升机前要按照操作程序打开保险锁装置。

图1-34　确保接触垫与车辆可靠接触

四 手工工具的安全

很多车间事故是由于未正确使用手工工具造成的。安全使用这些手工工具要注意以下事项。

(1)保持工具的清洁且使用状况良好。旧的工具很容易滑动并造成手部损伤。如果锤子的锤头是松动的,锤头很可能脱落,造成人员受伤或车辆损坏。要保持清洁无油且使用状况良好。滑脱的工具会造成切伤或割伤。如果滑脱的工具掉落到运转的零件上,工具会飞出来造成严重人身伤害。

(2)使用正确的工具完成工作。确保工具具有的专业品质,使用制造不良的工具或错误的工具会损害零件、工具本身或造成人身伤害,不能使用破损或损坏的工具。

(3)使用锋利或带尖端的工具要十分小心。不要把尖锐的工具或其他尖锐的零件放到口袋里,它们会刺伤皮肤、毁坏汽车内饰、划伤汽车漆面。

(4)如果工具的尖端必须锋利,要把它放到一个能够保持其锋利的环境中。

(5)绝对不能超范围使用工具,例如用螺丝刀当撬棒,刀刃和刃尖很容易损坏并造成人身伤害。

(6)冲击扳手只能使用冲击套筒。普通的套筒如使用不当,很容易损坏和破裂。

五 动力工具设备的使用安全

以电力和压缩空气为动力的工具设备称为动力工具设备。使用时需要注意以

下事项。

(1)对动力工具设备的操作不了解或未经正确使用培训,切勿操作动力工具设备。

(2)开动动力工具设备前,应确信没有别的物件会碰到设备的运转部件。

(3)全部电动工具,除非是双绝缘式的,都必须接地。不要使用两脚插头插入三脚插座(第三脚是设备地线)。切勿使用卸下第三地线插头的设备。

(4)动力工具设备正在运转或电源接通时,切勿试图调整、上油或清洁等。安全防护罩是一种装在运转部件外部的罩,它可以有效防止伤害。将全部防护装置按照规定安装在适当位置,如图1-35所示。

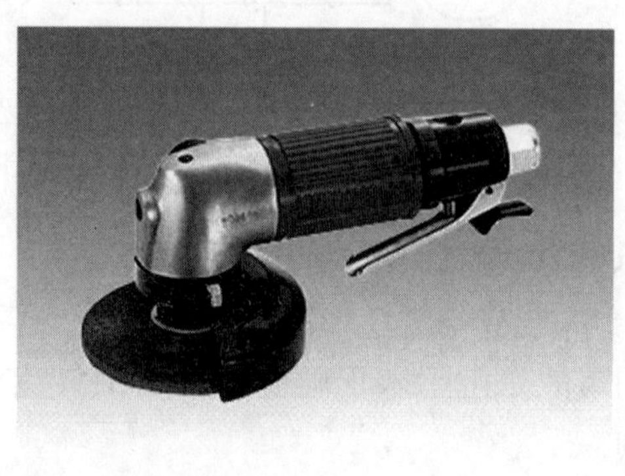

图1-35　安装防护罩的电动设备

(5)确保气动工具和管路正确连接。

(6)当不用动力工具设备时,关闭电源并拔出插头,并把设备放回到适当位置。

(7)操作某些设备时,应按规定戴安全眼镜、手套、面罩等保护用品。如在砂轮机修磨零件时须戴安全眼镜,如图1-36所示。

图1-36　带安全眼镜工作

六 防火安全

要了解车间里所有灭火器的放置地点及其适用的火险类别,见表1-17,在灭火器标签上都清楚地标明了灭火器的类型及其适用的火险类别。灭火时,一定要使用适合火险类别的灭火器,通用干粉灭火剂适用于扑灭一般易燃物、易燃液体和电气着火。汽油着火时,切不可向火中浇水,水会使火势进一步蔓延,适合火险类别的灭火器能够使火焰熄灭。

灭火器选择列表　　表 1-17

火情类别	火险类别	典型燃料	灭火器类型
A类火情（绿色）	一般易燃物 降低温度或覆盖可以灭火	木头、纸、布、橡胶、塑料、垃圾、装潢材料等	水灭火器 泡沫灭火器 通用干粉灭火器
B类火情（红色）	易燃液体 可用毯子将整个着火液体表面盖住，通过隔离灭火	汽油、润滑油、油漆、轻油等	泡沫灭火器 二氧化碳灭火器 卤化物灭火器 干粉灭火器 紫色K干粉灭火器 通用干粉灭火器
C类火情（蓝色）	电气设备 应尽快切断电源，一定要使用不导电的灭火器，以免受到电击	电动机、用电设备、电线、熔断器、开关板等	二氧化碳灭火器 卤化物灭火器 干粉灭火器 紫色K干粉灭火器 通用干粉灭火器
D类火情（黄色）	可燃金属 金属片、车削或刨削形成的火险要用专用灭火剂通过窒息或覆盖灭火	铝、锰、钾、钠、锆等	只能用干粉灭火器

灭火时，要站在距离火焰2～3m以外，将灭火器牢牢地向上拿住，对准火焰根部来回摆动喷嘴，扫过整个火焰区，低下身子以免吸入烟气，如果温度太高或烟气太大，就要撤离。记住，无论如何不要返回着火的建筑物内。

汽车维修常用灭火器有手提泡沫灭火筒、鸭嘴式开关灭火器、干粉灭火器，手提式1211灭火器等，使用方法如下。

（1）使用手提泡沫灭火筒救火时，应用一只手握着灭火筒上端的提环，另一只手握着灭火筒的底边，把灭火筒倒转过来并摇动几下，灭火泡沫就会从喷嘴喷出。

（2）鸭嘴式开关灭火器使用时，先将灭火器提到着火处，将喷嘴对准火焰，拔出开关的保险销，握紧喇叭柄，将上面的鸭嘴向下压，二氧化碳气体即从喷嘴喷出。

（3）使用干粉灭火器时，先将干粉灭火器送到着火处，需要上下颠倒几次，在离着火点3～4m远处撕去灭火器上的封记，拔出保险销，一手握紧喷嘴对准火源，另一只手的大拇指将压把按下，干粉即可喷出。迅速摇摆喷嘴使粉雾横扫整个火区，由近而远向前推移可很快灭火。

第二章 Chapter

汽车发动机的维护

知识目标

1. 了解发动机系统的组成及工作原理；
2. 明确发动机系统的维护内容及重要性；
3. 能够正确进行发动机系统的维护项目的操作；
4. 掌握必要的安全操作规范常识。

发动机是汽车中产生动力的部分，可以说是汽车的“心脏”。发动机出现故障，车辆就会停止运行或运行不正常。因此，进行发动机系统的维护是有必要的。

发动机维护是一项重要的工作，做得好不仅能使发动机安全运转，而且能够延长使用寿命。因此，定期对发动机进行检查和维护，能够提高发动机的各项使用性能，从而保证发动机在良好的状态下工作。

第一节　燃油供给系统的维护

汽油机燃油供给系统的功用是根据发动机的要求，配制出一定数量和浓度的混合气，进入汽缸，参与燃烧，并将燃烧后的废气从汽缸内排出。

汽车常见的燃油供给系统是由燃油箱、电动燃油泵、供油总管、燃油滤清器、脉动阻尼器、燃油分配管（油轨）、喷油器、燃油压力调节器、回油管和活性炭罐等组成。按其回

油方式的不同可分为外部回油供油系统和内部回油供油系统两种类型，如图2-1所示。

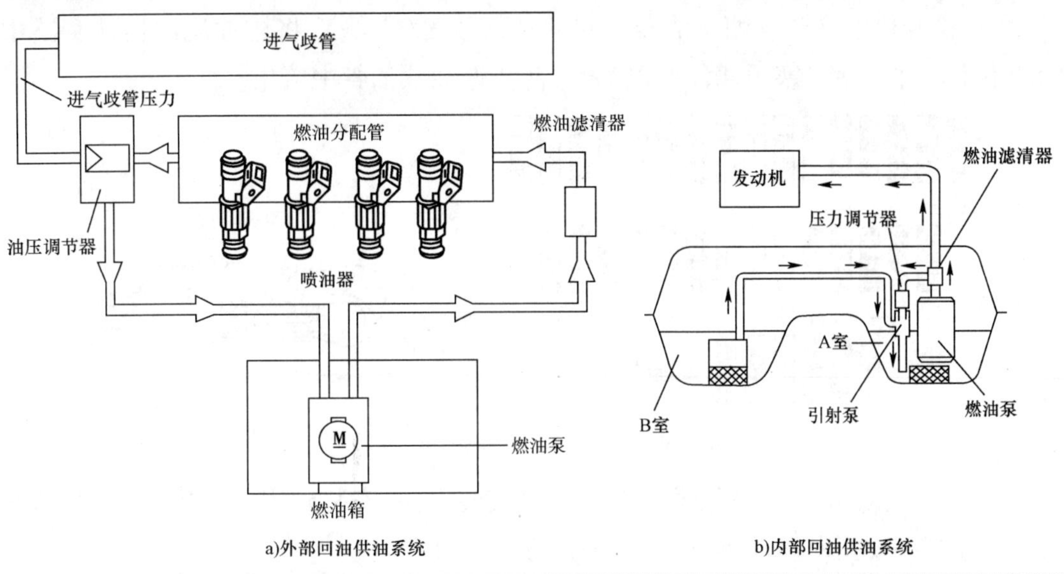

图2-1　燃油系统的两种类型

汽油机燃油供给系统的维护项目根据车辆行驶里程和时间，有检查燃油箱盖、更换燃油滤清器、清洗喷油器、检查活性炭罐等。

一 检查燃油箱盖

(1)取下燃油箱盖，检查其密封圈垫片是否损坏，如果损坏，燃油蒸气就会蒸发到空气中，造成环境污染，需要更换燃油箱盖。

(2)检查真空阀是否损坏，如果损坏，空气不能进入燃油箱替代燃油。那么，在燃油箱中形成的部分真空会造成凹槽，需更换燃油箱盖。

(3)检查燃油箱盖扭矩限制器是否有效。

(4)检查燃油箱盖连接线是否断裂(部分车型)。

二 更换燃油滤清器

1 更换外部回油供油系统的燃油滤清器

(1)关闭发动机，并使发动机温度达到正常环境温度范围内。

(2)用热熔断丝夹钳拔掉燃油泵热熔断丝或继电器，如图2-2所示，起动发动机，使发动机自动因为缺油而停止运转，释放燃油管路的压力。

(3)关闭点火开关,断开蓄电池搭铁接线柱。

(4)松开供油管和燃油滤清器之间的夹紧装置(卡箍),将燃油滤清器从管路中拆卸下来。并用堵口塞子塞住两侧油管,防止燃油从油管中流出。

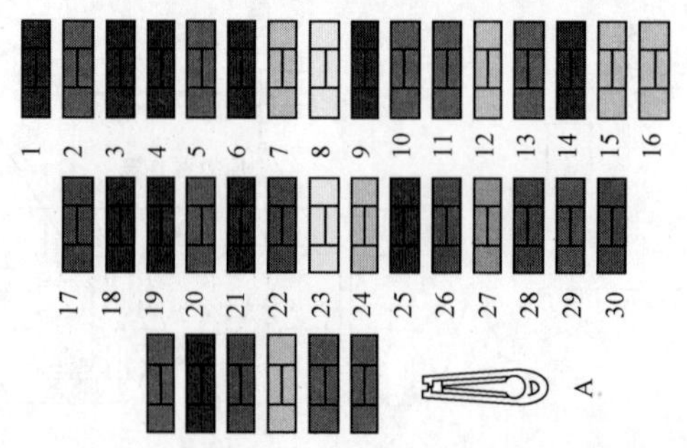

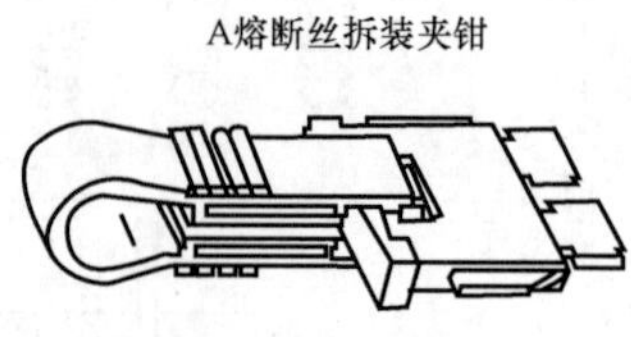

图 2-2　燃油泵热熔断丝位置及夹钳

(5)将一个新的燃油滤清器按照正确的安装方向,安装到固定装置中,注意燃油的流向即箭头要指向发动机方向,并保持方向一致。

(6)用一个新的卡箍紧固连接油管和滤清器,确保连接可靠。

(7)连接蓄电池搭铁线,安装燃油泵热熔断丝或继电器将点火开关旋至"ON"位置再关闭,如此反复进行数次,使燃油系统建立起油压。

(8)起动车辆,再次确认管路和燃油滤清器之间的连接部分没有泄漏。

2 更换内部回油系统的燃油滤清器

(1)关闭发动机,并使发动机温度达到正常环境温度范围内。

(2)拔掉燃油泵热熔断丝或继电器,起动发动机,使发动机自动因为缺油而停止运转,释放燃油管路的压力。

(3)关闭点火开关,断开蓄电池搭铁接线柱。

(4)拆下后地板检修孔盖,并断开燃油泵电器插接器。

(5)拆下油管接头卡子,并拉出加油口主管,如图 2-3 所示。

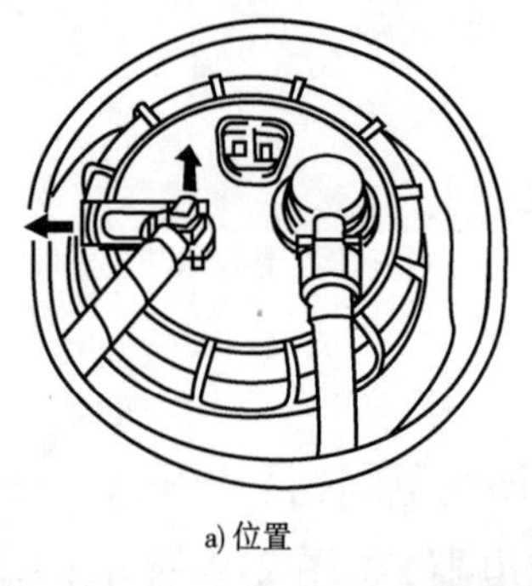

a) 位置

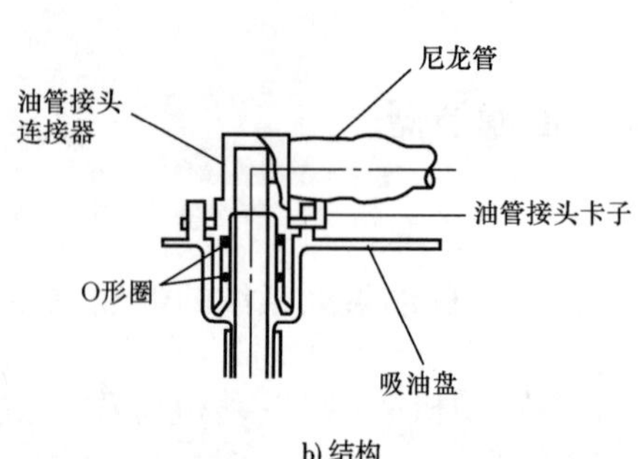

b) 结构

图 2-3　燃油主管的位置和结构

(6)捏住燃油管连接器将燃油排放管拉出,如图 2-4 所示。

(7)用专用工具拆下燃油泵表面护圈,取出燃油泵总成。

(8)断开燃油表传感器连接线,松开锁止片并滑动燃油量传感器将其拆下。

(9)用头部缠有保护性胶带的螺丝刀,分离总成上的卡爪并拆下吸油管支架,拆下燃油泵橡胶垫,取出压力调节器总成。

(10)用头部缠有保护性胶带的螺丝刀,拆下卡子和燃油泵滤清器,如图 2-5 所示。

(11)更换一个新的燃油滤清器,并按照拆卸的相反顺序安装各个零件和总成。

(12)全部安装完毕后起动发动机,检查燃油是否泄漏。

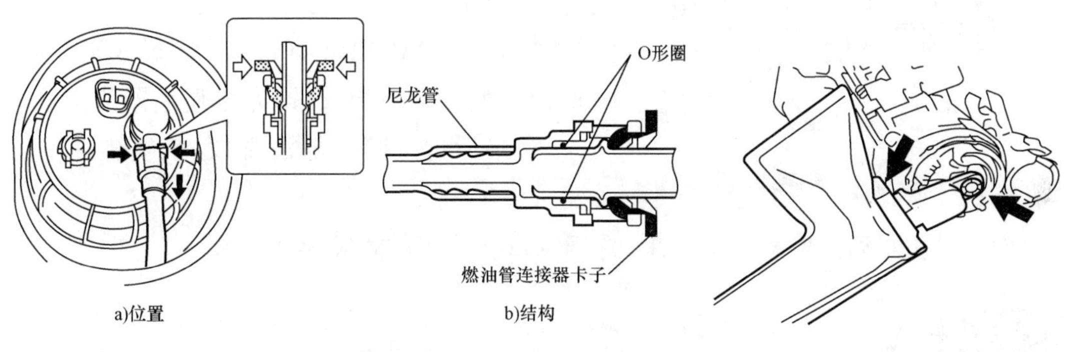

图 2-4　燃油排放管位置和结构

图 2-5　拆下卡子和燃油滤清器示意图

更换完毕后要检查确认连接部位无任何划痕和异物;检查并确认连接器完全插入并牢固安装;检查并确认油管接头卡子在连接器的颈部。

三 清洗喷油器

喷油器清洗通常有随车清洗和超声波清洗两种方法。

随车清洗法需采用专用电喷汽车喷油器清洗液,其优点是不需从车上拆下喷油器,操作比较方便;缺点是不能直接观察喷油器的工作状况,并且效果也不理想。超声波清洗法是把喷油器从发动机上拆下后装在超声波清洗箱上清洗,其优点是清洗质量高,还可以把喷油器装到喷油器试验台上进行喷油量、泄漏量和喷射雾化状况的测试;缺点是设备昂贵,操作起来比较费时。

1 随车清洗喷油器

（1）将储液器加满喷油器清洗液。

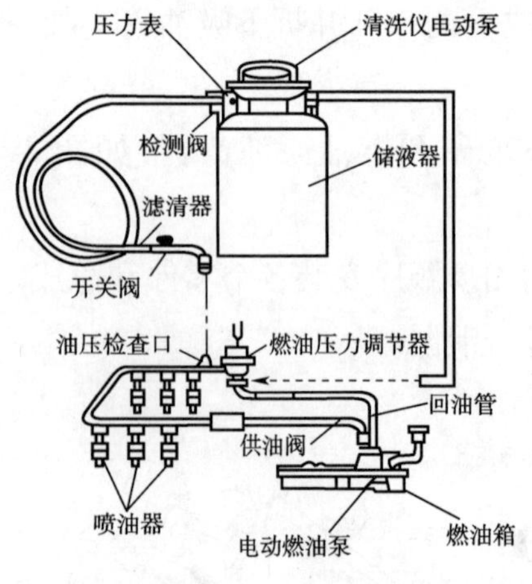

图 2-6 随车清洗喷油器连接示意图

（2）安装喷油器清洗仪。首先释放燃油系统压力，将开关阀一侧的管路连接到燃油供给系统中的油压检测口处，从燃油压力调节器上拆开回油管，将清洗仪另一端的管路连接到压力调节器的回油管接头上，如图 2-6 所示。

（3）拆开电动燃油泵线束插接器，接通清洗仪电动泵电源，起动发动机。

（4）使发动机以 2000r/min 的转速运转约 10min 后，使发动机熄火，即完成喷油器清洗。

（5）最后拆下喷油器清洗仪，恢复燃油供给系统。

（6）起动发动机检查清洗效果，并确认重新连接的管路是否可靠。

起动发动机之前要预置燃油压力。

2 超声波清洗喷油器

（1）关闭发动机。

（2）拔下燃油泵继电器或热熔断丝。

（3）起动发动机，耗尽燃油管路中的残余燃油，确保燃油压力被泄掉，使发动机自动因无燃油停止运转。

（4）关闭点火开关，拆下蓄电池搭铁接线柱。

（5）从发动机上拆卸下所有的喷油器并标记汽缸号。

（6）将喷油器放到超声波清洗机中，添加清洗剂，确保清洗剂液面高于所有喷油器。

（7）接通电源，设定清洗时间，一般为 15 ~ 20min，起动清洗机，开始清洗。

（8）清洗结束后，取出喷油器，擦拭干净，按照原来的汽缸位置重新装回发动机上。

要求更换所有的密封圈垫片。

四 检查活性炭罐及 PCV 阀

汽车发动机 PCV 阀是排放控制的控制装置之一，它使窜入曲轴箱内的气体重新燃烧。如果 PCV 阀堵塞，窜入曲轴箱内的气体就不能被吸入进气歧管，就会直接排放到大气中，造成环境污染。另外它还会与发动机润滑油混合，使润滑油变质。

(1)目视检查活性炭罐外表面是否有裂纹和损坏，以及是否有泄漏情况。

(2)目视检查连接的软管安装是否牢固，是否弯曲变形。

(3)起动发动机，使之达到正常的发动机工作温度。

(4)使用鲤鱼钳或用手捏住 PCV 阀，其安装位置如图 2-7 所示，感觉阀口部位应该有“嗒、嗒”的声音，以此判断 PCV 阀是否正常，如图 2-8 所示。

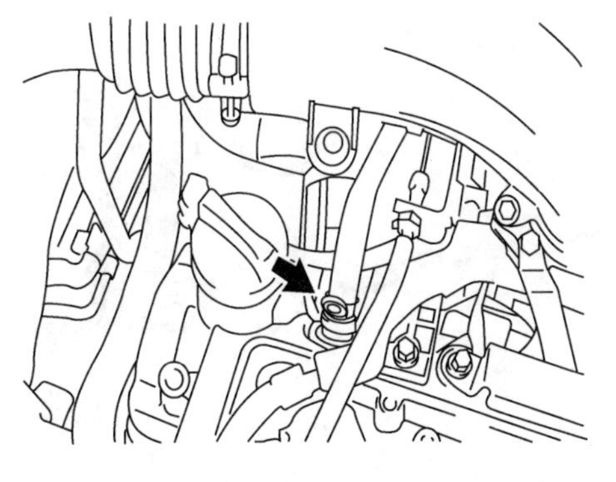

图 2-7　PCV 阀的安装位置

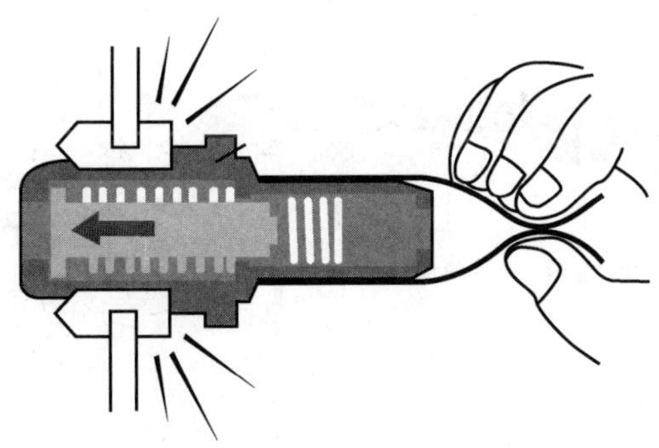

图 2-8　PCV 阀的检查方法

第二节　进排气系统的维护

进气与排气系统对于发动机的工作非常重要。进气系统的结构如图 2-9 所示。进气系统必须为发动机提供充足的新鲜空气，以保证较高的充气效率。如果空气在进气系统任何一个部件中的流动阻力过大，就会降低充气效率。空气滤清器必须滤

除进气中的所有灰土和砂粒。如果空气滤清器允许任何的灰尘和微粒进入发动机，发动机的汽缸壁、活塞和活塞环就会被划伤。在许多发动机中，进气系统还负责保证一定的进气温度，以改善燃油的蒸发和发动机性能。

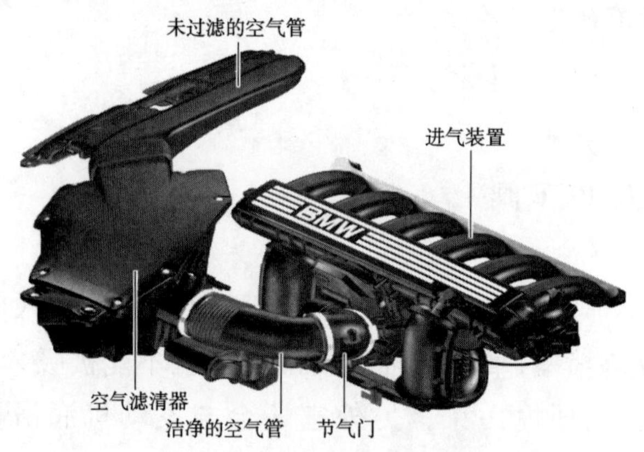

图 2-9　进气系统的结构

排气系统的作用是将废气以最小的空气阻力和噪声，通过汽缸顶部的排气门排至大气。如果废气在排气系统任何一个部件中的流动阻力过大，充气效率就会降低。发生在排气系统任何一个部件处的废气泄漏，会产生刺耳的噪声。排放系统中的催化转化器，主要用于降低尾气中的有害气体。排气系统的结构如图 2-10 所示。

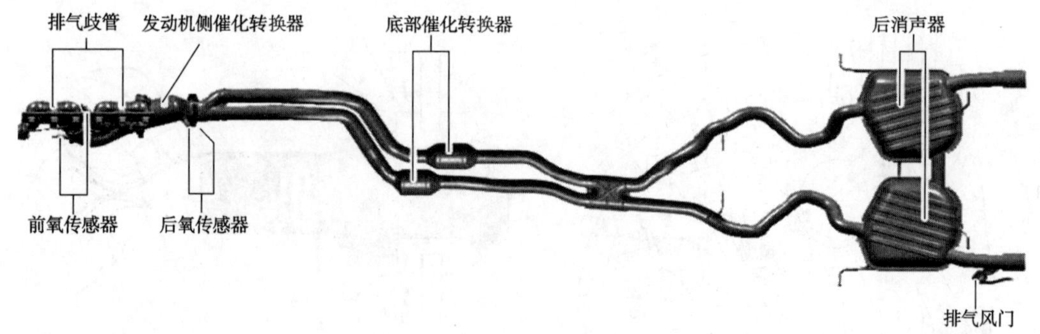

图 2-10　排气系统的结构

进气系统能够完成以下功能：

(1)提供发动机运转所需的空气；

(2)滤清空气以防止发动机磨损；

(3)监控进气温度和密度，以保证更完全的燃烧和降低碳氢化合物(HC)、一氧化碳(CO)的排放量；

(4)与曲轴箱强制通风(PCV)系统配合，将发动机曲轴箱内的气体引入汽缸燃烧；

(5)为某些空气喷射系统提供空气。

空气滤清器总成如图2-11所示，其主要作用是防止空气中的尘土和砂粒随着空气燃油混合气进入发动机。

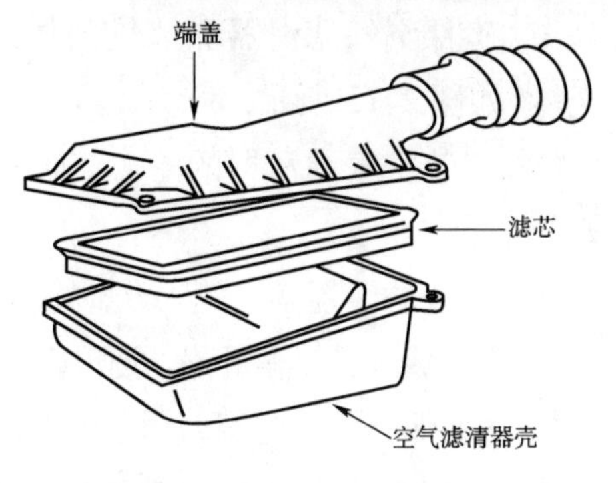

图2-11　空气滤清器总成

如果没有充分的过滤，空气中的杂质就会对发动机造成严重的损害，并在一定程度上降低发动机的寿命。在进入发动机前，所有的进气都应通过滤清装置。

排气系统的作用是汇集各个汽缸的废气，并将它们从汽车尾部排出。同时，排气系统应将排气噪声降低到在汽车内外都可以接受的水平。

进排气系统的检查和维护包括：检查和更换空气换滤清器；检查进、排气管的安装及密封情况；检查催化转换器是否堵塞和泄漏；检查消声器是否腐蚀。

一　检查并更换空气滤清器

1　操作步骤

(1)拆掉空气滤清器盖上的蝶形螺母和固定螺栓以及空气滤清器滤芯的盖子。

(2)从滤清器中拆去空气滤清器滤芯，确信没有异物，如小石子等，防止在拆除元件时掉入节气门体。如果空气滤清器总成较长，要从空气滤清器套管和管道系统里清除所有灰尘、砂粒等。

(3)目视检查空气滤清器中纸制滤芯是否有小孔，密封面和滤芯两侧的金属网有没有损坏。如果滤芯损坏或有小孔，就必须换掉滤芯。

(4)在空气滤清器内表面放一个故障检验灯，从滤芯向灯看去，灯光应可以从纸制滤芯中透过但不能看见滤芯中有小孔。如果纸制滤芯被灰尘或油污堵塞，灯光将不能从滤芯透过。当滤芯被灰尘或油污堵塞后，需更换。如果空气滤清器被油污染、活塞漏气过多或PCV系统故障，会造成发动机曲轴箱内压力上升。

(5)如果空气滤清器壳体内滤芯周围内壁有灰尘，拆下空气滤清器壳体，用一块清洁的毛巾擦掉壳体内壁周围的灰尘。

(6)检查PCV入口滤芯是否有灰尘。部分PCV入口滤芯是用泡沫塑料制成的，这些滤清器可以在专用的溶剂里清洗，从而可以重复使用。如果PCV入口滤芯损坏或被灰尘堵塞需更换。

(7)确保空气滤清器和节气门体之间的垫片工作状态良好,然后安装空气滤清器壳体,如图 2-12 所示。

(8)安装空气滤清器的滤芯,确保滤芯下面的密封件与空气滤清器体的表面有很好的配合。

(9)安装滤清器盖,确保端盖的密封面与滤芯配合良好。

(10)安装和拧紧蝶形螺母和固定螺栓。

(11)确保 PCV 软管和任何其他软管或传感器都与空气滤清器正确相连。

可用维修厂的压缩空气枪来清洁空气滤清器滤芯上的灰尘和杂质,如图 2-13 所示。确保压缩空气枪和空气滤清器有 20cm 左右的距离,直接将气流对准空气滤清器滤芯内部。当从滤芯中吹灰尘时,不要让压缩空气的压力超过 207kPa。冲洗完灰尘后,再用车间检测灯来观察滤芯上有没有小孔或灰尘。

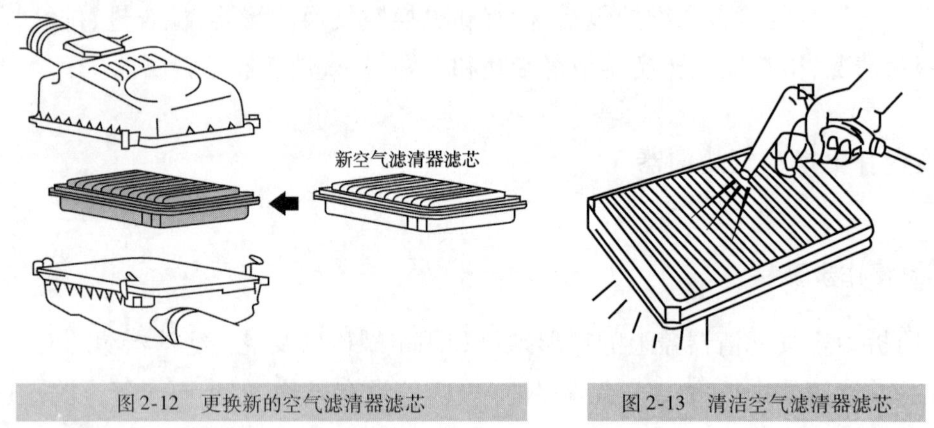

图 2-12 更换新的空气滤清器滤芯

图 2-13 清洁空气滤清器滤芯

不要让空气枪对着你的身体任何部位,因为压力很高,如果高压空气穿透皮肤进入血管,将造成身体重伤或死亡。

2 操作中应该注意的事项

(1)要在了解空气滤清器工作原理后再做维护工作。

(2)要使用厂家推荐型号的空气滤清器滤芯,在购买和使用前应做质量检查。

(3)要检查空气滤清器滤芯的密封圈,安装时空气滤清器滤芯不能装反,所有进气都必须通过空气滤清器滤芯。

(4)不要在发动机运转时做空气滤清器维护工作。

(5)在灰尘较大的环境下,不要拆空气滤清器滤芯,不能开着空气滤清器盖运转发动机。

(6)没有空气滤清器滤芯过滤时不要起动发动机。

(7)要及时清洁空气滤清器集尘装置中的灰尘。

(8)由于空气滤清器滤芯多为纸质,清洁时若用在地面磕掉灰尘的方法时用力要轻。若用压缩空气吹空气滤清器滤芯时,气压不能过高,不要向里吹空气滤清器滤芯。

空气滤清器滤芯清洁次数不能过多,通常情况下应遵照厂家和特约维修站规定的更换周期更换。

常见汽车空气滤清器的维护参考周期见表2-1。

常见汽车空气滤清器的维护参考周期 表2-1

车　型	常规检查、清洁滤芯	更换滤芯
桑塔纳3000	每15000km	每15000km
捷达	每15000km或12个月	每30000km或24个月
飞度	每10000km	每20000km
凯越	每10000km或6个月	每20000km
爱丽舍	每10000km	每30000km
天籁	每10000km或6个月	每40000km或24个月
猎豹	每20000km或12个月	每40000km或24个月

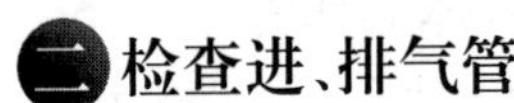

二 检查进、排气管

1 具体的检查项目

(1)目视检查进气管的安装情况是否牢固可靠。

(2)目视检查进气管是否有裂纹和损坏,必要时可以用歧管真空表检查进气管道的真空度。

(3)检查排气管螺栓的连接情况,如有松动应按照标准进行紧固。

(4)检查排气管和消声器是否损坏。

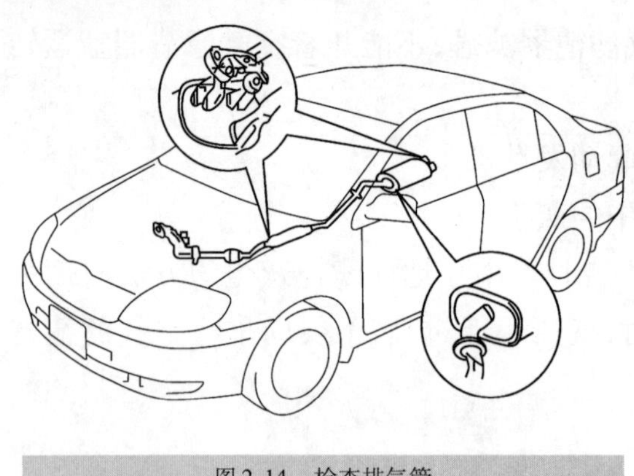
图 2-14 检查排气管

(5)检查排气管支架上的 O 形圈是否损坏和脱落。

(6)检查连接垫片是否损坏，如图 2-14所示。

(7)观察接头周围是否存在炭黑，检查排气管连接部分是否泄漏废气。

(8)用木块或橡胶锤轻敲消声器和催化转换器，检查内部是否有部件松动。如果它的内部结构出现松动，在敲击时会有“哗啦”“哗啦”的响声。

2 操作中应该注意的事项

(1)发动机运转时排气系统的温度会很高，在检查具体项目时应该先让发动机和排气系统冷却到正常温度，并带上保护手套。

(2)在进行排气系统的所有检查和维护过程中，一定要带护目镜。

(3)发动机的尾气中含有有毒的一氧化碳气体，这种气体会引起呼吸性疾病，在检查和维护过程中要避免吸入过量的尾气。

三 正时带的检查与维护

发动机正时带一般都安装在发动机前方并用正时带罩盖好，其中上部和下部可以分别拆卸。对正时带进行检查维护时，可以将上部罩盖拆下，就可以看到正时带并用手触摸即可。

正时带检查维护时有三项指标，即过松、过紧和是否损坏。具体操作方法如下。

(1)拆下正时带上部罩盖，检查正时带松紧度。如果发现正时带过于松动，应该首先确定正时带是否已拉伸超过张紧装置能补偿的极限。

(2)如果正时带过紧，则先通过正时带张紧器调整正时带张紧度，如图 2-15所示。

(3)如果张紧器失效，应进一步检查张紧装置的状况。否则需要更换正时带。

(4)如果正时带松紧度合适，可以在正时带任一位置做好标记，并用手转动发动机，检查整条正时带的带齿是否有磨损或裂纹以及有无油痕或冷却液浸泡的痕迹。

(5)出现以上任何一种现象都应该更换新的正时带。

(6)更换正时带后要旋转发动机两圈，确保正时标记没有改变。

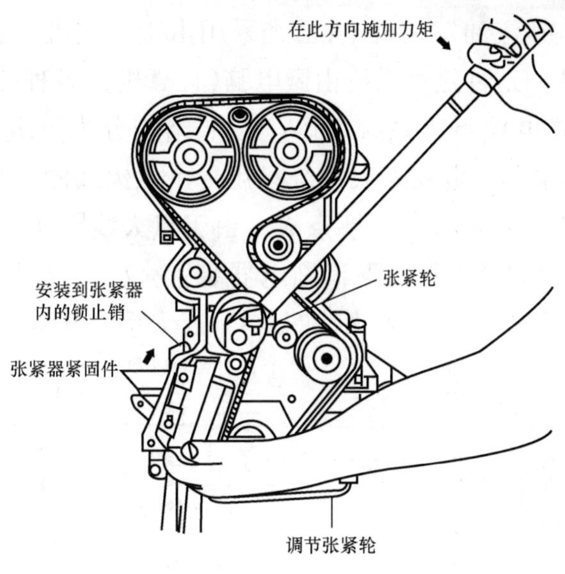

图 2-15　调整正时带张紧度

第三节　点火系统的维护

点火系统的作用是在正确的时刻向正确的汽缸提供适当持续时间的电火花，以点燃汽缸中空气与燃油的混合气。在所有发动机上使用的点火系统的工作原理基本相似，因为电火花将在适当的时刻在火花塞的间隙处产生电弧从而点燃燃烧室内的混合气。电火花的传递是次级点火系统的功能，而电火花的产生及其产生时刻则是初级点火线路的功能。这些原理在数十年间都未曾改变，所改变的是完成这些功能的零部件以及零部件的工作原理。传统点火系统的组成如图 2-16 所示。

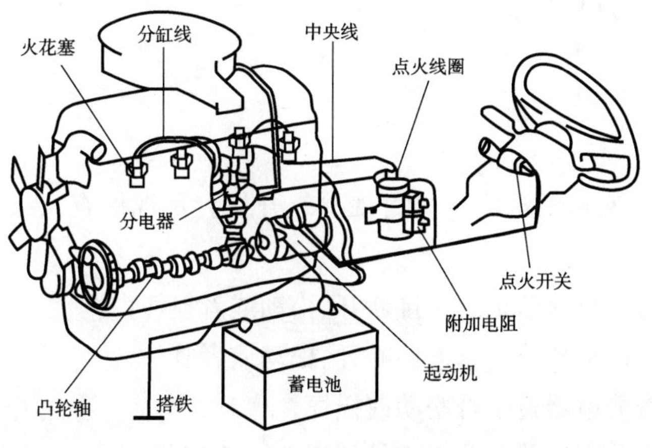

图 2-16　汽车传统点火系统的组成

在现代汽车的高速汽油发动机上,已经采用由微处理机控制的点火系统,又称数字式电控点火系统。这种点火系统由微电脑(计算机)、各种传感器和点火执行器三部分组成。数字式电控点火系统(ESA)按照结构分为分电器式和无分电器式(DLI)两种类型。分电器式电控点火系统只用一个点火线圈产生高压电,然后由分电器按照点火顺序依次在各缸火花塞点火。由于点火线圈初级线圈的通断工作由电子点火电路承担,因此分电器已取消断电器装置,仅起到高压电分配职能。单独点火方式是每一个汽缸分配一个点火线圈,单独点火系统电路图如图 2-17 所示。

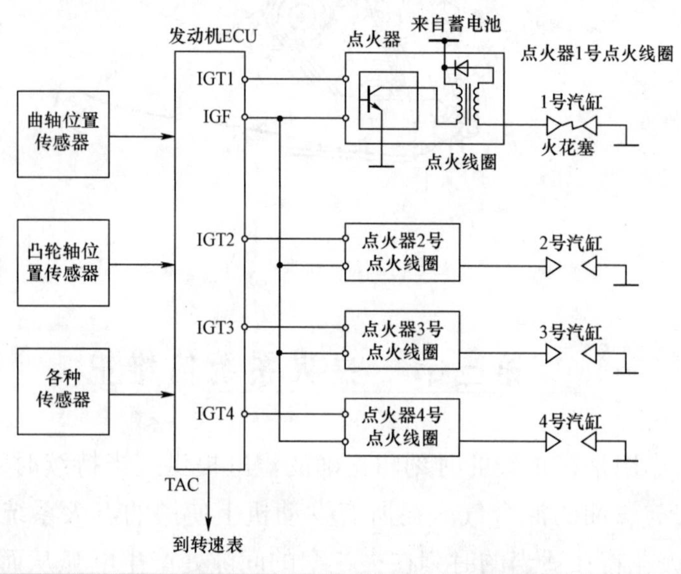

图 2-17　单独点火系统电路图

点火系统的检查和维护项目有目视检查各个元器件和导线的安装情况、点火开关的检查、火花塞的检查和维护、高压导线的检查与维护、点火线圈的检查与维护以及点火正时的检查与调整等。

一 目视检查

点火系统的所有诊断都应该从目视检查开始。目视检查点火系统是否具有如下一些明显故障:

(1)目视检查高压电缆是否连接断开、松动或者损坏;

(2)目视检查低压导线是否连接断开、松动或者脏污;

(3)目视检查分电器盖是否松动或损坏;

(4)目视检查分电器盖和分火头是否损坏;

(5)检查初级电路的触发机构或接头是否损坏或者磨损;

(6)检查电子控制单元(ECU)安装是否坚固。

二 火花塞的检查与维护

现在高质量的火花塞大都采用铱或铂(白金)等贵金属来制造电极,除了可发出更强而稳定的火花外,比用铜镍合金制造的普通型号的火花塞更耐用。其检查和维护方法如下。

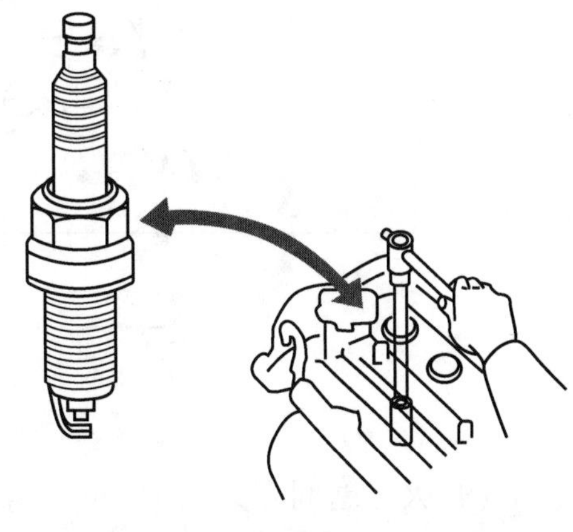
图 2-18　火花塞的正确拆卸

(1)依次拆下火花塞上的高压分线。在拆下高压分线时,应做好各缸的记号,以免弄错顺序。

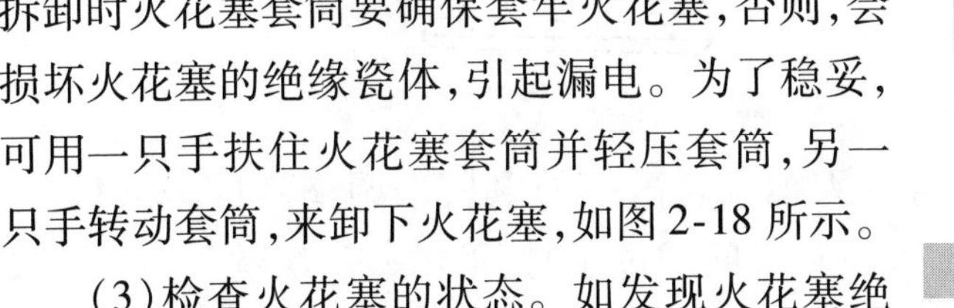

(2)用火花塞套筒逐一卸下各缸的火花塞。拆卸时火花塞套筒要确保套牢火花塞,否则,会损坏火花塞的绝缘瓷体,引起漏电。为了稳妥,可用一只手扶住火花塞套筒并轻压套筒,另一只手转动套筒,来卸下火花塞,如图 2-18 所示。

(3)检查火花塞的状态。如发现火花塞绝缘体顶端起疤、破裂或电极熔化、烧蚀都表明火花塞已烧坏,应更换,如图 2-19 所示。

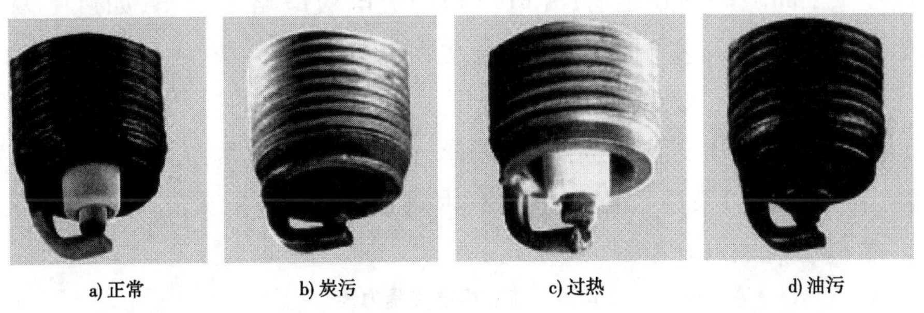
a) 正常　b) 炭污　c) 过热　d) 油污

图 2-19　火花塞的状态

(4)对燃烧状态不好的火花塞,应先进行清洁,去除火花塞瓷体上的积炭和污迹,然后检验其性能。

(5)有条件时应使用火花塞清洁器清洁火花塞。检查时经验做法是:将火花塞放置在缸体上(使火花塞能与缸体导通),用从点火线圈出来的中央高压线触到火花塞的接线柱上(不能有间隙),打开点火开关使高压电跳火,让高压电通过火花塞,如果从火花塞间隙处跳火,说明火花塞是好的;如果不从间隙处跳火,说明火花塞的内部瓷体的绝缘体已被击穿,必须更换这只火花塞。

(6)清洁火花塞。检查火花塞的绝缘体,如有油污和积炭应清洗干净,瓷芯如有损坏、破裂,应予更换。清除积炭时,不要用火烤。

(7)检查、调整火花塞电极间隙。火花塞的间隙因车型不同而异,可以从随车手册中查到。如果找不到适当的依据,火花塞的电极间隙一般可按 0.8 ~ 1.1mm 进行调整。触点间隙过小,触点容易烧蚀;触点间隙过大,火花塞跳火会变弱,甚至断火。

(8)如果有火花塞量规,可用来测量火花塞电极间隙,如图 2-20 所示。如果手边没有量规,可用折断的钢锯片或刀片来代替量规,测量火花塞间隙。

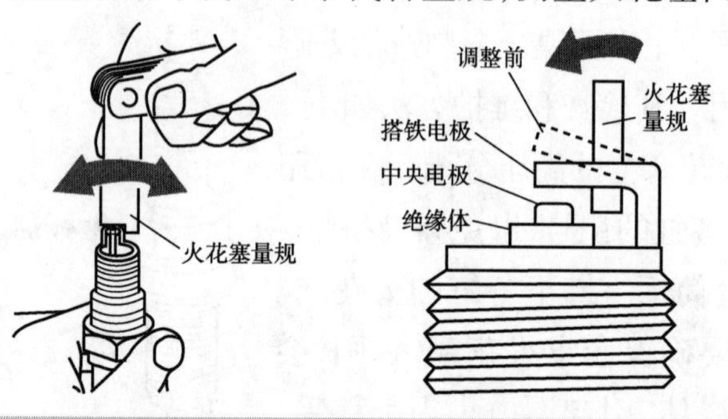

图 2-20 火花塞间隙的测量和调整

(9)火花塞间隙太大时,可用螺丝刀柄轻轻敲打外电极来调整,但不要用力过大,否则外电极可能因过度弯曲而损坏;如果间隙过小时,可用一字螺丝刀插入电极间,扳动螺丝刀,把间隙调整到符合要求为止。

(10)火花塞间隙调整好之后,外电极与中央电极应略成直角,如过度偏曲或电极烧蚀成圆形,则该火花塞不能再使用,应更换新品。

(11)安装火花塞。安装火花塞时,先用手抓住火花塞的尾部,对准火花塞孔,用手旋上几圈,然后再用火花塞套筒旋紧,要求达到标准的旋紧力矩,常见火花塞标准旋紧力矩见表 2-2。如果用手旋入感觉有困难或费力,应把火花塞取下来,再试一次,千万不要勉强旋入,以免损坏螺纹孔。

常见火花塞标准旋紧力矩 表 2-2

火花塞类型	铸铁汽缸盖(N·m)	铝制汽缸盖(N·m)
14mm 衬垫	30 ~ 35	22 ~ 27
14mm 锥形座	9.5 ~ 15	7 ~ 15
18mm 锥形座	19 ~ 27	19 ~ 27

(12)连接高压导线时,要注意各缸高压导线的顺序,不要插错。起动发动机,查看有没有严重的抖动或放炮声。如果有抖动或放炮声,说明把各缸高压导线插错了,应重新安插高压导线。

三 高压导线的检查与维护

高压导线主要作用是传递高压电给火花塞。由于其工作的环境温度变化大,易

出现绝缘层老化、裂口等现象。它的主要故障现象有高压导线漏电、插头接触不良、高压导线失效等。高压导线老化或损坏后引起发动机怠速不良、加速断火、起动困难(在潮湿的地方更为明显)、动力不足、油耗增加等。

现代汽车使用的一般都是高阻尼高压点火线,目的是为了排除车上音响及通信设备接收的干扰。其检查方法如下。

(1)将万用表量程选择到 R×1000 挡或 R×1 挡。

(2)万用表的两个表笔分别接触每一根导线的两端,如图 2-21 所示。

(3)扭动高压导线,观察欧姆表的指针变化情况。如果高压导线的电阻值超过表 2-3规定值,应该更换高压导线;如果高压导线的电阻为无穷大,说明高压导线已经断路,也应该更换高压导线。

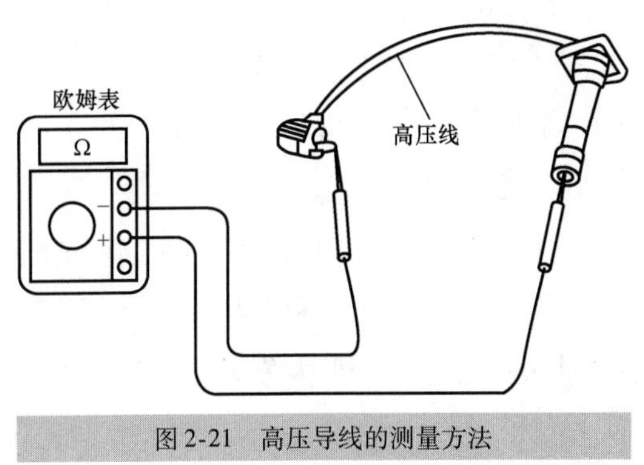

图 2-21 高压导线的测量方法

高压导线技术参数 表 2-3

类　别	长度(mm)	电阻值(Ω)
中央高压导线	275	1650
一缸高压导线	450	2700
二缸高压导线	550	3300
三缸高压导线	600	3600
四缸高压导线	700	4200

四 点火正时的检查和调整

点火正时是指正确的点火时间,点火时间一般用点火提前角(曲轴转角或凸轮轴转角)表示。当点火正时正确时,点火提前角处于最佳状态。然而,最佳点火提前角是随转速、负荷和汽油辛烷值等因素的改变而变化的。对于传统点火系统,随转速和负荷的变化,是在动态情况下由分电器上离心式调节器和真空式调节器自动调节的;随辛烷值的变化,则是在静态情况下通过获得最佳初始点火提前角,亦即获得最佳分电器壳固定位置得到的。当使用的汽油辛烷值改变时,发动机的初始点火提前角也要随之改变,即改变分电器壳的固定位置。

发动机的点火正时是非常重要的,它直接影响到动力性、燃料经济性和排气净化。检测点火正时的方法有人工(经验)法、闪光(正时灯)法和缸压法等。

1 用人工法检查并校正点火正时的方法

检查点火正时的目的是为了查证点火时间的准确性,而校正点火正时的目的是

为了获得最佳初始点火提前角，亦即为了获得最佳分电器壳固定位置。检查及校正的方法在这里不做叙述。

2 用闪光法检测点火正时

闪光法是采用点火正时灯检测点火正时，是利用闪光与第1缸点火同步的原理测出发动机的点火提前角，目前应用比较广泛。其检查方法如下。

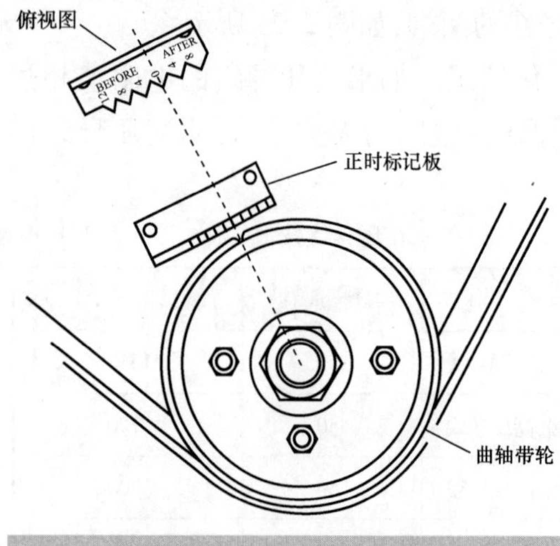

图 2-22　点火正时的测量位置

(1)先接上正时灯，再将传感器插接在第1缸火花塞与高压导线之间。

(2)事先擦拭飞轮或曲轴传动带盘上第1缸压缩终了上止点标记，最好用粉笔或油漆将标记涂白。

(3)发动机怠速下稳定运转，打开正时灯并对准飞轮壳或机体前端面上的正时标记，如图 2-22 所示。

(4)调整正时灯电位器，使飞轮或曲轴传动带盘上的标记逐渐与正时标记对齐，此时表头的读数即为发动机怠速运转时的点火提前角。

(5)若测出的点火提前角符合规定，说明初始点火提前角调整正确。

(6)用同样的方法可分别测出不同工况时的点火提前角，如果符合规定，还可说明离心式调节器和真空式调节器工作正常。

(7)如果测出的点火提前角不符合汽车发动机的规定值，则松开分电器固定螺钉，转动分电器壳体，将点火提前角调整到规定值。

发动机怠速运转时，由于离心式和真空式调节器未起作用或作用很小，此时测得的提前角实为初始提前角。在拆下真空管的情况下，发动机在某转速下测得的提前角减去初始提前角，即可得到该转速下的离心提前角；反之，在连接真空管的情况下，在同样转速下测得的提前角减去离心提前角和初始提前角，则又可得到真空提前角。测出的点火提前角应与规定值进行对照。

五 分电器的检查维护

分电器其结构如图 2-23 所示，其作用就是通过发动机旋转把点火线圈产生的高压电分配到每一个分高压导线上，利用高压击穿火花塞间隙，使火花塞跳火，从而点燃汽缸里的混合气体。

1 检查分电器盖

(1)先将各缸火花塞上的高压分相线拔下来,把分电器盖从分电器上取下,并使之悬空。这时,打开点火开关,一只手握着所有的分高压导线,并使每根线的端头都距离缸体6mm,另一只手拨动断电器触点,使之开闭,这时,只要有火花出现,即说明分电器盖有裂纹漏电现象,应更换新的分电器盖。

图 2-23 分电器的结构

(2)检查分电器盖高压线插孔中有无锈蚀或脏污,若有锈蚀和脏污应及时清除。检查分电器盖内的炭棒是否发卡或脱落,若有发卡或脱落应及时修复。如修复困难,应更换新件,如图2-24所示。

2 检查分火头是否漏电

(1)外观检查分火头是否有裂纹和损坏,如图2-25所示,如有外观损坏应该更换新的分火头。

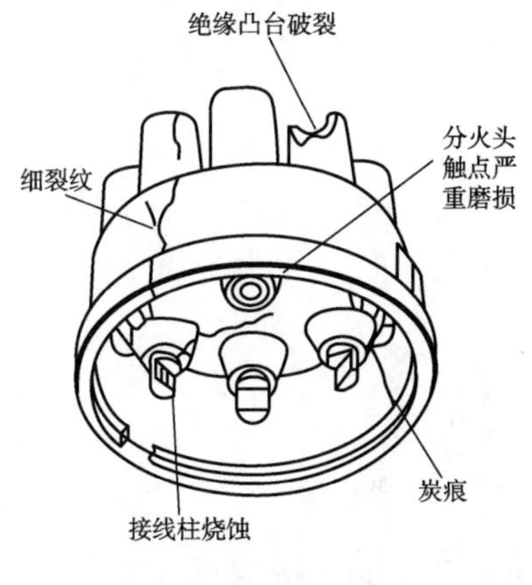

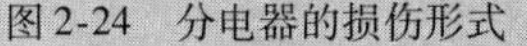

图 2-24 分电器的损伤形式

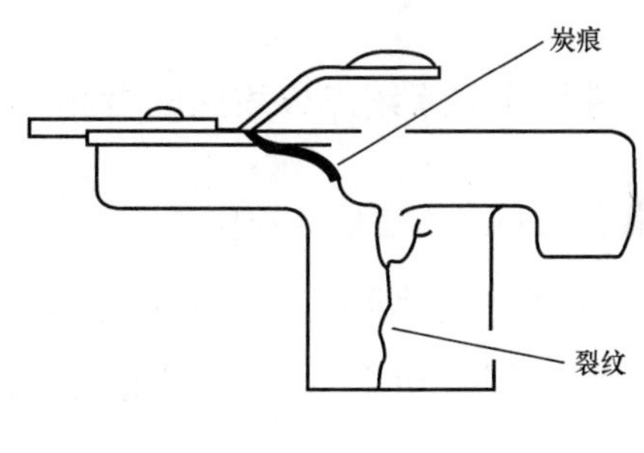

图 2-25 检查分火头是否损坏

(2)将分火头从分电器轴的顶端上拔下,空穴向上放在缸体上。

(3)将分电器盖上的中心高压导线拔出,使高压导线端头对准分火头的空穴,并相距6mm。这时打开点火开关,用手拨动断电器触点,使之开闭,这时若有火花跳过,说明分火头被击穿漏电,应该更换。

六 点火线圈的检查维护

点火线圈依照磁路分为开磁式及闭磁式两种。传统的点火线圈是用开磁式,其结构如图 2-26 所示,其铁芯用 0.3mm 左右的硅钢片叠成,铁芯上绕有次级绕组与初级绕组。闭磁式则采用类似的铁芯绕初级绕组,外面再绕次级绕组,磁力线由铁芯构成闭合磁路。闭磁式点火线圈的优点是漏磁少、能量损失小、体积小,因此电子点火系统普遍采用闭磁式点火线圈。

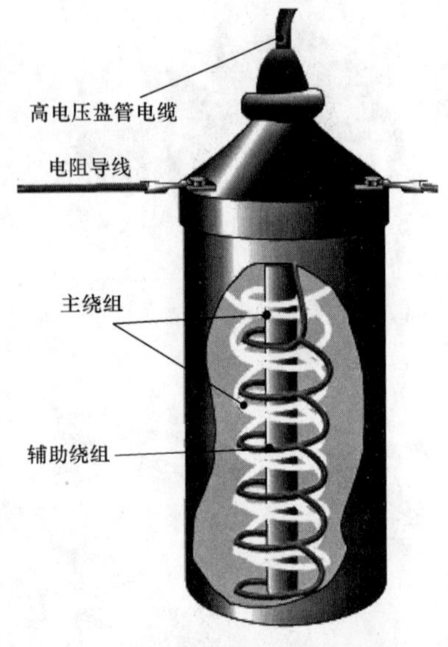

图 2-26　传统点火线圈结构

1 分电器式电控点火系统点火线圈的检查维护

(1)外观检查:点火线圈有无损坏或漏电现象,如有,应更换。

(2)测量点火线圈初、次级绕组的电阻值:测量前先断开点火开关,拆除点火线圈上的导线。初级绕组的电阻值,即点火线圈"+"(或"15")与"-"(或"1")接柱之间的电阻值,应为 0.52 ~ 0.76Ω;次级绕组的电阻值即点火线圈"-"(或"1")与高压插孔之间的电阻值,应为 2.4 ~ 3.5kΩ。如果电阻值符合规定,说明点火线圈良好,应及时装上点火线圈上的所有导线。

2 单独点火系统点火线圈的检测

1 线束和线束插接器检查

(1)断开点火线圈插接器,如图 2-27 所示。

(2)断开发动机 ECU E13 插接器,如图 2-28 所示。

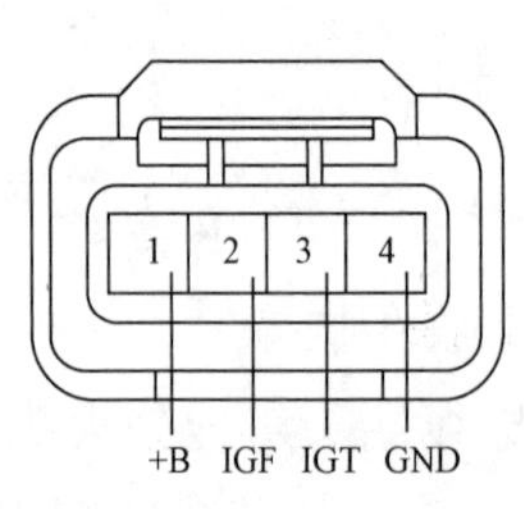

图 2-27　点火线圈插接器

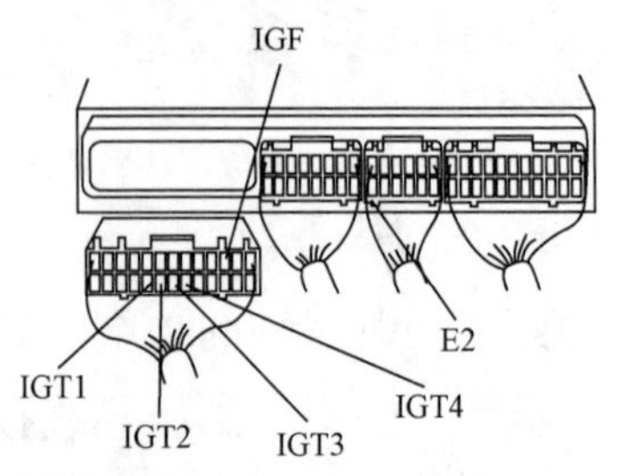

图 2-28　花冠轿车发动机 ECU 插接器

(3)检查发动机 ECU E13 插接器的端子 IGF 和发动机 ECU E12 插接器的端子 E2 之间的电阻,电阻值应在 1MΩ 以上。

(4)检查发动机 ECU E13 插接器的端子 IGT1 和点火线圈插接器的端子 IGT 之间的电阻,电阻值应在 1MΩ 以下。

(5)检查发动机 ECU E13 插接器的端子 IGT1 和发动机 ECU E12 插接器的端子 E2 之间的电阻,电阻值应在 1MΩ 以上。

(6)检查发动机 ECU E13 插接器的端子 IGT1 和发动机 ECU E12 插接器的端子 E2 之间的电压,电压值应为 0.1 ~2.5V。

❷ 输出信号的检查

(1)在发动机 ECU 线束插接器端子 IGT1 和 E2 之间接上示波器,检查发动机运转或怠速时的输出波形。标准波形如图 2-29 所示。

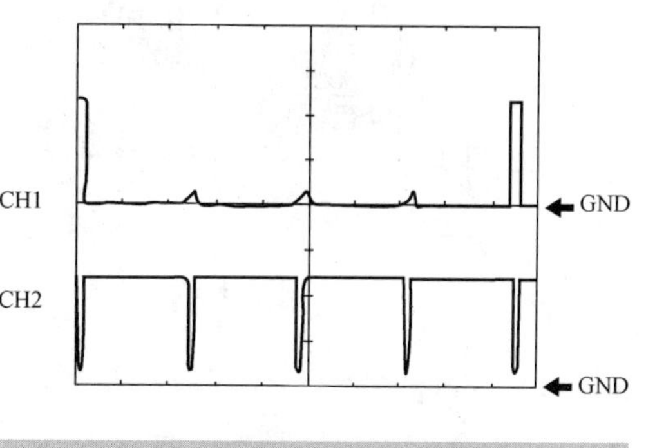

图 2-29 单独点火系统点火波形

(2)检查端子分别为:IGT1、IGT2、IGT3、IGT4 和 E2,以及 IGF 和 E2。检查条件为发动机怠速运转并且温度正常时。

图 2-29 中给出的波形是无干扰和振荡的事例。发动机转速越高,波形频带越短。

第四节 冷却系统的维护

发动机在燃烧过程中,温度会高达 2468℃。当发动机怠速或者中速运转时,燃烧室的平均温度是 1080℃。缸内的如此高温足以使铝制的活塞熔化,使汽缸壁发生扭曲,使汽缸盖发生翘曲,使润滑油变质。冷却液在缸体和缸盖的水套中循环时,不断吸收热量,将零部件的温度降到合适的工作温度。

到目前为止,使用最普遍、最有效的冷却发动机的方法是液态冷却系统,其组成如图 2-30 所示。在此系统中,吸热液体(冷却液)在发动机内循环时,将燃烧室周围的热量带走。水泵泵出这种液体,使其流过发动机,吸收燃烧热量以后,流进散热器,在散热器处液体将热量传给了大气。冷却后的液体又返回发动机再次进行循

环。液冷系统能够使发动机温度保持在某个温度范围,在此温度范围内,发动机的性能最佳。

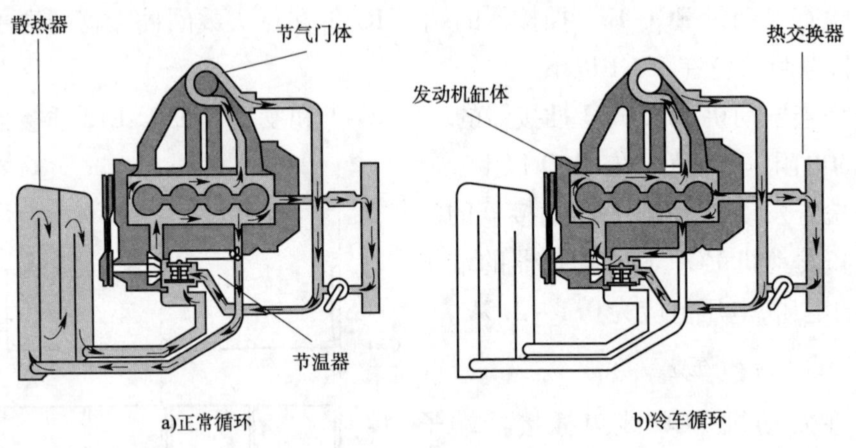

图2-30 冷却系统的组成

发动机冷却系统的维护项目有冷却液液位的检查与加注、冷却液更换、冷却系统的清洗以及散热器盖的检查等。

一 冷却液液位的检查与加注

如果冷却液泄漏,不仅会导致发动机过热,还会损害发动机本身,应该定期检查发动机冷却液液位并根据实际情况进行适量的添加。

(1)关闭发动机。

(2)检查膨胀水箱中的冷却液液位是否在MAX和MIN之间,如图2-31所示。

(3)如果液位不在规定的范围内应该添加符合混合比的冷却液。

(4)将车停放在水平地上,准备好待用的冷却液。

(5)旋下散热器盖。如果发动机温度过高则不要急于打开散热器盖,以防止过热伤人。

(6)如果使用的是四季通用的冷却液,一般情况下可以使用两年不需要更换。如果使用的是乙二醇和水配比成的冷却液,只能在冬天使用,所以冬季过后应该将其放尽,并将冷却系统冲洗干净。

(7)向冷却系统内加注符合要求的冷却液,并按照标准加至膨胀水箱MAX和MIN之间,不要加满冷却液,必须留有水蒸气的膨胀空间。

(8)冷却液快要加满时,可以起动发动机2~3min使冷却液循环,以排出冷却系统内的空气。

(9)再次检查冷却液液面,必要时应补充至规定值。

二 检查冷却系统是否泄漏

(1)向散热器中加注冷却液至规定值,并装上散热器盖测试仪,如图 2-32 所示。

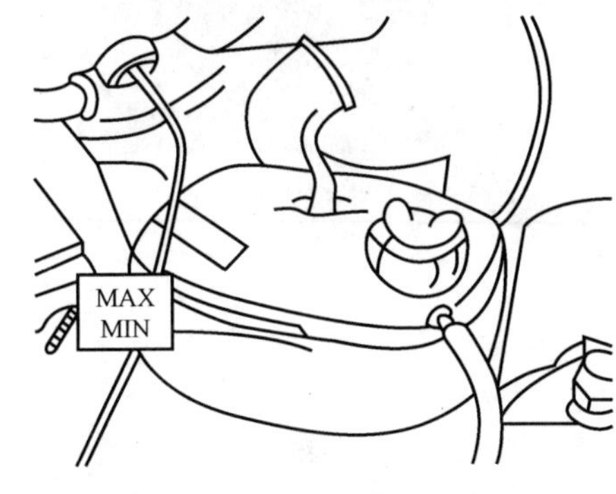

图 2-31 冷却液液面检查

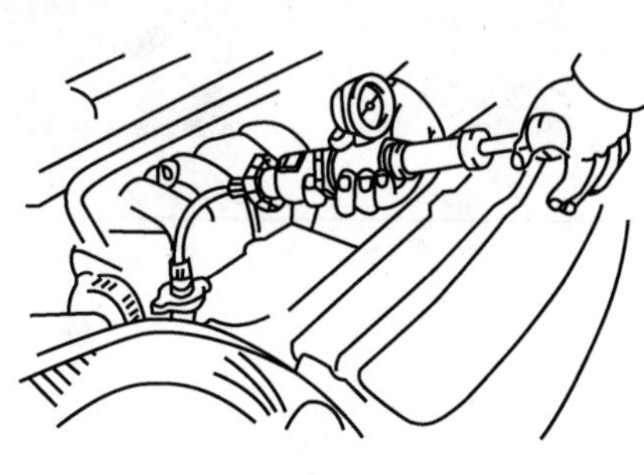

图 2-32 散热器盖测试仪安装方法

(2)发动机暖机到正常温度。

(3)通过散热器盖测试仪加压到一定压力,并保持 10min,检查压力是否下降。

(4)如果压力下降,则检查软管、散热器或水泵是否泄漏,如果没有外部泄漏,则检查暖风机芯、缸体和缸盖是否泄漏。

注意

发动机和散热器处于高温状态下,为避免烫伤,请不要拆下散热器盖,因为在压力下,水和水蒸气会喷出。

三 检查发动机冷却液品质

(1)拆下散热器盖。

(2)检查散热器盖和加注口处是否有锈迹或水垢,冷却液中应该没有油。

(3)如果冷却液太脏,则更换冷却液。

(4)检查冷却液冰点。首先,用取液管吸取冷却液,再滴在冰点测试仪测试片上,如图 2-33 所示。

(5)测试时,测试仪要水平放稳;最后目视观察窗即可读取冰点值。

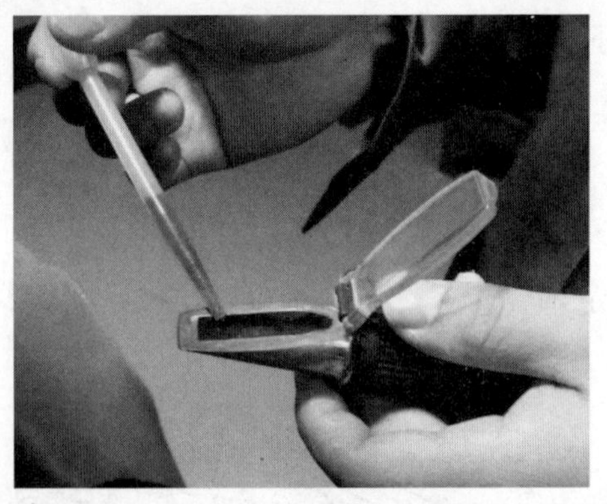

图 2-33　检查冷却液冰点

冷却系统应按行驶一定的行驶里程或每隔一定的时间间隔(一般为两年)进行检查和更换;防冻液与水的比例在 40:60 时,冷却液沸点为 106℃,冰点为 -26℃,比例在 50:50 时,冷却液沸点为 108℃,冰点为 -38℃;要求按照冰点低于当地最低温度 5℃ 左右配制冷却液。

四 散热器盖的检查

散热器盖的作用是:它允许冷却液保持常压,目的是让冷却液的沸点保持在 100℃ 以上,而且,它通过使冷却液和空气之间的温差更大,而提高了冷却效能。压力阀在高压下会打开,将冷却液送入储液罐。另一方面,真空阀在低压下会打开,将冷却液吸出储液罐,如图 2-34 所示。

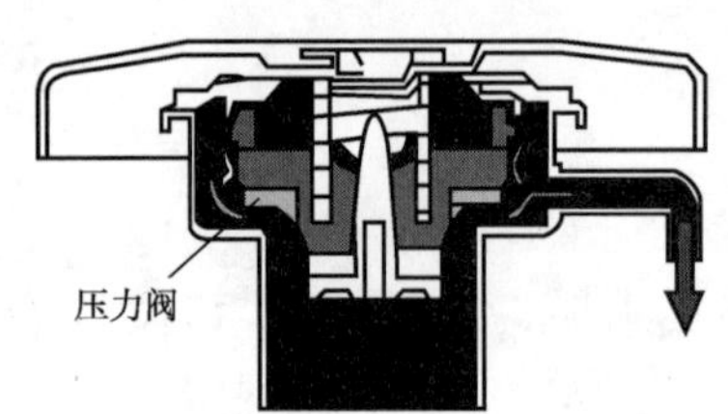

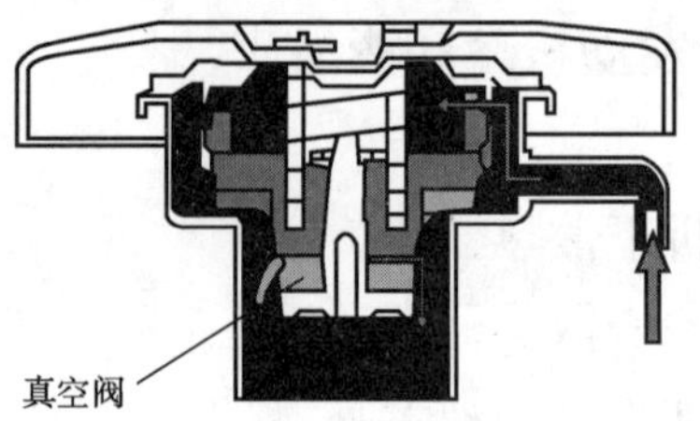

图 2-34　散热器盖的工作过程

散热器盖检查的重要性是如果它不能正常工作,将导致发动机过热。其检查间隔期为每 40000km 或 2 年进行一次。

(1)使用散热器盖测试仪之前,要用发动机冷却液或水湿润真空阀和压力阀。

(2)使用散热器盖测试仪,慢慢用测试仪泵气,检查空气是否从真空阀流过。泵速:1 次/(3s 或以上),并以恒定速度推泵,如图 2-35 所示。

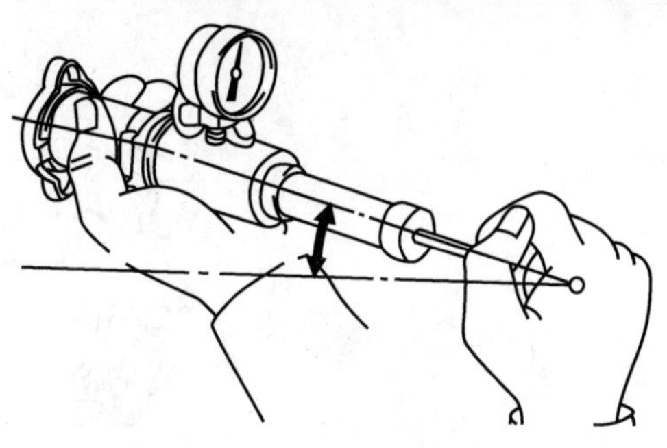

图 2-35 检查散热器盖的泵气方法

(3)如果空气不是从真空阀流过,则更换储液罐盖。

(4)用测试仪泵气并测量真空阀开启压力。根据车型的不同,真空阀的开启压力也不相同,请参考具体车辆的维修手册。

泵速只适用于第一次泵气过程(为了关闭真空阀)。第一次泵气后,泵速可以减慢。

(5)用测试仪的最大读数作为开启压力。

(6)如果开启压力小于最小值,则更换散热器盖。

五 节温器的检查维护

节温器能够控制冷却液的流动方向,使冷却液流向散热器,或者流过旁通阀,或者有时两种情况兼而有之。节温器通过这种方法对发动机的工作温度进行控制。

现代的节温器还能够在节温器处于打开状态时,减慢冷却液的流动速度,这对防止发动机过热有利。因为过热可能是由于冷却液在发动机内的流速过快,因而不能吸收足够的热量导致的。常见车辆节温器的安装位置如图 2-36 所示。

(1)确定节温器阀的开启温度,在节温器的边缘上有标注,如图 2-37 所示。

(2)把节温器浸入水中,并慢慢加热,如图 2-38 所示。

(3)检查阀开启的温度,应在规定的 80 ~ 84℃范围内,如果阀开启温度不在规定范围内,应该更换节温器。

(4)检查节温器阀的开启升程,如果阀的升程不在规定范围内,如图 2-39 所示,则更换节温器。

(5)当在温度低于 77℃时,检查节温器是否完全关闭,如果没有完全关闭,更换节温器。

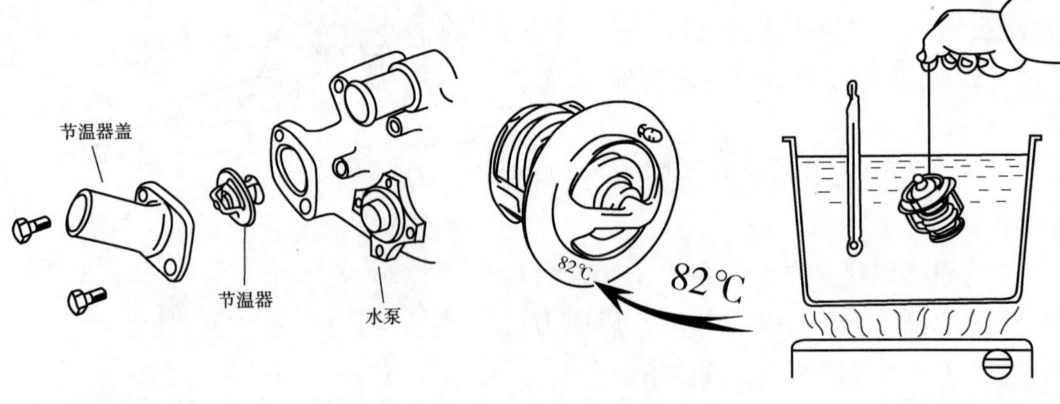

图 2-36　节温器的常见安装位置

图 2-37　节温器阀开启温度

图 2-38　加热节温器

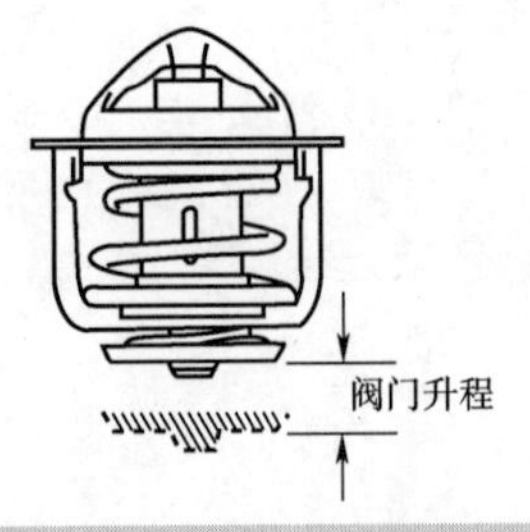

发　动　机	温　　度	阀 门 升 程
1NZ-FE;2NZ-FE	95℃	8.5mm 或以上
1ZZ-FE;3ZZ-FE	95℃	10mm 或以上

图 2-39　检查节温器阀开启升程及升程标准值

六 冷却风扇的检查维护

电动冷却风扇(图 2-40)的工作情况多种多样。有些风扇在发动机已经停止运转,并且点火开关已被转到 OFF 位置以后,还会运转一段时间,这段时间被称为冷却时间。只有当冷却液温度下降到预设的规定值时,风扇才会停止运转。

在有些系统上,如果空调系统高温侧的温度没有超过预设的温度值,那么即使空调开关被接通,风扇也不会工作。

在一些新型汽车上,通过发动机控制系统用的微机搭铁来控制冷却风扇的运转。维修风扇前,先查阅维修手册,以了解风扇的控制方法。为了降低风扇噪声,减小功率损失的另一种方法是使用风扇离合器(图 2-41)。风扇和主动传动带轮(通常安装在水泵轴上)通过这种装置相连接,在高转速时,离合器会打滑,所以在发动机转速最高时,风扇不会旋转。

冷却风扇离合器可以是速度控制型的,也可以是温度控制型的。温度控制型风扇的一个显著优点是它了解系统需要空气进行冷却的确切时间。

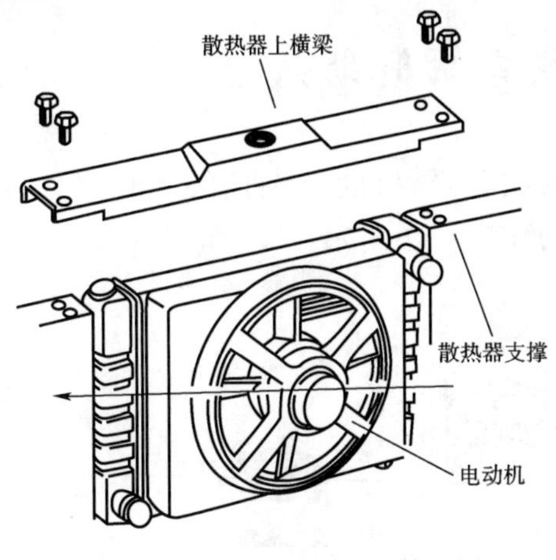

图2-40 电动冷却风扇

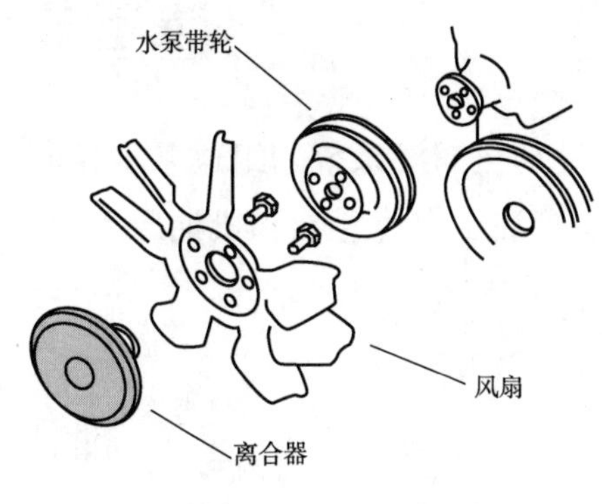

图2-41 硅油风扇离合器

1 在低温下检查冷却风扇运转状况(83℃以下)

(1)点火开关至"ON"位置。

(2)检查冷却风扇是否停止。

(3)如果不停止,检查冷却风扇继电器和冷却液温度传感器,并检查它们之间的分离插接器或维修配线。

(4)断开冷却液温度传感器插接器。

(5)检查冷却风扇是否旋转。如果不旋转,检查热熔断丝、冷却风扇继电器、发动机 ECU 和冷却风扇,并检查冷却风扇继电器和冷却液温度传感器之间的短路情况。

(6)重新连接冷却液温度传感器插接器。

2 在高温下检查冷却风扇工况(93℃以上)

(1)起动发动机,将冷却液温度升高至93℃以上。

(2)确定冷却液温度是在出水口的冷却液温度传感器检测到的值。

(3)检查冷却风扇是否旋转。

(4)如果不旋转,则更换冷却液温度传感器。

3 检查冷却风扇运转情况

(1)断开冷却风扇插接器,连接蓄电池。

(2)检查冷却风扇运转是否平稳,是否有异响。

第五节 润滑系统的维护

发动机润滑系统的组成基本相同,主要由油底壳、机油泵、油道、机油滤清器、限压阀、机油压力传感器和机油压力表等组成,如图2-42所示。

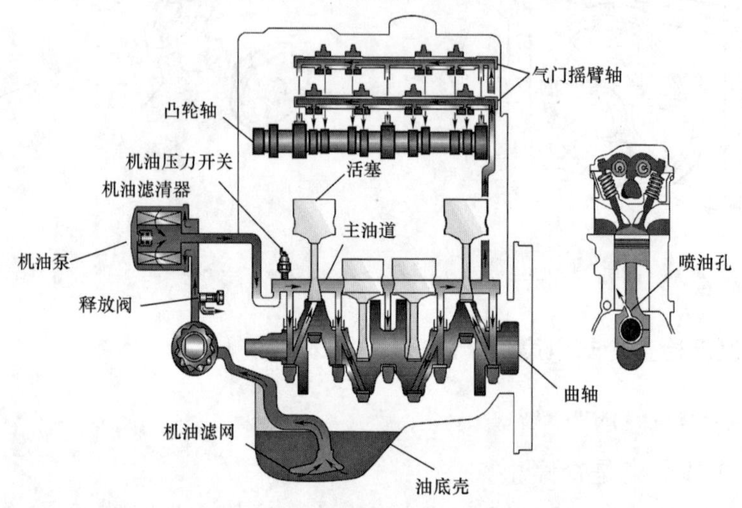

图2-42 发动机润滑系统的组成

润滑系统的功用是将机油不断地供给发动机各零件的摩擦表面,以减少零件的磨损,并带走摩擦表面上的磨屑等杂质,冷却摩擦表面,提高汽缸的密封性。机油黏附在零件表面上,避免了零件与空气、水、燃气等的直接接触,起到了减轻零件锈蚀和化学腐蚀的作用。

发动机工作时,由于各运动零件的位置、相对运动速度、承受的机械负荷和热负荷等不同,对润滑强度的要求也不同。为保证各运动零件润滑可靠,并尽可能简化润滑系统的结构,在发动机润滑系统中,根据各部位的工作特点采取了不同的润滑方式。

(1)利用润滑油泵将具有一定压力的润滑油输送到摩擦表面进行润滑,这种润滑方式称为压力润滑。发动机上一些机械负荷大、相对运动速度高的零件,一般都采用此种润滑方式,如:主轴颈与主轴承、连杆轴颈与连杆轴承、凸轮轴轴颈与凸轮轴轴承等。采取压力润滑比较可靠,但必须设专门的油道输送润滑油。

(2)依靠运动零件飞溅起来的或从专门的油孔中喷出的润滑油滴或油雾对摩擦表面润滑,这种方式称为飞溅润滑。发动机上的一些外露部位、机械负荷较小零件或相对运动速度较低的零件,一般采用飞溅润滑方式,如:活塞与汽缸壁、凸轮与挺杆、活塞衬套等。采用飞溅润滑可靠性较差,但结构比较简单,在活塞与汽缸壁间采用飞溅润滑，还可以防止由于机油压力高而进入燃烧室参加燃烧，导致机油消耗异常、发动机工作恶化等。

（3）采用定期加注润滑脂的方法对摩擦表面进行润滑，这种方式称为定期润滑。发动机的一些不太重要、比较分散的部位一般采用此种润滑方式，如：水泵轴承、发电机轴承等。定期润滑不属于润滑系统的工作范畴。

一 检查机油液位

（1）进行此项检查时，要把汽车停放在平坦的水平路面上。

（2）在发动机停止的状态下进行检查。如果发动机已被起动，则应停止发动机运转，并等候片刻再进行检查。

（3）拔出油尺，用清洁的抹布擦掉油尺上的机油。

（4）把油尺插入油尺导孔内。

（5）慢慢地拔出油尺，检查油位是否在规定的范围内，如图2-43所示。

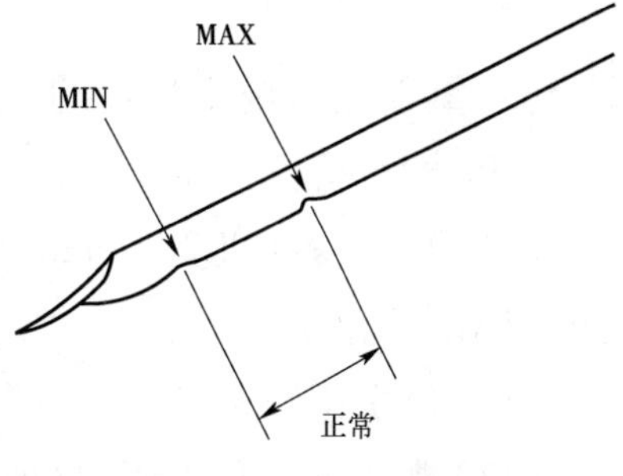

图2-43　润滑油尺上的标示范围

（6）若油面低于最小刻度位置，则应补充加入规定的机油。

（7）在怠速下运转发动机使其暖机，并关闭发动机，然后等候片刻再检查机油液位是否在规定的范围内。

（8）检查机油是否严重脏污，是否混有冷却液或汽油，以及黏度是否正常。

若机油补充过多超出最大刻度位置，则反而对发动机性能不利。

二 更换发动机机油及机油滤清器

（1）起动发动机，预热运转直至冷却液温度达到80～90℃。

（2）拆下机油注油口盖。

（3）拆下放油螺塞，排出机油。

机油呈热态，请予注意。

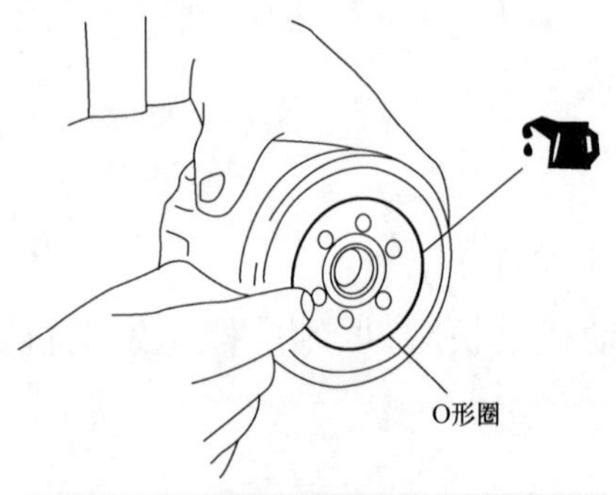

图2-44　在滤清器O形圈上涂抹机油

（4）用机油滤清器扳手拆下机油滤清器。

（5）清洁滤清器托架侧的安装面。

（6）在新的机油滤清器的O形圈上涂少量机油，如图2-44所示。

（7）用手转动机油滤清器进行安装，并利用扭力扳手，按照标准力矩旋紧。

（8）机油完全排出后，更换一个新的排放螺塞垫片并按照标准力矩装好放油螺塞。

（9）重新注入规定数量的机油。

（10）检查机油液位。

（11）空转发动机2～3min，然后关闭发动机，检查滤清器的安装部位和排放螺塞位置应不渗机油。

（12）再次检查机油液位。

（13）清洁场地和车辆，整理工具。

三 检查机油压力警告灯是否点亮和熄灭

（1）保持车辆位于水平位置，将点火开关旋转至“ON”位置。

（2）检查驾驶室内仪表板上的机油压力警告灯是否点亮，此时压力警告灯应点亮，如图2-45所示。

（3）起动发动机使发动机怠速运转，观察发动机机油压力警告灯，此时应该熄灭。

（4）如果没有熄灭，则意味着润滑系统压力异常或警告灯及传感器损坏，需要立即停机进行进一步检测与维修。

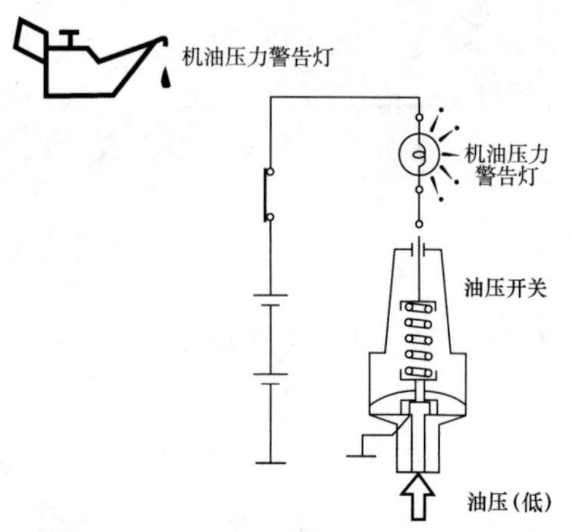

图2-45　机油压力警告灯及原理图

仅凭压力警告灯是否点亮和熄灭，仍不能保证在发动机高速运转时，有正确的机油压力。正是这个原因，有些发动机还采用机油压力表来显示具体的机油压力。

四 其他安全注意事项

(1)避免长时间和反复地同机油接触，特别是同已用过的机油接触。

(2)穿防护工作服，戴防水的手套是切实可行的劳动保护措施。

(3)防止油类沾污衣服，特别是下身部分。

(4)不要把含油的抹布放在口袋里，使用无口袋的工作服可防止发生此问题。

(5)不要穿太脏的衣服和被油玷污的鞋袜。工作服必须经常清洗，并且应与普通的衣服分开清洗。

(6)如在机油可能会溅到眼睛的情况下工作时应注意保护眼睛，例如戴化学护目镜或面罩，另外，还应备有洗眼用品。

(7)当发生割破和有伤口时应立即进行救护处理。

(8)经常用肥皂和水把手上的油完全洗干净，特别是在饭前一定要洗手(使用皮肤洗涤剂和指甲刷可洗得更干净)。洗手后涂敷油脂以保护皮肤不让其失去自然脂肪。

(9)不要用汽油、煤油、柴油、气体油、稀释剂或溶剂清洗皮肤。

(10)在每次作业之前涂敷保护油脂，这样可便于在作业结束后从皮肤上洗掉机油。

(11)如果发现患有皮肤病，应立即到医院去治疗。

第三章 Chapter

汽车底盘的维护

知识目标

1. 了解底盘系统的组成和各个部分的功用；
2. 明确底盘系统的维护项目和具体内容；
3. 能够实施底盘各个部分的检查维护操作；
4. 掌握必要的安全生产注意事项。

汽车底盘是由传动系统、行驶系统、转向系统和制动系统四部分组成，其功用为接受发动机传来的动力，使汽车运动并保证汽车能够按照驾驶人的操纵正常行驶。轿车底盘的组成如图3-1所示。

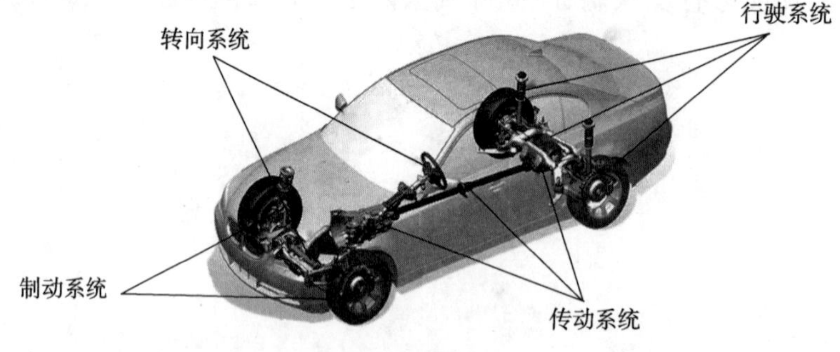

图3-1 轿车底盘的组成

第一节　传动系统的维护

汽车传动系统的功用是将发动机发出的动力按照需要传给驱动车轮，使路面对驱动车轮产生一个牵引力，推动汽车行驶。

按照结构和传动介质的不同，传动系统可以分为机械式、静液式、液力机械式和电力式，其中机械式和液力机械式传动系统是运用最为广泛的两种形式。传动系统的组成部件有离合器、变速器、万向传动装置、主减速器、差速器和驱动轴，如图 3-2 所示。

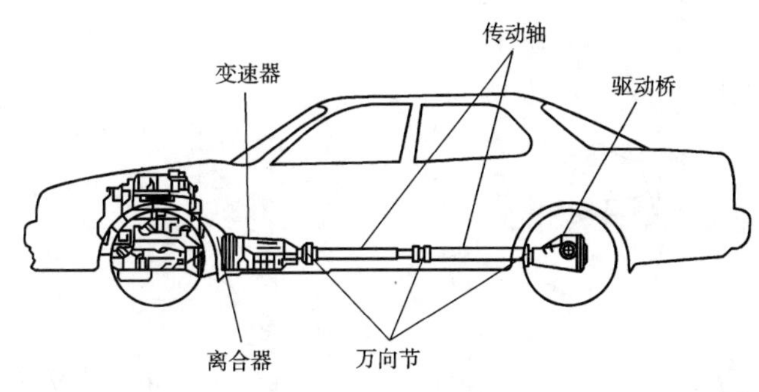

图 3-2　传动系统的组成布置图

传动系统维护项目有离合器的检查与维护、变速器的检查与维护、主减速器的维护、传动轴的检查与维护以及驱动轴的维护等。

一　离合器的检查与维护

离合器的调整主要包括踏板自由行程的检查和调整，分离杠杆高度的检查和调整、液压操纵系统的排气等内容。维护需要的工具和材料有金属直尺一把、常用工具一套、制动液一桶、抹布若干等。

1　离合器的基本检查

(1) 目视检查离合器主缸液体是否泄漏，如有泄漏应进一步检查。

(2) 踩下离合器踏板，检查离合器踏板是否回弹有力。

(3) 检查离合器踏板是否有过度松动现象。

(4) 发动机怠速时，踩下离合器踏板，换到 1 挡或者倒挡，检查是否有异常噪声和换挡是否平稳顺畅。

2 离合器踏板高度与自由行程的检查与调整

离合器踏板高度和自由行程过大,会导致离合器分离不彻底、换挡困难等故障;离合器踏板自由行程过小,会导致离合器打滑、烧蚀等故障。

(1)掀开地板地毯。

(2)用金属直尺抵在驾驶室底板上,先测量离合器踏板完全放松时的高度,即离合器踏板高度,如图3-3所示。如果测量值不在规定范围内,需要进行调整。

(3)用手轻轻按压离合器踏板,当感到阻力增大时再测量离合器踏板高度,如图3-4所示。

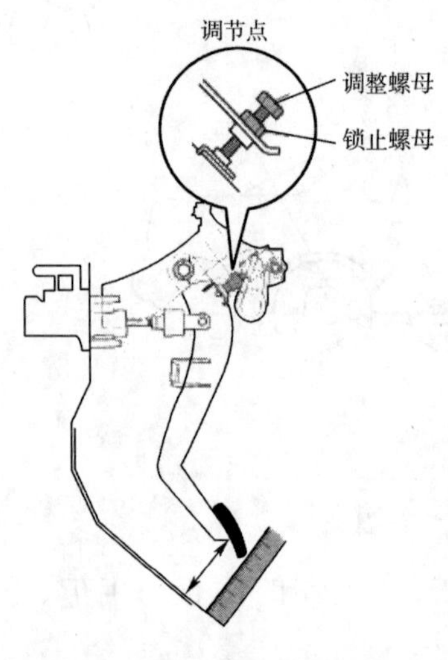

图3-3 离合器踏板高度的测量

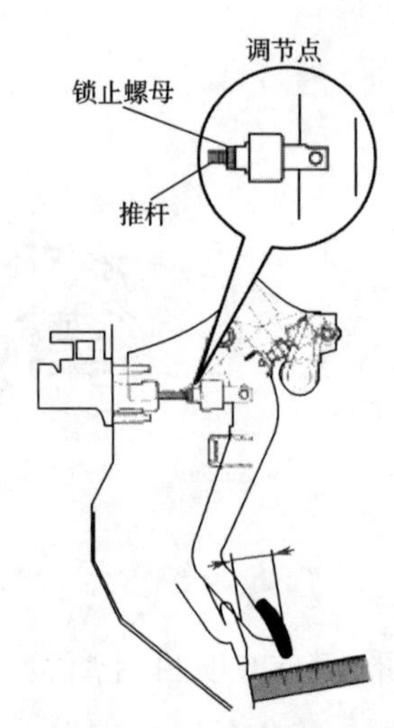

图3-4 离合器踏板自由行程的测量

(4)如果测量的数值不在标准范围内需要进行调整。

(5)液压式操纵机构一般是通过调整主缸推杆长度来调整离合器踏板的自由行程的(图3-4)。

(6)先将主缸推杆锁紧螺母旋松,然后转动主缸推杆,从而调整离合器踏板的自由行程。

(7)调整后应将锁紧螺母旋紧,并重新测量离合器踏板的自由行程,确保测量值在规定范围内。

(8)有些车辆的操纵机构具有自动调整装置,如捷达轿车,可以自动进行离合器踏板的自由行程的调整。

3 离合器分离点的检查

发动机怠速运转时,在没有踩下离合器踏板时,慢慢地换挡到倒车挡位置。逐渐

踩下离合器踏板，测量离合器踏板的自由行程到齿轮噪声停止的位置的行程量，丰田威驰轿车的离合器分离点的标准值为 25mm 或更多，如图 3-5 所示。

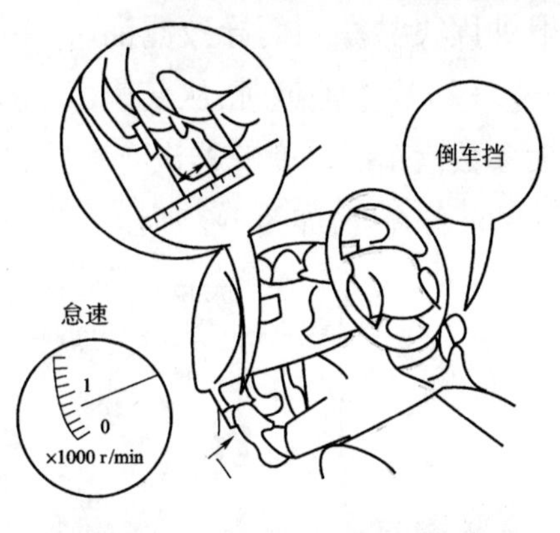

图 3-5　离合器分离点的测量

4 离合器液压操纵系统中空气的排除

离合器液压操纵系统在经过检修之后，管路内可能进入空气，在添加制动液时也可能使液压系统中进入空气。空气进入后，由于缩短了主缸推杆行程即踏板工作行程，从而使离合器分离不彻底。因此，液压系统检修后或怀疑液压系统进入空气时，就要排除液压系统中的空气。排除方法如下。

(1)用千斤顶顶起汽车，然后用支架将汽车支住，将主缸储液罐中的制动液加至规定高度。

(2)在工作缸的放气阀上安装一软管，接到一个盛有制动液的容器内。

(3)排空气需要两个人配合工作，一人慢慢地踩离合器踏板数次，感到有阻力时踩住不动，另一人旋松放气阀直至制动液开始流出，然后再旋紧放气阀。

(4)连续按上述方法操作几次，直到流出的制动液看不见气泡为止。

(5)空气排除干净之后，需要再次检查及调整离合器踏板自由行程。

二 手动变速器的维护

汽车发动机具有转速高、转矩小的特点，而汽车的实际行驶条件是非常复杂的；另外，发动机只能顺时针转动(从前往后看)，而汽车在实际行驶过程中常常需要倒向行驶。因此，需要在汽车的传动系统中设置变速器，其具体功用是：①改变传动比，扩大发动机转速和转矩的变化范围，以满足车辆在不同工况的要求；②使汽车能够倒向行驶，即改变驱动轮的旋向；③中断发动机的动力传递。

手动变速器，如图 3-6 所示，由变速传动机构和操纵机构两大部分组成。变速器传动机构的主要作用是改变传动比和旋转方向；操纵机构的作用是实现换挡。

手动变速器维护的项目有变速器的基本检查、更换变速器润滑油等。需要的工具和材料有抹布若干、变速器润滑油一桶，常用工具一套等。

1 手动变速器的基本检查

(1)首先检查变速器内润滑油量。变速器内润滑油过多，当变速齿轮转动时，润

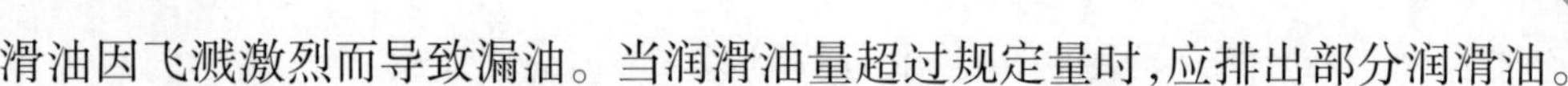

滑油因飞溅激烈而导致漏油。当润滑油量超过规定量时,应排出部分润滑油。

(2)检查油量时,从变速器上拔出油尺,油面高度应在“PULL”和“LOW”之间。绝大多数汽车手动变速器没有油尺,检查时需要旋转下润滑油加油口螺塞,用手检查润滑油的液位高度,如图3-7所示。若油面低于加注口螺塞位置较多,应及时加注润滑油。

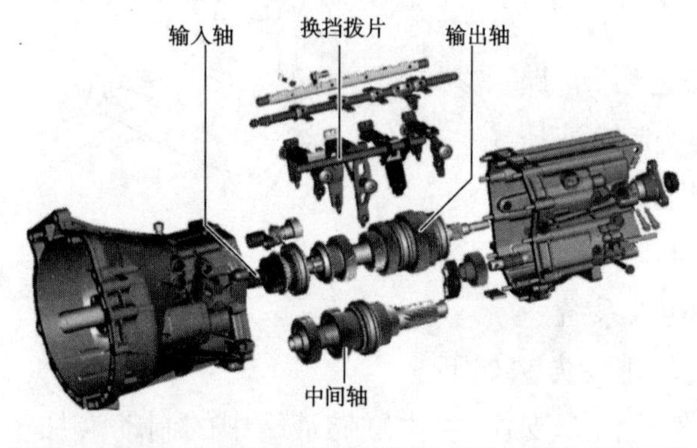

图3-6　手动变速器结构

图3-7　检查手动变速器润滑油液位

(3)检查变速器润滑油的品质。如果润滑油种类与牌号不对、油质过脏等,都难以保证各齿轮的良好润滑,导致啮合传动噪声增大,变速器发响。润滑油存在浑浊、稀释或起泡等变质现象时,应予以更换。

(4)检查变速器通气管是否堵塞。变速器上设有通气管,可保证变速器内外的压力相等。若通气管被异物堵塞,变速器长期运转后,由于油温上升,油液压力随之增高,在通气管堵塞的情况下,变速器箱体内压力无法释放易造成油封失效而漏油。若通气管堵塞,应予以疏通。

(5)检查变速器箱体的紧固螺栓是否牢固。若紧固螺栓松动,造成变速器箱体间密封不良,变速器高速运转时,激烈飞溅的润滑油从箱体的缝隙处渗漏出来,如图3-8所示。当变速器箱体的紧固螺栓松动时,应按规定力矩拧紧螺栓。若仍不能排除故障,应拆下箱体,用薄刀片将接合面的残余密封胶清除,将密封胶均匀地涂抹在箱体接合面上,然后将箱体用螺栓紧固。

(6)检查变速器箱体表面有无裂纹。变速器若出现裂纹,润滑油将从裂纹处渗出。找出裂纹部位,裂纹较小时,采用焊接方法修复后可以使用;裂纹较大时,应更换变速器箱体。

(7)检查变速器各油封总成。若变速器各油封磨损严重、老化变形或损坏,会造成密封不严而渗油。当油封总成损坏、老化变形时,应予以更换。

2 更换变速器润滑油

(1)拆下加油口螺塞和垫片。

(2)拆下放油螺塞和垫片并将变质的油排净,如图 3-9 所示。

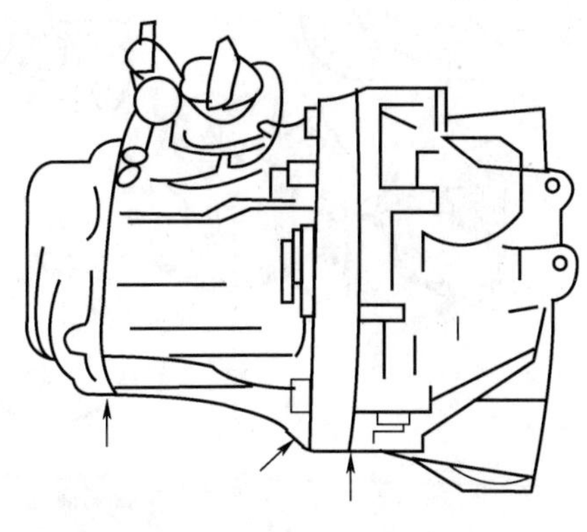

图 3-8　检查变速器配合表面是否渗漏

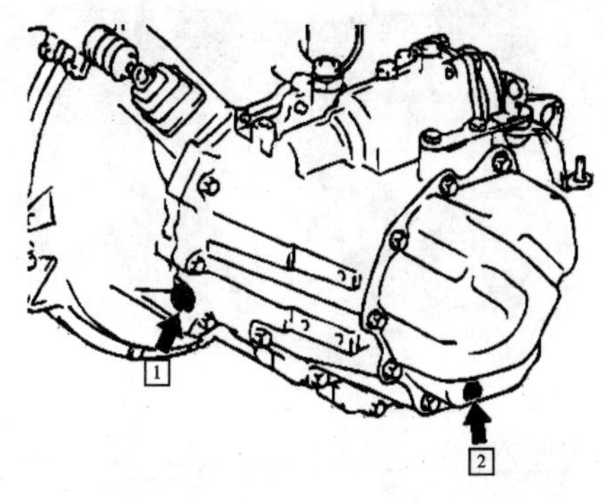

图 3-9　手动变速器加油和放油螺塞

(3)将密封胶涂到放油螺塞的螺纹部,重新装上放油螺塞,并按规定力矩拧紧。

(4)从加油口加注规定牌号的润滑油至规定位置。

新车或大修后的车辆行驶至最初的 1000 ~ 2000km,应更换一次润滑油;而后,车辆每行驶 10000km 或半年,应检查润滑油一次;每行驶 40000km 或 2 年,应更换润滑油一次。

三　自动变速器的维护

自动变速器使离合器和变速器的操纵都实现了自动化,即可以实现自动换挡,如图 3-10 所示。自动变速器简称 AT(Automatic Transmission)。目前自动变速器的自动换挡等过程都是由自动变速器的电子控制单元(英文缩写为 ECU,俗称电脑)控制的,因此自动变速器又可称为 EAT(Electronic Automatic Transmission)、ECAT(Electronic Controlled Transmission)、ECT(Electronic Controlled Transmission)等。

自动变速器的维护项目一般有基本检查、手动换挡试验、失速试验、换挡迟滞试验和 ATF 的更换等。需要的工具和材料有抹布若干、ATF 一桶、常用工具一套、车轮挡块等。

1　自动变速器的基本检查

(1)检查各配合表面是否漏油,如图 3-11 所示。

(2)检查轴和拉索伸出的区域是否漏油。

(3)检查放油螺塞和加油口螺塞是否漏油。

(4)检查润滑油冷却器软管是否漏油。

图 3-10　自动变速器

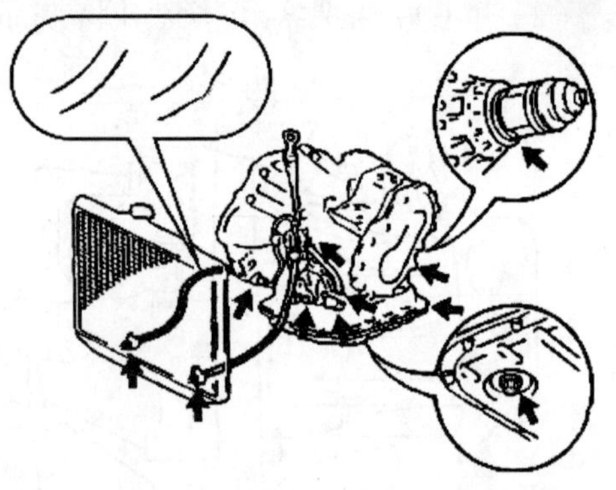

图 3-11　检查自动变速器是否漏油

2 ATF 液面高度的检查

ATF 液面高度过高会导致主油压过高，从而出现换挡冲击振动、换挡提前等故障；ATF 液面高度过高还会导致空气进入 ATF。如果 ATF 液面高度过低，则又会导致主油压过低，从而出现换挡滞后、离合器和制动器打滑等故障。ATF 液面高度检查的具体方法和步骤如下。

(1)热车，使发动机冷却液温度和 ATF 温度达到正常工作温度。

(2)将车辆停在水平地面，并可靠驻车。

(3)发动机怠速运转，将变速杆由 P 位换至 L 位，再退回 P 位。

(4)拉出变速器油尺，并将其擦拭干净。

(5)将油尺全部插回套管。

(6)再将油尺拉出，检查油面是否在“HOT”范围内，如图 3-12 所示；如果不在“HOT”范围内，应加注 ATF。

3 更换 ATF

ATF 的更换间隔一般为 20000 ~ 40000km 或 24 个月，也有的自动变速器在 100000km 时更换即可。更换 ATF 的具体方法和步骤如下。

(1)拆下放油螺塞，将 ATF 排放到容器内，如图 3-13 所示。

(2)再将放油螺塞紧固上。

(3)发动机熄火，通过加油管加入新油。

(4)起动发动机，将变速杆由 P 位换至 L 位。

(5)检查油位，应在“COOL”范围内。

(6)在正常温度(70 ~ 80℃)时检查油位，必要时加注。

需要说明的是，有些自动变速器如丰田皇冠的 A761E 型变速器，不采用上述的方式更换 ATF，其加注或更换 ATF 时，应先拆下注液塞和溢流塞，从注液孔处注入 ATF 直到从溢流孔流出即可。ATF 的选择要参照厂家的推荐。图 3-13 中，在放油螺塞上标明所使用的 ATF 为 TⅡ型。

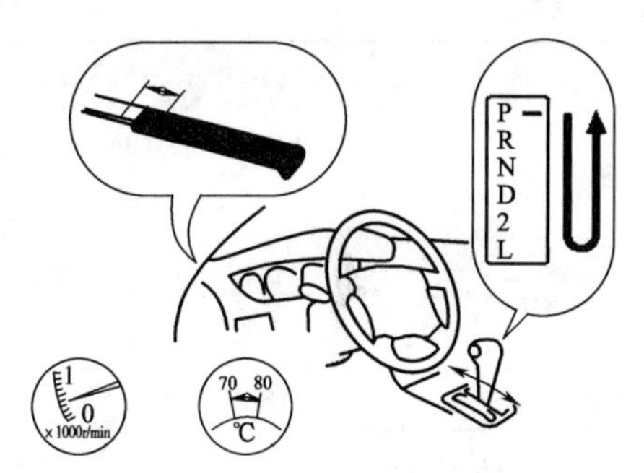

图 3-12　检查 ATF 液面高度

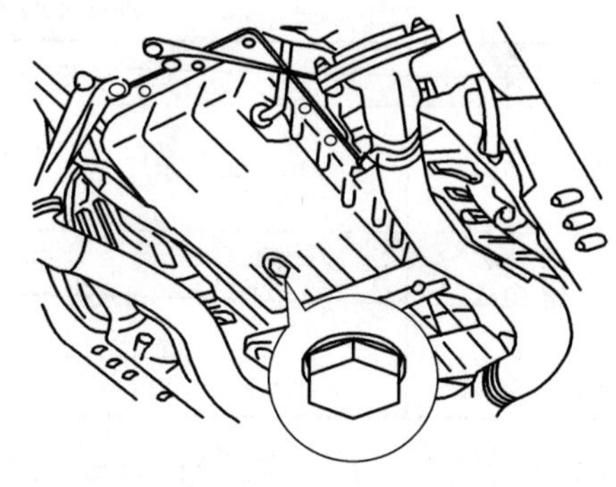

图 3-13　排放 ATF

4 检查并调整停车/空挡位置开关总成

(1)使用驻车制动器，并旋转点火开关到“ON”位置。

(2)踩下制动踏板，检查只有当变速杆置于 N 或 P 位时发动机才可以起动，在其他挡位时则不能起动，如图 3-14 所示，如不符合以上标准，需进行调整。

(3)只有变速杆置于 R 位时，倒车灯点亮，并伴有倒车蜂鸣声，在其他挡位时则不起作用，如不符合以上标准，需进行调整。

(4)松开位置开关总成上的螺栓，并把变速杆置于 N 位。

(5)用金属直尺，使空挡位置平行于空挡基准线。

(6)保持开关的位置，并紧固螺栓，如图 3-15 所示。

(7)调整后重新检查开关性能。

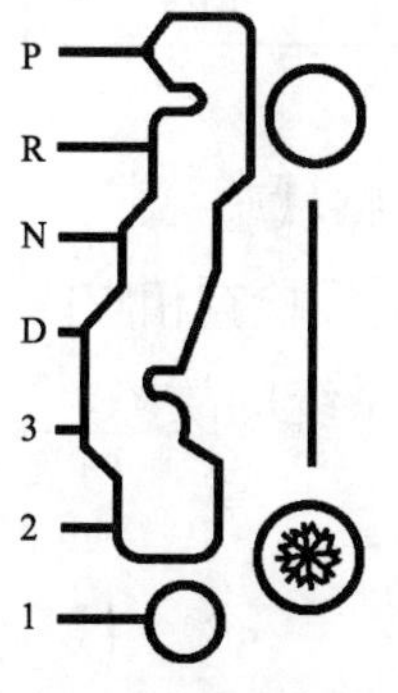

图 3-14　变速杆位置选择

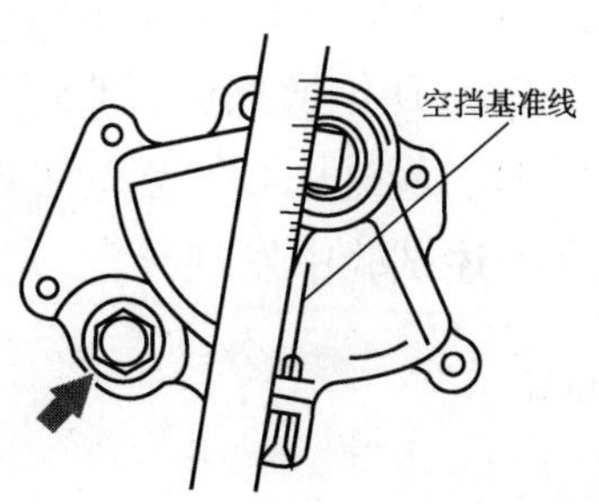

图 3-15　调整停车/空挡位置开关

5 自动变速器故障指示灯读取

如果自动变速器电控系统出现故障,则黄色的故障指示灯(MIL)会点亮,但不同车系点亮的方式不同,具体情况见表3-1。

自动变速器故障指示灯点亮方式 表3-1

车　系	故障指示灯点亮方式	车　系	故障指示灯点亮方式
丰田(TOYOTA)	OD OFF 指示灯点亮	通用(GM)	SERVICE ENGINE SOON 指示灯点亮
本田(HONDA)	D位四挡指示灯点亮	宝马(BMW)	在信息区出现 TRANSPROGRAM,且挡位指示灯不亮
日产(NISSAN)	POWER 指示灯点亮	奥迪(AUDI)	P、R、N、D、3、2、1 指示灯全亮

故障码读取之前一定要保证蓄电池电压正常、故障指示灯工作正常,否则会由于电压异常导致误诊断。故障码的读取是电控自动变速器维修最基础的一步,可以使很多故障的诊断简单化,但要注意故障码对于自动变速器的维修并不是万能的。

6 手动换挡试验

1 目的

手动换挡试验的目的是为了判断故障是来自于电控系统还是机械系统。

2 方法与步骤

(1)脱开换挡电磁阀插接器。

(2)将变速杆置于各个位置,检查挡位是否与表3-2所列情况相同,如果出现异常则说明故障在机械系统。

手动换挡试验 表3-2

变速杆位置	D	2	L	R	P
挡位	四挡	二挡	一挡	倒挡	驻车挡

(3)插上换挡电磁阀插接器,清除故障码。

(4)如果L、2和D位换挡位置难以区别,则进行道路试验。

(5)车辆行驶时,经过从L位至2位、2位至D位的换挡,检查相应挡位的换挡变化。

(6)如果在上述试验中发现异常,则是变速器机械系统的故障。

7 失速试验

1 目的

失速试验通过测量在D、R位时的失速转速来检查发动机及变速器的总体性能。

❷ 注意事项

(1)在发动机和变速器正常工作温度下进行该试验(50~80℃)。

(2)该试验连续进行不得超过5s。

(3)为保证安全,请在宽阔水平地面上进行,并确保试验用车前、后无人。

(4)失速试验应两人共同完成。一人观察车轮情况或车轮挡块情况,另一人进行试验。

❸ 方法与步骤

试验方法与步骤如图3-16所示。

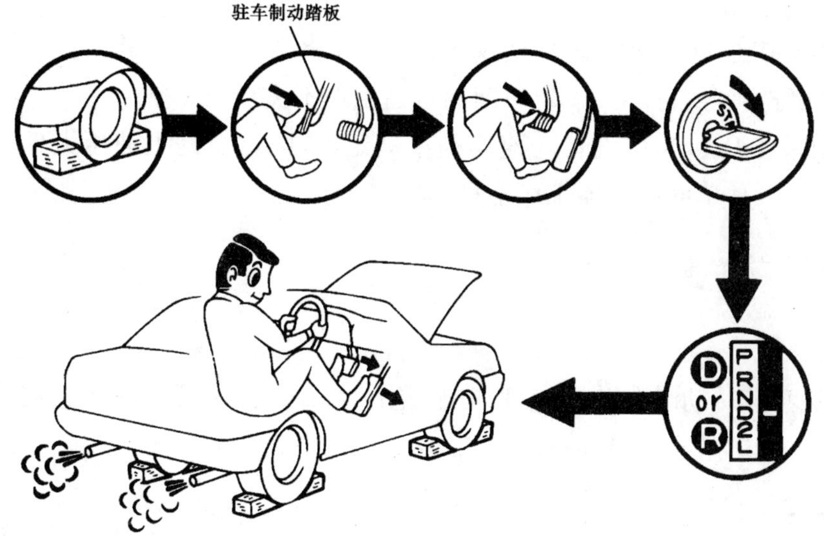

图3-16 失速试验

(1)使用车辆挡块,塞住前后车轮。

(2)确认发动机转速表指示正常。

(3)拉紧驻车制动器或踩下驻车制动踏板。

(4)左脚踩下制动踏板。

(5)起动发动机。

(6)将变速杆置于D位。用右脚把加速踏板踩到底,同时迅速读取发动机转速,此时发动机转速就是失速转速。

如果在发动机转速未达到规定失速转速之前,驱动轮开始转动,应该放松加速踏板,停止试验。

(7)在R位重复试验。

4 试验结果分析

常见车型自动变速器的失速转速一般为2200r/min左右,有的自动变速器的失速转速高于2800r/min。不同的车型,由于结构不同,试验结果体现的故障也不同,下面仅以丰田五挡自动变速器为例进行说明。

(1)如果两个位置失速转速都相同,但均低于规定值,则可能是发动机功率不足或导轮(变矩器)单向离合器工作不正常。

(2)如果在D位转速高于规定值,则可能是油压太低、前进挡离合器工作不良或O/D单向离合器工作不良。

(3)如果在R位失速转速高于规定值,则可能是主油压太低、直接挡离合器打滑、一挡及倒挡离合器打滑、O/D单向离合器工作不良。

(4)如果在D和R位失速转速均高于规定值,则可能是主油压太低、油液液面位置不正常、O/D单向离合器工作不良。

8 换挡迟滞试验

1 目的

发动机怠速转动时拨动变速杆,在感觉振动前会有一段时间的迟滞或延迟,这可用于检查O/D挡离合器、前进挡离合器、直接挡离合器及一挡和倒挡制动器的工作情况。

2 试验时应注意的事项

(1)在正常工作油温下进行该试验(50~80℃)。

(2)在各试验中保证有1min的间隔。

(3)进行三次试验并取平均值。

3 方法与步骤

试验方法与步骤如图3-17所示。

(1)拉紧驻车制动手柄。

(2)起动发动机并检查怠速。

(3)将变速杆从N位换向D位时,用秒表测量拨动变速杆到感觉振动的时间,延迟时间应小于1.2s。

(4)从N位到R位用同样的方法测量,延迟时间应小于1.5s。

4 试验结果分析

(1)如果从N位到D位延迟时间大于规定值,则可能是主油压太低、前进挡离合器磨损、单向离合器工作不良。

(2)如果从 N 位到 R 位延迟时间大于规定值,则可能是主油压太低、直接挡离合器磨损、倒挡制动器磨损或 O/D 单向离合器工作不良。

图 3-17　换挡迟滞试验

9 油压试验

油压试验一般是对主油压进行测试,也可对分路油压、速控油压等进行测试。其试验方法和步骤如图 3-18 所示。

(1)运转发动机,让发动机和变速器温度正常。

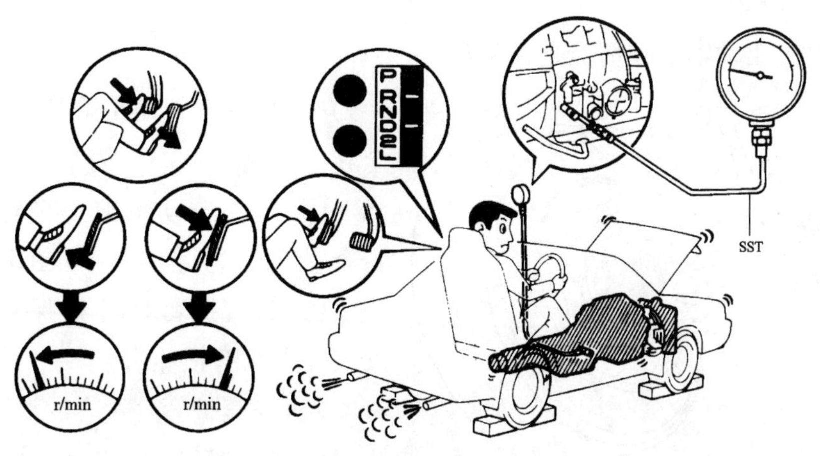

图 3-18　油压试验

(2)拔去变速器壳体上的检查接头塞,连接压力表。

(3)拉紧驻车制动手柄,塞住四个车轮。

(4)起动发动机,检查怠速转速。

(5)左脚踩下制动踏板,将变速杆换入 D 位。

(6)发动机怠速下测量主油压。

(7)将加速踏板踩到底。在发动机达到失速转速时迅速读取油路最高压力。

如果在发动机转速未达到失速转速之前,车轮开始转动,则松开加速踏板停止试验。

(8)在 R 位重复试验。

(9)如果测量值不在标准范围内,需进行下一步检查。

丰田 A341E 型自动变速器的主油压值见表 3-3。

丰田 A341E 型自动变速器的主油压值(kPa)　　表 3-3

D 位		R 位	
怠速	失速	怠速	失速
363 ~ 422	902 ~ 1147	500 ~ 598	1236 ~ 1589

四 驱动轴的维护

(1)举升车辆。

(2)检查驱动轴安装情况是否正常。

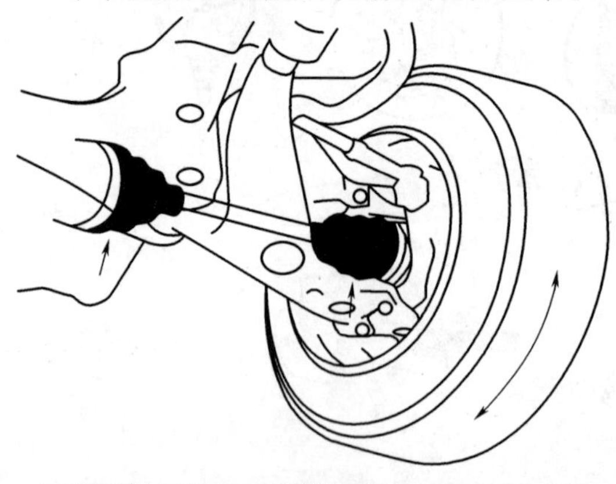

图 3-19　检查驱动轴及护套

(3)用手动转动轮胎,以便它们被完全转向一侧。

(4)检查驱动轴护套的整个外围是否有裂纹或者其他损坏,如图 3-19 所示。

(5)检查护套卡箍,确保其已经正确安装并且没有损坏。

(6)检查护套是否有润滑脂渗漏。

(7)驱动轴护套如有损坏和润滑脂泄漏,必须进行维修和更换。

第二节　转向系统的维护

转向系统是指驾驶人操纵，能够实现转向轮偏转和复位的一套机构。转向系统的功用是按照驾驶人的意愿改变汽车的行驶方向和保持汽车稳定的直线行驶。

转向系统按照转向动力源的不同可以分为机械转向系统和动力转向系统两大类。机械转向系统是以驾驶人的体力作为转向动力源。动力转向系统除了驾驶人体力外，还以汽车动力作为辅助转向动力源，动力转向系统分为液压式、气压式和电动式。汽车转向系统组成如图 3-20 所示。

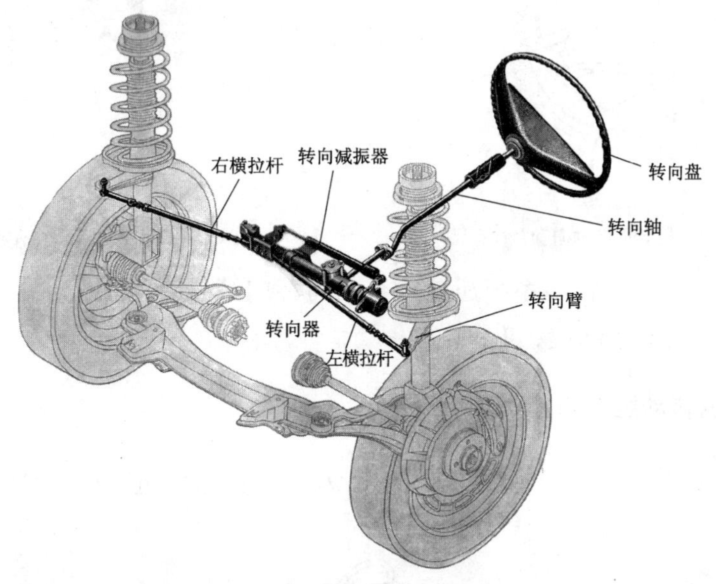

图 3-20　转向系统的组成

转向系统的维护主要有转向盘的检查和调整、转向连接机构的检查和维护等项目。需要的工具和材料有金属直尺、弹簧秤和常用工具等。

一 机械转向系统的维护

1 检查转向盘与转向机构的连接情况

（1）用双手握住转向盘，在轴向和径向方向用力摇动，观察此时转向盘是否移位，如图 3-21 所示。

（2）检查转向盘与转向轴的安装情况以及轴承是否松旷等。

（3）转向盘连接螺母应该紧固，支撑轴承完好无松旷，柱管装置稳固，支架无断

裂,螺栓紧固。

(4)确保转向传动轴万向节应不松旷,滑动叉扭转间隙不大于0.30mm,接合长度不小于6mm。

(5)检查各横销螺栓紧固,弹簧垫完好,防尘套完好无损。

(6)检查防尘罩是否有润滑脂泄漏,如图3-22所示。

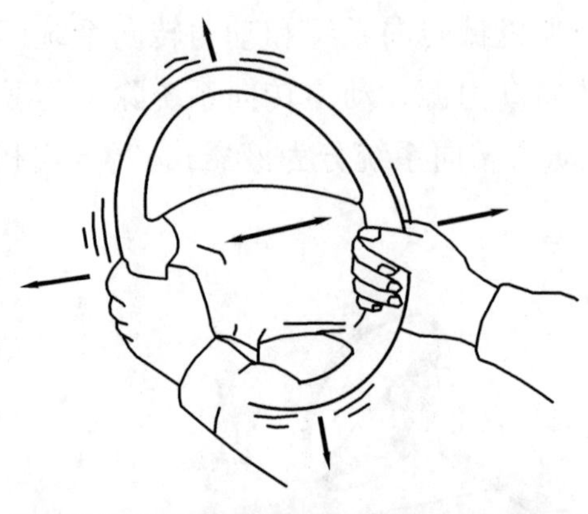

图3-21　检查转向盘轴向和径向移动

图3-22　检查防尘罩是否有润滑脂泄漏

(7)对于液压动力转向系统还要检查动力转向液是否有泄漏。检查位置有齿轮箱、叶轮泵连接软管等部位,如图3-23所示。

2 转向盘转动阻力的检查

转向盘转动阻力的检查一般用弹簧秤拉动转向盘边缘进行测量,如图3-24所示。

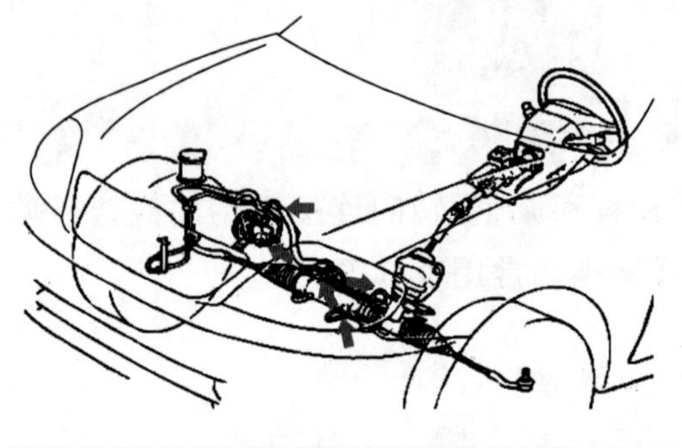

图3-23　检查动力转向液是否泄漏

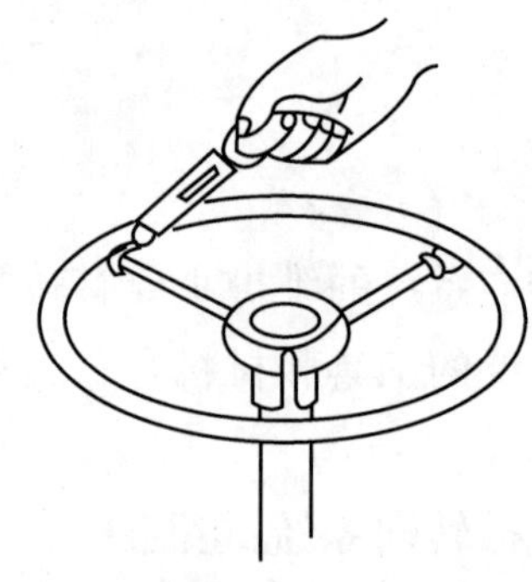

图3-24　转向盘转动阻力检查

发动机怠速情况下转向盘的转动阻力与新车相比应有5N以内的差值;配用动力转向器时,发动机在怠速情况下,转向盘的转动力应小于40N,如果不符合标准值,应该进行进一步检查。

3 转向盘自由行程的检查

汽车每行驶12000km左右,应检查转向盘的自由行程,检查方法是:

(1)在配备动力转向系统的车辆上,起动发动机;机械转向系统则无须起动发动机。

(2)将转向轮转到直线行驶的位置。

(3)轻轻移动转向盘,在转向轮就要开始移动时(或感觉到阻力时),使用金属直尺测量转向盘外缘的移动量,丰田威驰轿车的移动量为 10 ~ 15mm,如图 3-25 所示。

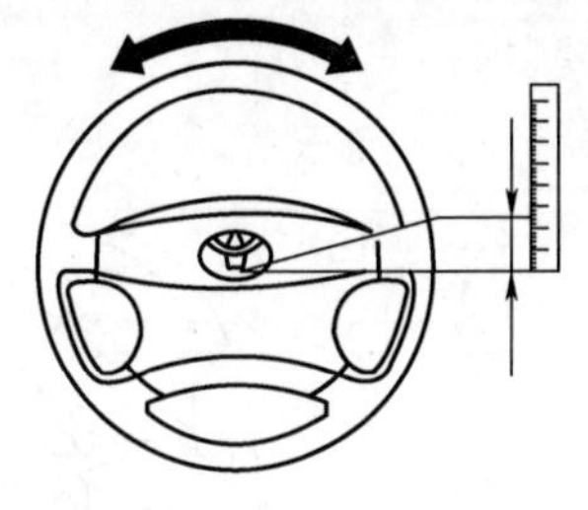
图 3-25　转向盘自由行程的检查

(4)如果不符合要求,应该检查转向器间隙、调整转向球头销等。

4 转向盘锁止功能的检查

(1)将点火开关转至"LOCK"位置,轻轻转动转向盘,此时转向盘应锁止不能转动。

(2)将点火开关转至"ACC"位置,转向盘应能自由转动。

5 转向摇臂的检查

(1)用磁力探伤法检查转向摇臂是否有裂纹和损坏,若有,必须更换。

(2)检查转向摇臂上端的锯齿花键有无磨损、损坏,若有,应更换。

(3)检查转向摇臂的锁紧螺母,其螺纹不应有损伤,否则应更换。

(4)检查转向摇臂下端和转向拉杆球头销的连接,应牢固、可靠,切不可松旷,否则应修复。

6 转向直拉杆和横拉杆的检查

(1)检查横拉杆杆体有无裂纹、弯曲。转向横拉杆的实际测量长度与标准长度的误差值一般不应大于 2mm。直拉杆 8 字孔磨损不应超过 2mm。

(2)检查各螺纹部位不应有损坏,与螺塞配合不应松旷,否则应更换,如图 3-26 所示。

(3)检查球头销、球座体及钢碗无裂纹、不起槽;球头销颈部磨损不超过 1mm,球面磨损圆度误差小于 0.50mm,螺纹完好;弹簧不应有弹力减弱或折断现象。

(4)防尘装置应齐全、有效。

7 转向节臂和梯形臂的检查

(1)检查转向节臂和梯形臂是否有裂纹,若有,应更换。

(2)检查两端部的固定与连接部位,不应有松动,要求牢固。

图 3-26　转向横拉杆和连接检查

8 转向减振器的检查(以桑塔纳轿车为例)

(1)检查漏油状况。若减振器泄漏严重,应更换或修理,更换密封圈等零件。

(2)查看减振器支撑是否开裂,若有,则更换。

(3)检查减振器的工作行程,必须拆下来进行试验,其最大阻尼载荷为560N,最小阻尼载荷为180N。

二 动力转向系统的维护

1 转向油罐油面高度的检查

(1)将车辆停放在水平路面上,使前轮处于直线行驶位置。

(2)起动发动机,使其达到正常的工作温度。

(3)使发动机怠速运转大约2min,左、右打几次转向盘,使油温达到40～80℃,关闭发动机。

(4)观察转向油罐的液面,检查转向油罐中的液位是否处于规定的范围内。

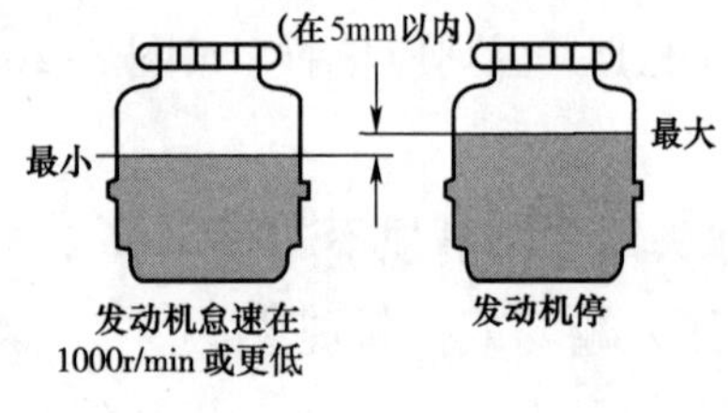

图 3-27　检查转向助力油液面高度差

(5)检查发动机运行和停止时的液位偏差是否在5mm以内,如图3-27所示。

(6)对于用油尺检查的汽车,应旋下带油尺的封盖,用布将油尺擦净,插入油罐内旋紧,然后重新旋出,观察油尺上的标记,油尺上的标记应处于“MAX”与“MIN”之间,如不符合,进行调整。

2 转向油泵压力的检查

(1)将量程为15MPa的压力表和节流阀串接到转向油泵和转向控制阀之间的管

路中，如图3-28所示。

(2)起动发动机，如果需要，向转向油罐中补充ATF。

(3)使发动机怠速运转，转动转向盘数次。

(4)急速关闭节流阀(不超过5s)，并读取压力值。若压力足够，说明转向油泵正常；如果压力没有达到额定值，就应检查安全阀和溢流阀是否完好，如不正常则应更换溢流阀、安全阀或更换转向油泵。

3 转向油泵传动带张紧力的检查和调整

汽车每行驶15000km，都应检查传动带的张紧度，必要时更换。

方法一：将传动带张紧度测量仪安装在驱动传动带上，如图3-29所示，然后测量传动带产生标准变形量时所需力的大小。

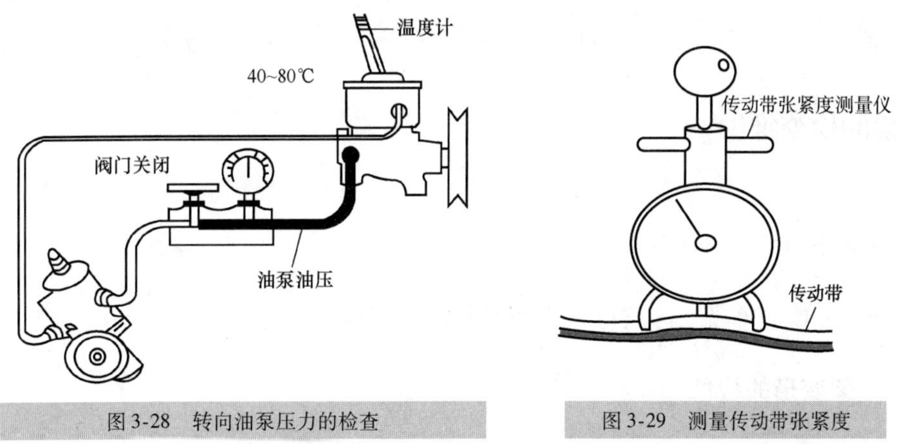

图3-28 转向油泵压力的检查　　图3-29 测量传动带张紧度

方法二：将汽车停在干燥路面上，运转发动机使油液上升到正常温度，左右转动转向盘，此时传动带负荷最大，如果传动带打滑，说明传动带张紧度不够或油泵内有机械损伤。

方法三：关闭发动机，用手以约100N的力从传动带的中间位置按下，传动带应有约10mm的挠度为合适，否则必须调整。

第三节 行驶系统的维护

汽车行驶系统的结构形式因车型及行驶条件的差异而不同，不同形式的行驶系统其基本组成有所不同。大多数汽车采用轮式行驶系统，其结构特点是通过轮胎直接与地面接触，通过车轮支撑整个车辆，并通过车轮的滚动驱动汽车行驶。

轮式行驶系统一般由车架(或承载式车身)、车桥(前后车桥)、车轮和悬架(前后悬架)等组成，如图3-30所示。

行驶系统维护项目主要有车架的检修、悬架的检修、轮胎的检查维护等项目。所需的工具和设备有金属直尺、气压表、轮胎动平衡仪、四轮定位仪和常用工具等。

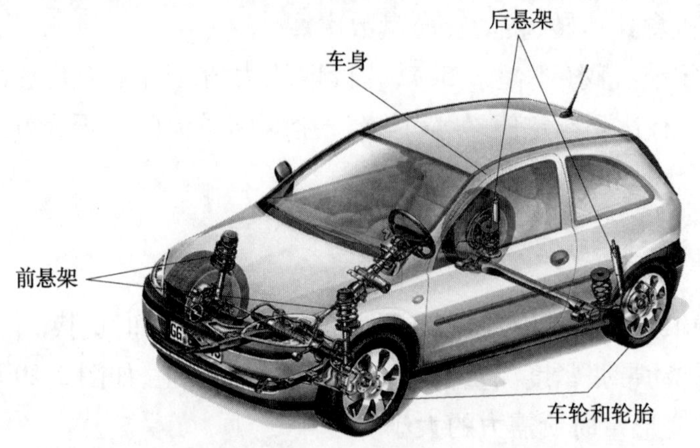

图 3-30　轮式行驶系的组成

一 车架的检查维护

1 外观检查

从外观上检查车架是否有严重的变形、裂纹、锈蚀、螺栓或铆钉松动等现象。

2 车架变形的检修

车架弯曲可以通过拉线、金属直尺等来测量和检查。一般车架纵梁平面直线度允许误差为 1000mm 长度上不大于 3mm。车架扭转通常采用对角线法进行测量。如图 3-31 所示,分段测量车架各段对角线 1-1、2-2、3-3、4-4 长度差,不应超过 5mm。如果车架的各项形位误差超过标准值,则应进行校正。

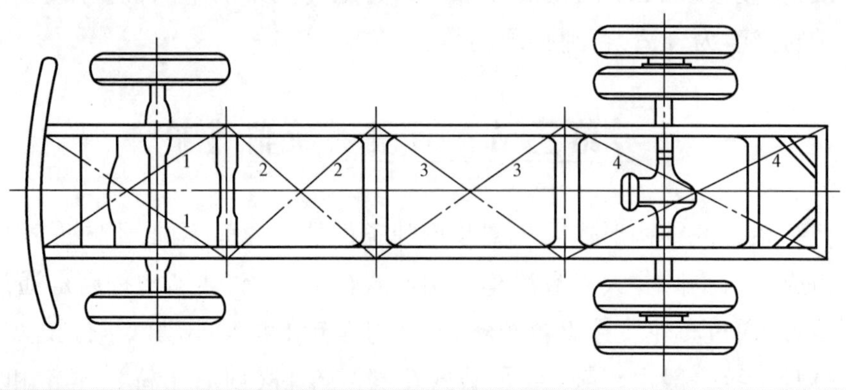

图 3-31　车架扭转的检查

二 悬架的检查维护

悬架分为前悬架和后悬架，是车架与车桥之间一切传递力连接装置的总成。现代汽车的悬架虽然有不同结构形式，但一般都由弹性元件、减振器和导向机构等组成。悬架的组成如图3-32所示。

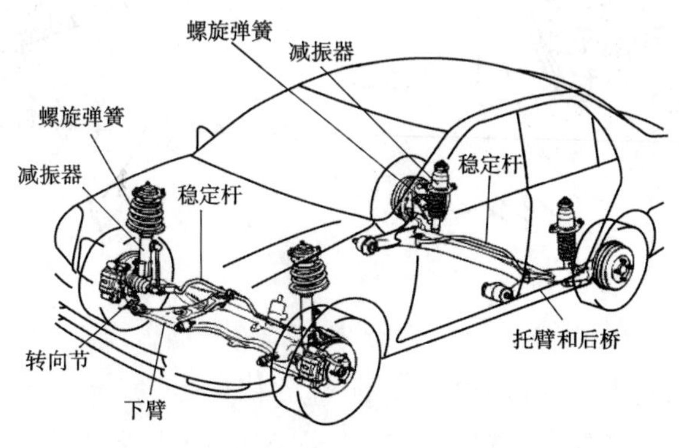

图3-32　悬架的组成

1 前/后悬架的基本检查

(1)检查前/后稳定杆是否有损坏或变形，如有，应更换。

(2)检查减振器支柱是否漏油。若发现漏油，应更换整个支柱总成，如图3-33所示。

(3)检查衬套是否有损伤或磨损，如有，应更换。

(4)检查减振器上是否有凹痕。另外，检查防尘罩上是否有裂纹、裂缝或者其他损坏。

(5)检查轴承是否有不正常的噪声或卡住，如图3-34所示。

(6)检查弹簧座是否变形或有裂纹。

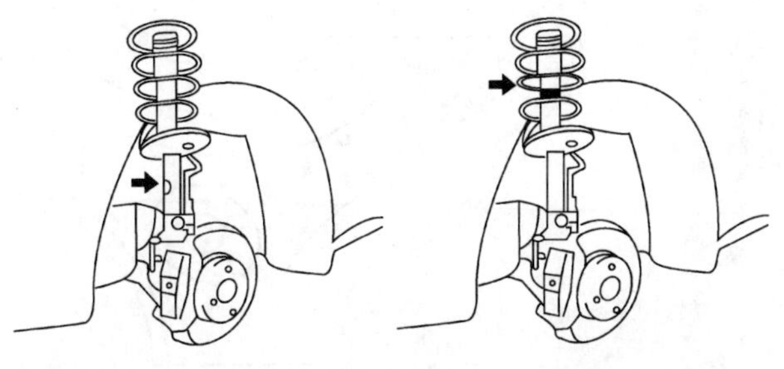

图3-33　检查减振器

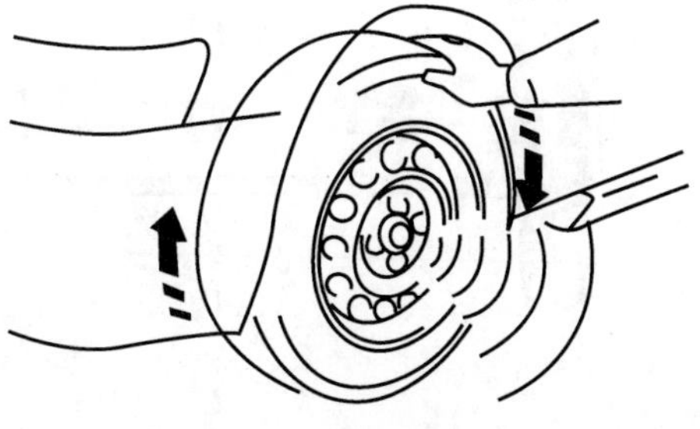

图3-34　检查轮毂轴承

(7)检查前悬架臂及其托架、转向节臂是否有裂纹、变形或损坏。

(8)检查前悬架臂接头转动是否灵活,球节螺栓是否损坏,防尘罩是否损坏,如图 3-35 所示。

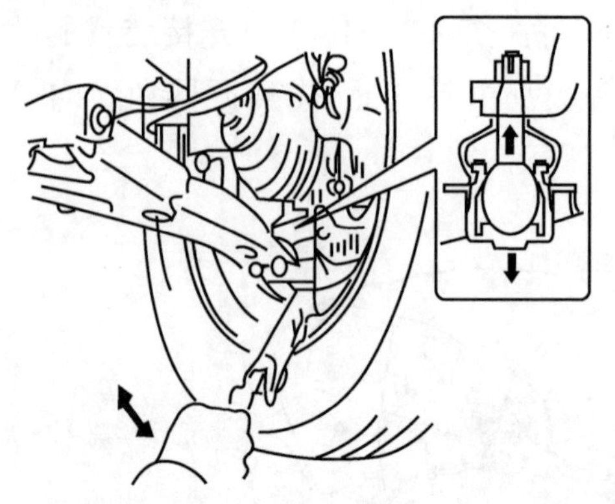

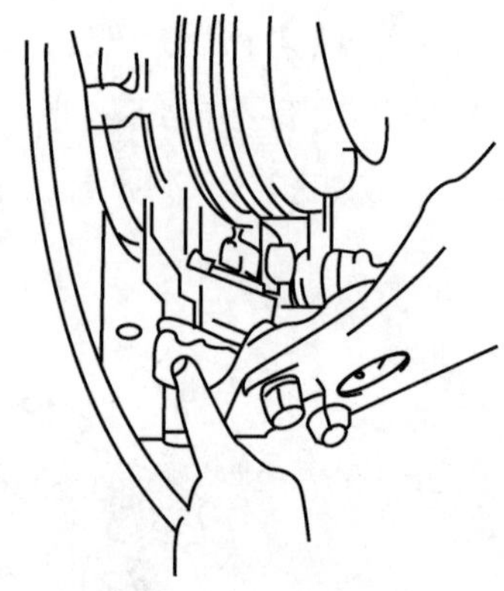

图 3-35　检查球节和防尘罩

(9)检查前悬架臂衬套是否变形、磨损或老化。

(10)检查前/后悬架连接螺栓是否符合规定力矩要求。

2 检查调整四轮定位参数

(1)在四轮定位检测仪上测量定位参数,如不符合规定值应进行调整。

(2)拆下齿条防尘套固定夹扣,旋松横拉杆端头锁止螺母。

(3)将左右齿条末端转动同样的圈数调整前束,使其到达规定范围,如图 3-36 所示。

(4)松开下摇臂球头销的固定螺母。

(5)把外倾调整杆插入图 3-37 中箭头所示的孔中。调整左侧时,从车辆后面插入调整杆;调整右侧时,应从车辆前面插入调整杆。

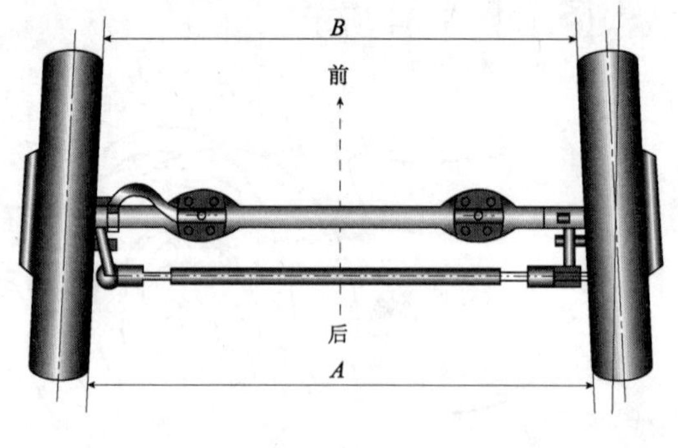

图 3-36　前束(前束 $=A-B$)

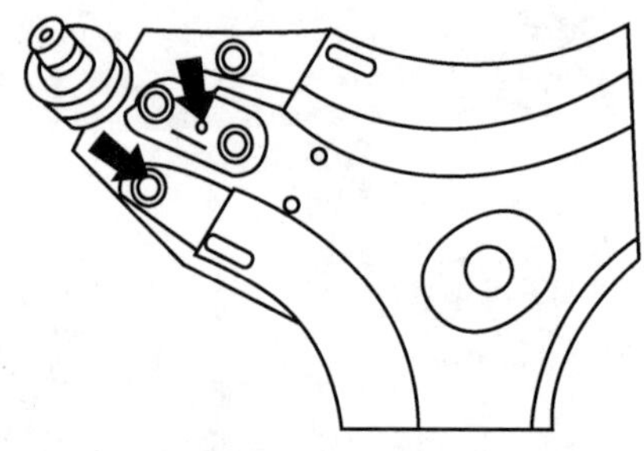

图 3-37　外倾角的调整方法

(6)横向移动球头销,直至达到外倾角值。

(7)紧固螺母并再次检查外倾角值,需要时重新进行调整。

(8)必要时重新调整前束。

三 车轮和轮胎的检查维护

1 拆卸车轮总成

(1)停稳车辆,用三角木掩住各车轮。

(2)取下车轮上的装饰罩,确定汽车左、右侧车轮与轮毂连接螺栓的螺旋方向,使用轮胎拆装机或用套筒扳手初步旋松各连接螺母,如图3-38所示。

(3)用千斤顶顶在指定的位置,使被拆车轮稍离地面。也可以将车辆停在举升机上,升起车辆,使车轮稍离开地面。

(4)旋下车轮与轮毂连接的螺栓,并摆放整齐。

(5)从外边左右晃动车轮,从车轴上取下车轮总成。

2 轮胎的检查维护

轮胎的检查主要是检查轮胎的磨损程度和轮胎气压。轮胎的磨损程度检查包括胎面花纹深度的检查和轮胎异常磨损的检查。

(1)检查轮胎表面是否有裂纹和损坏,如图3-39所示。

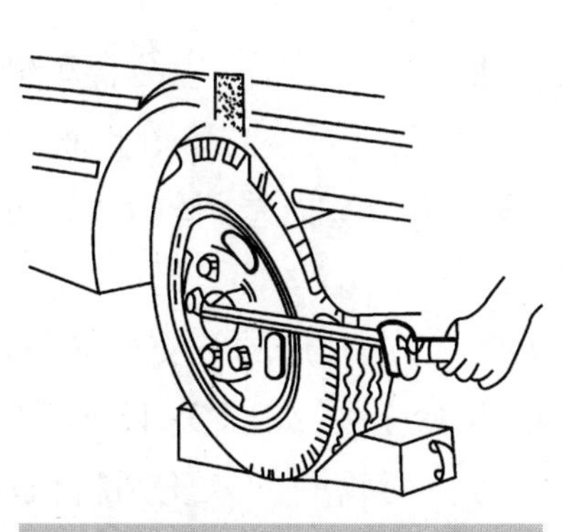

图3-38　拆卸车轮

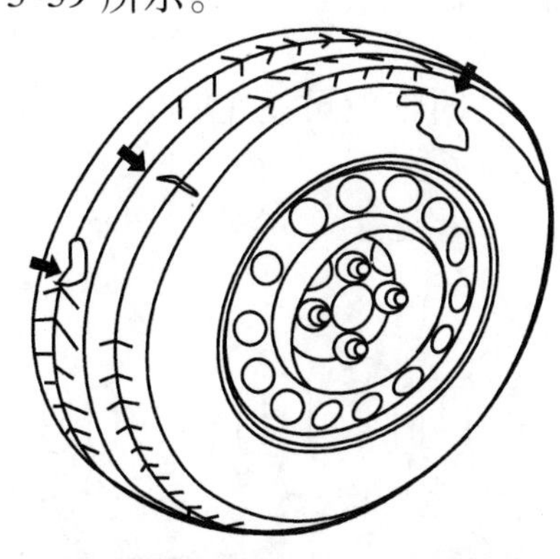

图3-39　检查轮胎表面裂纹和损坏

(2)检查轮胎是否有异常磨损,以便及时排除影响轮胎寿命的不良因素,防止早期磨损和损坏。

(3)利用轮胎气压表检查轮胎气压和气门嘴是否漏气,如图3-40所示。

(4)测量胎面花纹深度,是否达到磨损极限,如图3-41所示。

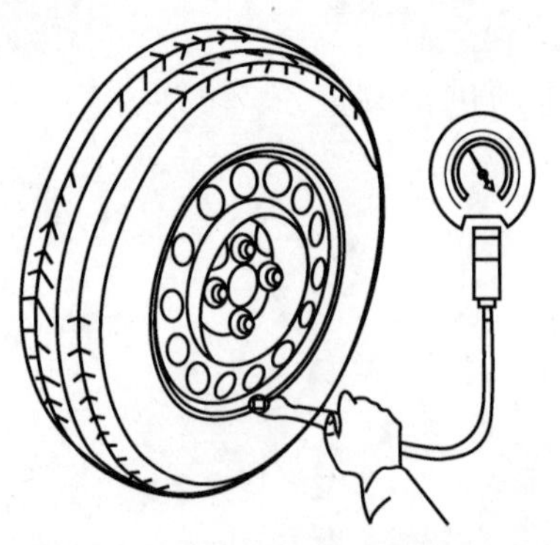

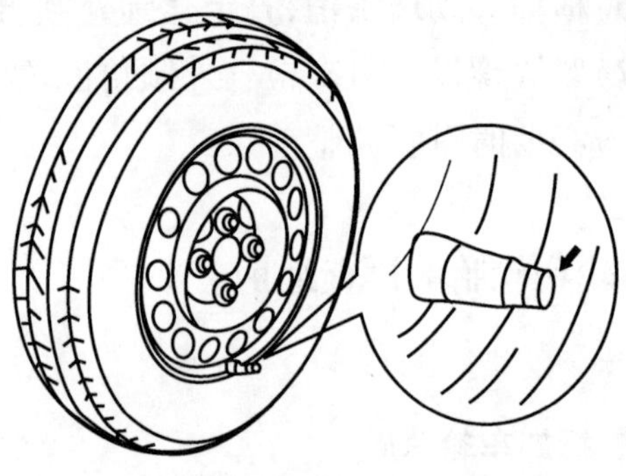

图 3-40　检查轮胎气压和漏气

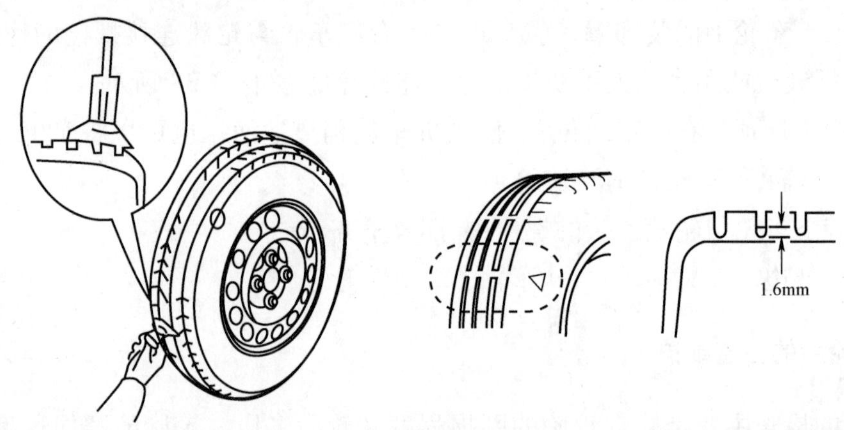

图 3-41　检查胎面花纹深度

3 轮胎换位

(1)按时换位可使轮胎磨损均匀,可有效延长轮胎的使用寿命,应结合车辆二级维护项目定期对轮胎进行换位。在路面拱度较大的地区或夏季,轮胎磨损差别较大时,可以适当增加换位次数。

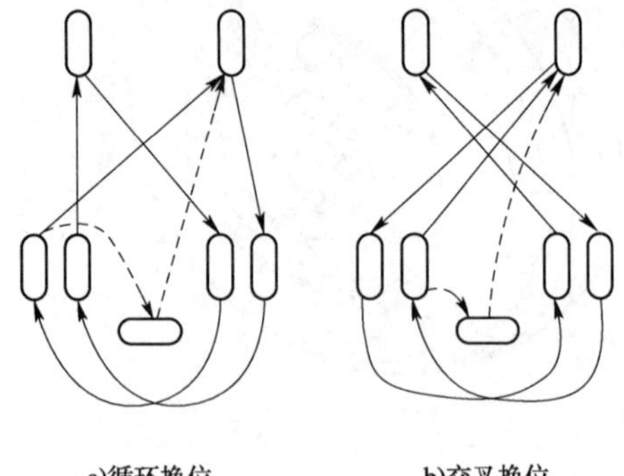

图 3-42　六轮两桥汽车轮胎换位法

(2)轮胎换位方法常用的有交叉换位法、循环换位法和单边换位法,如图 3-42 和图 3-43 所示。装用普通斜交轮胎的六轮两桥汽车,常用图 3-42 中的交叉换位法,具体做法是:左右两交叉,主胎(后内)换前胎,前胎换帮胎(后外),帮胎换主胎。

对于四轮两桥汽车,斜交胎也可采用交叉换位法,如图 3-43a)所示。子午线胎宜用单边换位法,如图 3-43b)所示。

子午线轮胎的选择方向应该始终不变。若反向旋转,会因钢丝帘反向变形产生振动,使汽车的平顺性变差,所以一些轿车使用手册推荐使用单边换位法。

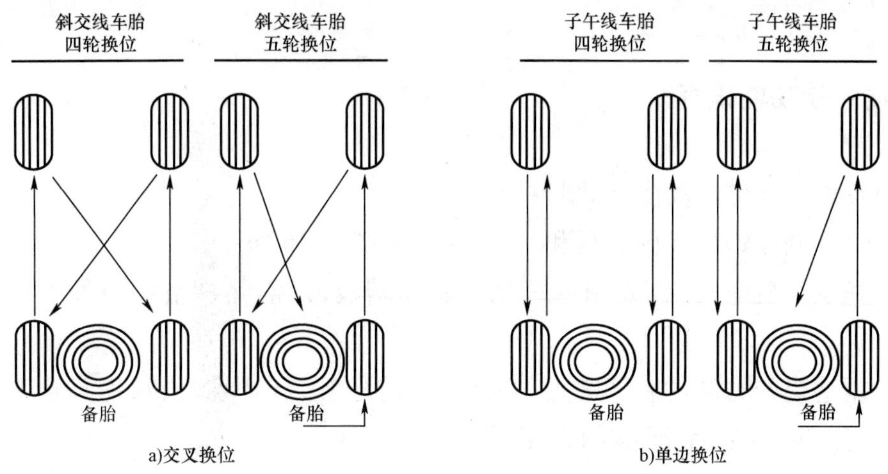

图 3-43　四轮两桥汽车轮胎换位法

(3)轮胎换位后,应按所换的轮胎位置的要求,重新调整气压。

(4)轮胎换位后需要做好记录,下次换位仍要按上次选定的换位方法换位。

第四节　制动系统的维护

汽车制动系统的功用可以概括为三个方面:①使行驶中的汽车减速乃至停车;②使下长坡的汽车保持车速稳定;③使停驶的汽车可靠驻停。

一般汽车应该包括两套独立的制动系统:行车制动系统和驻车制动系统。行车制动系统由驾驶人通过脚来操纵,一般称为脚制动系统,如图 3-44 所示。制动系统的前两个功用就是由行车制动系统来完成的。驻车制动系统一般由驾驶人用手来操纵,常俗称为手制动系统,用于实现制动系统的第三个功用。

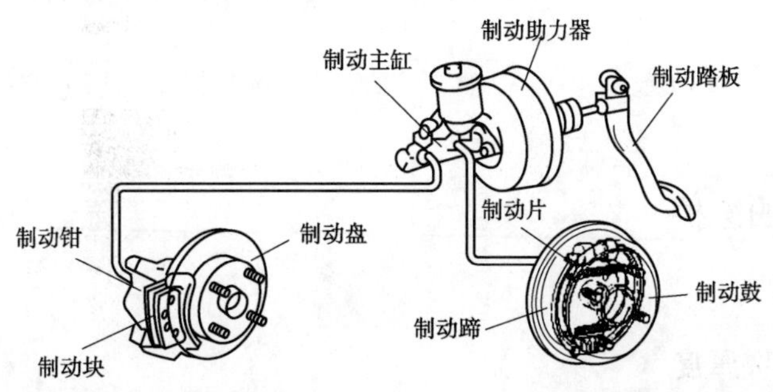

图 3-44　行车制动器

制动系统的维护有制动器功能的检查、制动管路的检查与排气以及制动器的检查维护等项目。需要的工具和材料有百分表、磁力表座、千分尺、制动鼓内径测量规以及制动液等。

一 制动系统功能检查

(1)检查制动踏板高度,如图3-45所示。

(2)检查制动踏板自由行程和行程余量,如图3-46所示。

(3)将发动机熄火,首先用力踩几次制动踏板,以消除真空助力器中残余的真空度。

(4)用适当的力踩住制动踏板,并保持一定位置,起动发动机,使真空系统重新建立起真空,观察踏板位置如图3-47所示。

(5)如果踏板位置下降,说明真空助力器工作正常;如果踏板位置保持不动,则说明助力器或真空止回阀损坏。

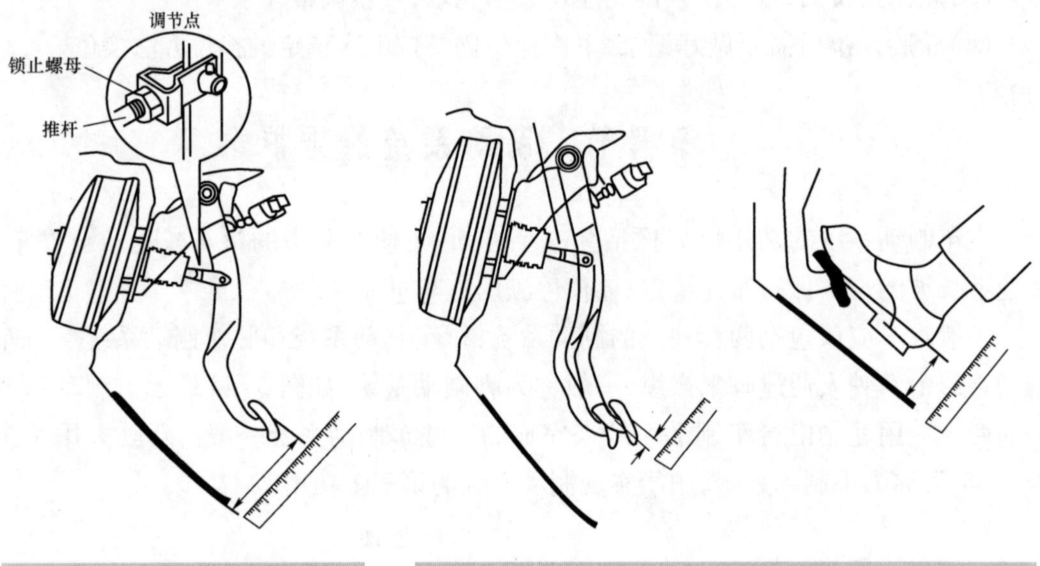

图3-45 检查制动踏板高度

图3-46 检查制动踏板自由行程和行程余量

二 盘式制动器的维护

1 检查制动块厚度

(1)使用一把金属直尺测量外制动块的厚度,如图3-48所示。

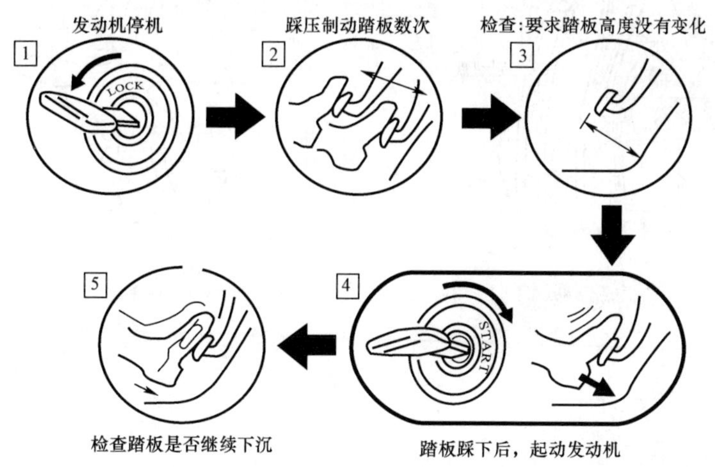

图 3-47　检查真空助力器

(2)通过制动钳内的检查孔目测检查内制动块的厚度,确保其与外制动块没有明显的偏差。

(3)检查并确保制动块没有不均匀磨损。

(4)如果制动块的厚度小于磨损极限,则更换制动摩擦块。

(5)检查制动块是否有裂纹和损坏;检查制动块表面是否有烧蚀现象。

(6)检查制动钳中是否有液体渗漏。如果制动液溅出或者粘在油漆上,立即用水漂洗。否则,将损坏油漆表面。

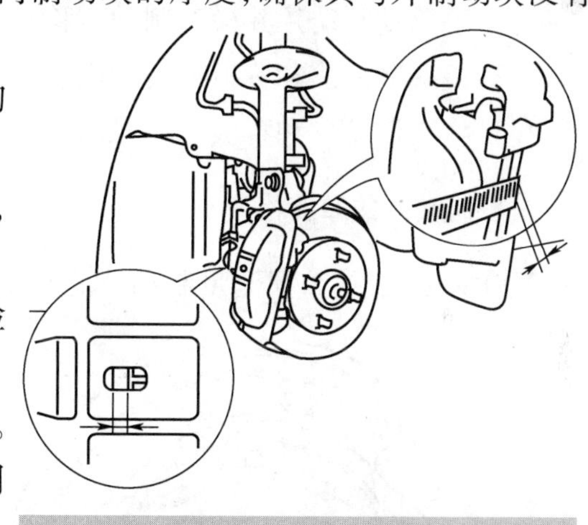

图 3-48　检查制动块厚度

2 盘式制动器制动盘维护

(1)目视检查制动盘是否有裂纹和损坏、是否翘曲、是否有沟槽,如有,则更换。

(2)检查制动盘的厚度。用千分尺直接测量,测量位置应在制动块与制动盘接触面中心部位,如图 3-49 所示。桑塔纳轿车前制动盘标准厚度为 20mm,使用极限为 18mm,超过极限尺寸时应予以更换。

(3)用百分表检查制动盘的端面圆跳动量,如图 3-50 所示。端面圆跳动量应不大于 0.06mm。不符合要求可以进行加工修复。

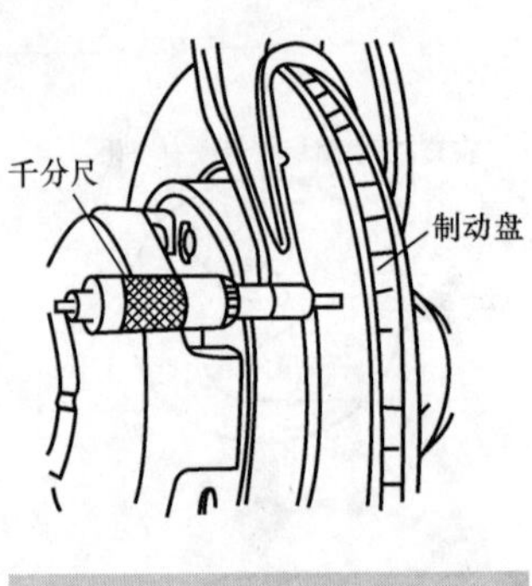

图 3-49　检查制动盘厚度

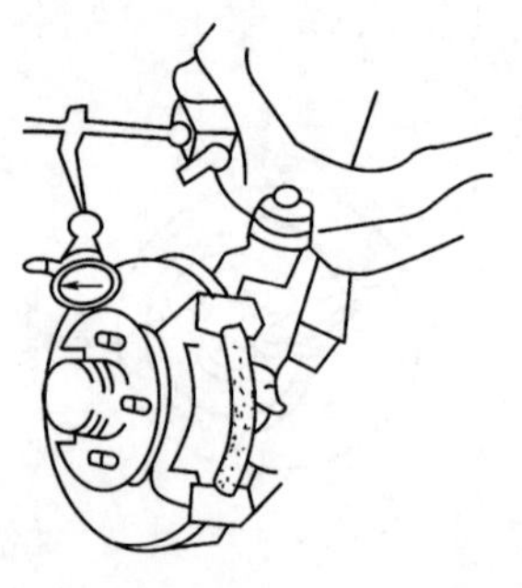

图 3-50　检查制动盘圆跳动量

三 鼓式制动器的维护

1 制动片滑动区域的磨损

(1)手移动制动片并检查制动片移动是否平顺,如图 3-51 所示。

(2)检查制动片和背板的接触面是否磨损。

(3)检查制动片和背板的接触面是否生锈。

2 制动片的厚度检查

使用一把金属直尺测量制动片的厚度,如图 3-52 所示。

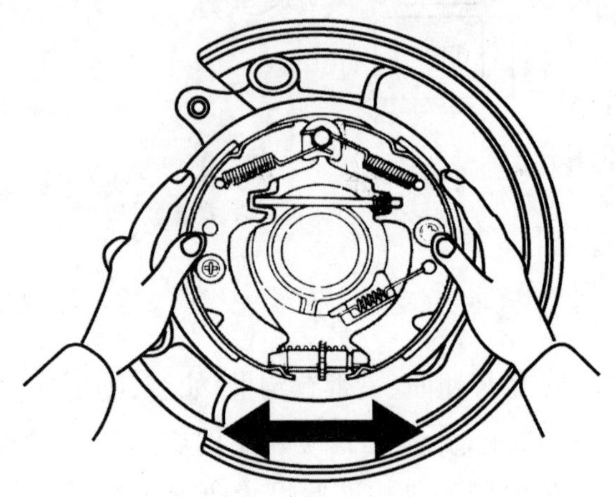

图 3-51　检查制动片是否能正常移动

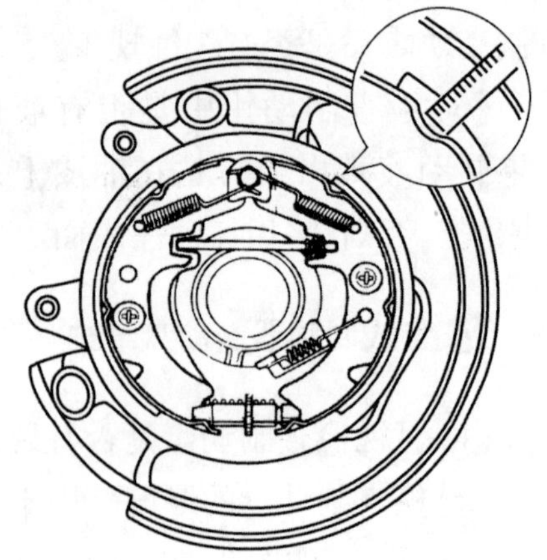

图 3-52　检查制动片厚度

3 测量后制动鼓内径

使用制动鼓内径测量规或者类似器具测量后制动鼓的内径,如图 3-53 所示。如

果测量值超过使用极限,必须更换制动鼓。

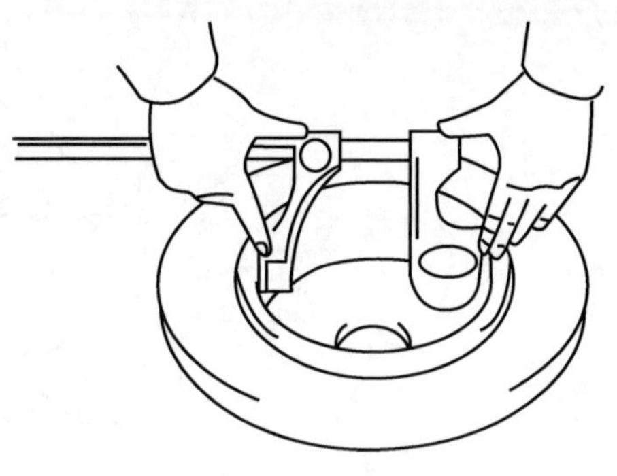

图 3-53　测量后制动鼓内径

4 磨损和损坏检查

(1)检查后制动鼓是否有任何磨损或者损坏。

(2)检查制动片是否有任何碎屑、层离或者其他损坏。

(3)使用砂纸清洁制动片并清除油污。如果必要,应同时清洁制动鼓的内表面。

四 制动管路的维护

1 管路检查

检查整个制动系统的管路、接头,应无凹瘪、裂纹及漏油等现象。金属管路的管夹固定应牢靠,不得与车身等部件相擦碰。制动软管应无弯折、老化等缺陷,否则应进行相应的维修。

2 液压制动传动装置的排放气

液压制动系统中渗入空气后,制动时系统中的空气将被压缩,造成踏板行程增加,踏板发软,影响制动效果。在维修过程中,由于拆检液压制动系统、接头松动或制动液不足等原因,造成空气进入管路时,应及时将系统中的空气排出。液压制动传动装置的排放气一般采用以下方法。

(1)安装制动液更换专用工具。

(2)将胶管一头接在放气螺塞上,另一头插在一个盛有部分制动液的容器中,如图 3-54 所示。

(3)将放气螺塞旋松一下,此时制动液在高压空气的作用下从胶管中喷入容器,然后尽快将放气螺塞旋紧。

(4)每个轮缸应放气几次,直至将空气完全放出(制动液中无气泡)为止,按照右后轮—左后轮—右前轮—左前轮的顺序逐个放气。

(5)在放气过程中,应及时向储液罐内添加制动液,保持液面的规定高度。

(6)放气结束后应该再次检查制动液液面高度,不足则添加。

(7)某些类型的制动器,比如带有液压制动助力器或者 ABS 的车型,可能要求特殊的操作。需要查询维修手册。

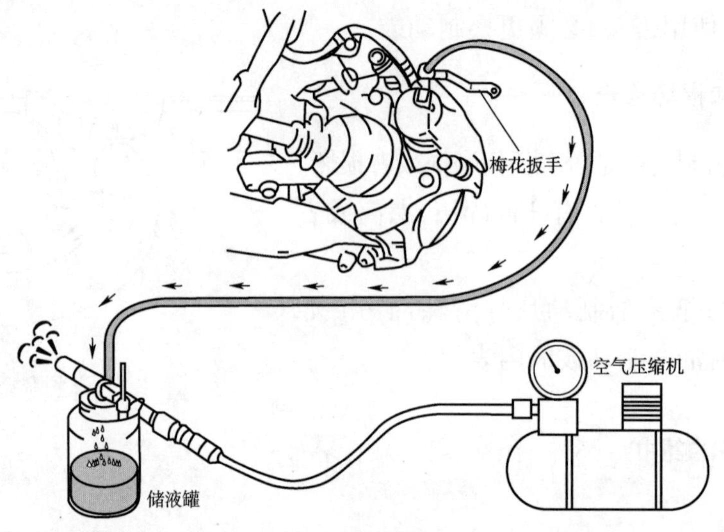

图 3-54　液压制动系统排放气

五 驻车制动器的维护

(1)将汽车停放在平坦的地面上,拉紧驻车制动器操纵杆,挂入低速挡起步,若汽车很容易起步而发动机不熄火,说明驻车制动器性能不良。

(2)从驻车制动器操纵杆放松位置往上拉,直至拉不动为止。检查操纵杆的行程,若行程过大,说明操纵杆的自由行程过大,应调整,如图 3-55 所示。

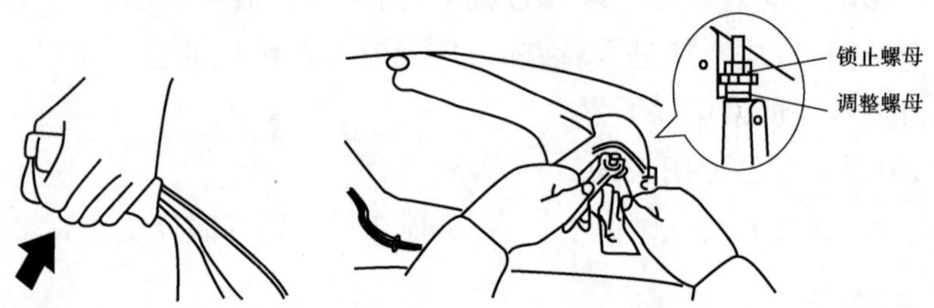

图 3-55　驻车制动器的检查和调整

(3)检查拉动操纵杆的阻力,若感觉没有阻力或阻力很小,说明操纵杆或拉索断裂、松脱,应更换或修复;若感觉很沉,说明操纵杆、拉索或制动器发卡,应拆检修复。

(4)从检视孔检查后轮制动器(奥迪、桑塔纳等轿车)的间隙是否符合要求,若制动器间隙过大,应调整。

(5)应拆下驻车制动器,检查制动片是否磨损严重或有无油污;检查制动鼓是否磨损过甚、圆度超差或有沟槽;检查制动蹄运动是否发卡,若有发卡现象,应进行修复或润滑;检查制动片与制动鼓的接触面积是否符合要求,若接触面积过小,应更换或修整。

第四章

汽车电气设备的维护

知识目标

1. 了解汽车电气设备的组成和功用；
2. 掌握汽车电气设备的维护内容和方法；
3. 能够独立完成汽车电气设备的检查和维护操作；
4. 掌握汽车电气设备维护操作的安全规范。

汽车电气设备性能的好坏直接影响汽车的动力性、经济性、安全性、可靠性和舒适性。随着经济的发展，汽车工业有了广阔的前景，为了适应交通运输现代化的需要，人们对汽车的使用性能有了更高的要求。随着汽车结构的改进和性能的不断提高，传统汽车电气正面临着巨大的冲击。

由于电子技术在汽车上的应用日益广泛，汽车零部件电子化的程度越来越高，在照明、信号、报警、空调、辅助电器等方面已向小型化、自动化方向发展，其安全性、可靠性、使用性能及寿命等方面有了极大的提高。电子技术在解决汽车所面临的经济性、安全性、舒适性和尾气排放等问题方面具有极为重要的作用。

第一节　蓄电池的维护

蓄电池（俗称电瓶）是一种将化学能转换为电能的装置，是可逆的低压直流电

源。蓄电池放电时,将其储存的化学能转换为电能;蓄电池充电时,将电能转换为化学能储存起来,直到化学能储存满时充电结束。

普通铅酸蓄电池主要由极板、隔板、电解液、壳体、连条等部分组成。蓄电池由单体电池组成,12V 蓄电池由六个单体电池串联而成,每个单体电池电压为 2.1V,如图 4-1 所示。

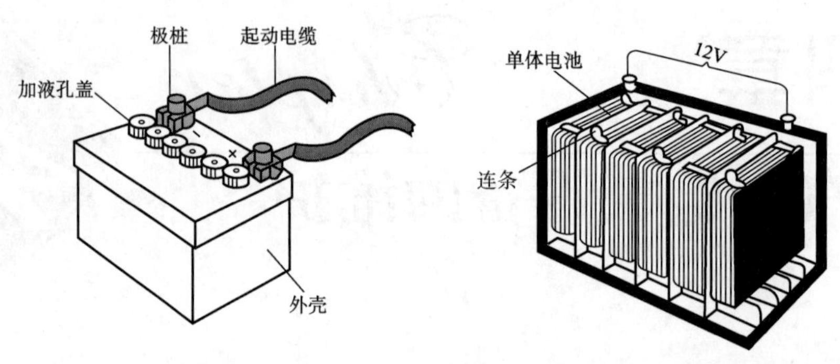

图 4-1　蓄电池的结构

汽车上装有发电机与蓄电池两个直流电源,蓄电池与发电机并联,共同向全车用电设备供电。在发动机正常工作时,由发电机向全车用电设备供电,与此同时,蓄电池处于充电状态,由发电机给蓄电池充电。

蓄电池的作用如下:

(1)在发动机起动时,给起动机提供大电流,同时向点火系统、燃油喷射系统及发动机其他用电设备供电;

(2)在发电机不发电时,由蓄电池向用电设备供电;

(3)当取下汽车钥匙时,由蓄电池向时钟、发动机及车身 ECU(Electronic Control Unit)存储器、电子音响系统及防盗报警系统等供电;

(4)当发电机超载时,蓄电池协助发电机供电;

(5)当发电机正常发电时,蓄电池可将发电机的电能转换为化学能储存起来(即充电);

(6)蓄电池相当于一个大容量电容器,在发电机转速和负载变化较大时,能够保持汽车电源电压的相对稳定。同时,还可吸收电路中产生的瞬间过电压,保护汽车电器元件不被损坏。

蓄电池的维护项目有蓄电池技术状况的检查、蓄电池的合理使用、蓄电池的充电维护等。需要准备的工具有玻璃管、密度计、温度计、高率放电计和万用表等。

一 蓄电池使用中技术状况的检查

1 电解液液面高度的检查

电解液液面应高出极板 10 ~ 15mm，液面高度可用玻璃管测量，如图 4-2 所示。目前使用的新型蓄电池都是采用塑料透明壳体，可以从蓄电池侧面观察液面高度，蓄电池容器侧面有液面高度指示线，电解液不足时应加注蒸馏水。

除非确知液面降低是由于电解液溅出所致，否则不允许加入硫酸溶液。

2 放电程度的检查

放电程度可以通过测量电解液密度得到。根据实际经验，电解液密度每下降 $0.01g/cm^3$，相当于蓄电池放电 6%，所以根据所测得的电解液密度就可以粗略估算出蓄电池的放电程度。如图 4-3 所示，电解液的密度用吸式密度计测量，注意在测量电解液密度时，一定要同时测量电解液温度，在 20℃ 时电解液的密度为 1.25 ~ $1.28g/cm^3$。通过测量每个单元格的电解液密度可以确定蓄电池是否失效。如果单格蓄电池之间的测量结果的最高值和最低值之间相差 $0.05g/cm^3$，则该蓄电池失效。

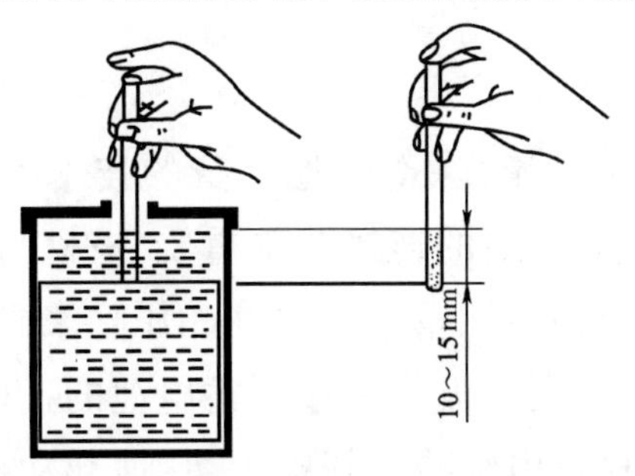

图 4-2　用玻璃管测量电解液液面高度

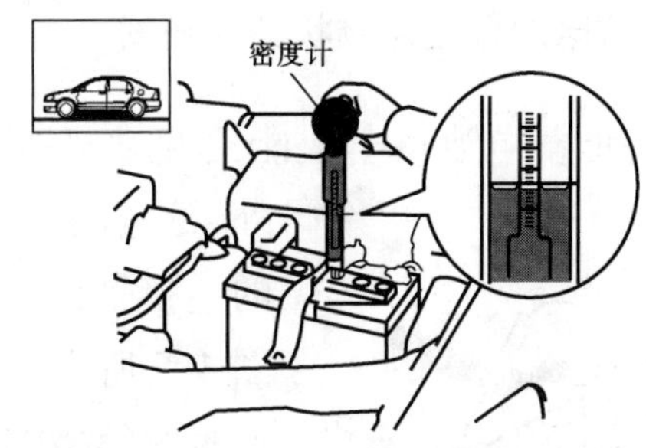

图 4-3　测量电解液的密度和温度

3 起动性能的测试

蓄电池的主要作用是给起动机提供大电流，所以蓄电池的主要性能也就是起动性能。高率放电计是模拟接入起动机负荷，测量蓄电池在大电流（接近起动机起动

电流）放电时的端电压，用以判断蓄电池的起动能力和放电程度，如图4-4所示。

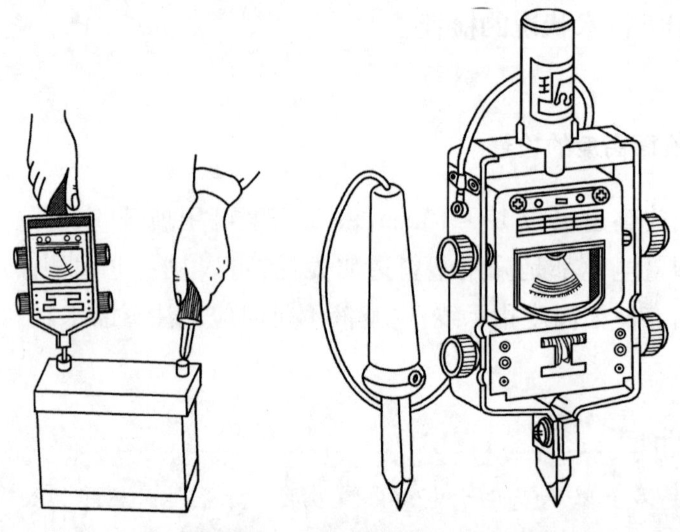

图4-4　用高率放电计测试蓄电池的起动性能

测试时，用力将高率放电计触针压紧蓄电池正、负极，保持5s，若蓄电池端电压能保持在9.6V以上，说明该蓄电池性能良好，但容量不足；若电压稳定在10.6～11.6V，说明蓄电池是充足电状态；若蓄电池端电压迅速下降，则说明蓄电池已损坏。

注意

测试时间不要超过5s，并且不要连续测试。

4 蓄电池极桩连接状态的测试

为保证蓄电池在车上能给起动机提供大电流，除蓄电池本身的技术状况良好外，蓄电池极桩与电缆线的连接非常重要，极桩与电缆线的连接是否可靠可通过测量两者之间的压降来确定。如图4-5所示，将电压表正极表笔接到蓄电池的正极桩上，负极表笔接到正极桩电缆线的线夹上，接通起动机，使起动机带动发动机工作，这时电压表的读数不得大于0.5V，否则说明极桩与线夹接触不良，将产生起动困难。当极桩与线夹接触不良时，若是极桩表面氧化，应清除氧化物；若是接触松动，应重新紧固线夹。负极桩与其电缆线的线夹的压降的测量，表笔与上述相反。

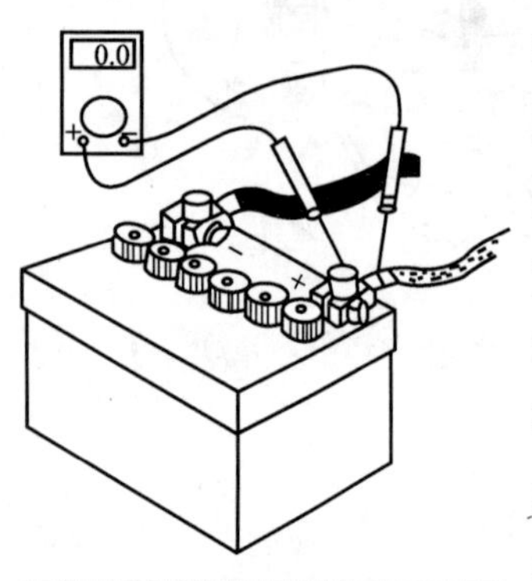

图4-5　蓄电池极桩与电缆线的线夹接触压降的测试

5 蓄电池开路电压的检查

要想获得准确的检查结果,蓄电池必须是稳定的。若蓄电池刚补充完电,至少应该等待10min,让蓄电池电压稳定,才能测量。把电压表接在蓄电池的两个极桩上,连接时认准极性。测量开路电压,读数要精确到0.1V。

考虑到蓄电池在25℃时处于较好状态的读数应为12.4V左右,若充电状态是75%或75%以上,就可以认为蓄电池"充足了电",其对应关系见表4-1。

开路电压与充电状态的关系　　表4-1

开路电压(V)	充电状态(%)	开路电压(V)	充电状态(%)
12.6或12.6以上	100	12.0~12.2	25~50
12.4~12.6	70~100	11.7~12.0	0~25
12.2~12.4	50~75	11.7或11.7以下	0

开路电压测量用来确定蓄电池的充电状态,通常在密度计不适合或不能用的情况下采用。

6 免维护型蓄电池的检查

免维护蓄电池,又称MF蓄电池,其含义为在合理的使用期限内,无须进行日常维护或较少维护的蓄电池,即在合理使用期内不需要补加蒸馏水,无须进行充电的维护作业。

免维护蓄电池的内部一般装有一只小型密度计,如图4-6所示。通过顶端的检查孔观察其颜色可以判断蓄电池的技术情况。

图4-6　通过检查孔检查蓄电池的技术状况

二 蓄电池使用中的维护

为了使蓄电池能够经常处于完好状态,延长其使用寿命,对使用中的蓄电池需进行下列维护工作。

(1)检查蓄电池在车上安装是否牢靠,起动电缆线与极桩的连接是否紧固,检查电缆线的线夹与极桩是否有氧化物,如图4-7所示,若有,则应及时清除。

(2)经常检查蓄电池盖表面是否清洁,应及时清除盖上的灰尘、电解液等脏物,保持加液孔盖上的通气孔畅通,如图4-8所示。

(3)定期检查电解液的液面高度,液面一般应高出极板10~15mm。一般情况

下，当液面较低时，应补加蒸馏水。

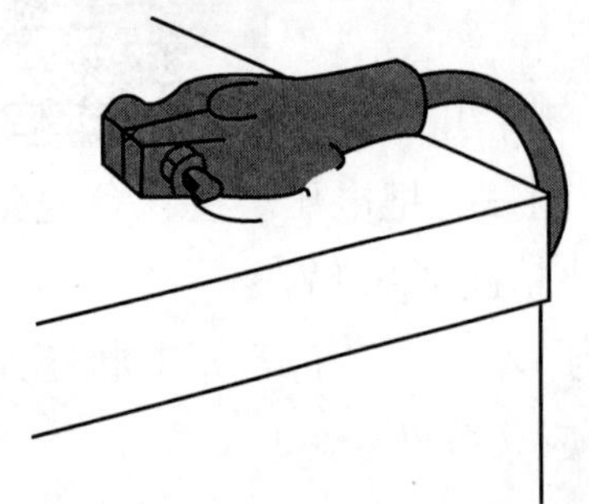

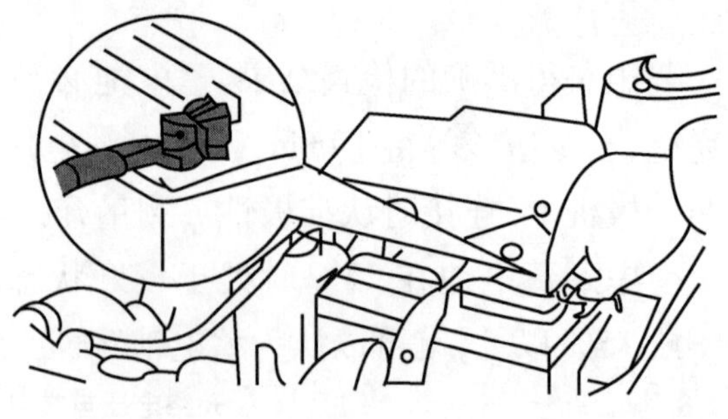

图 4-7　蓄电池极桩连接情况检查

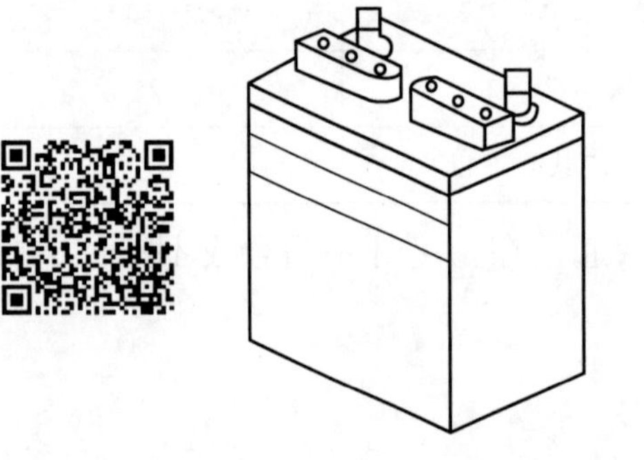

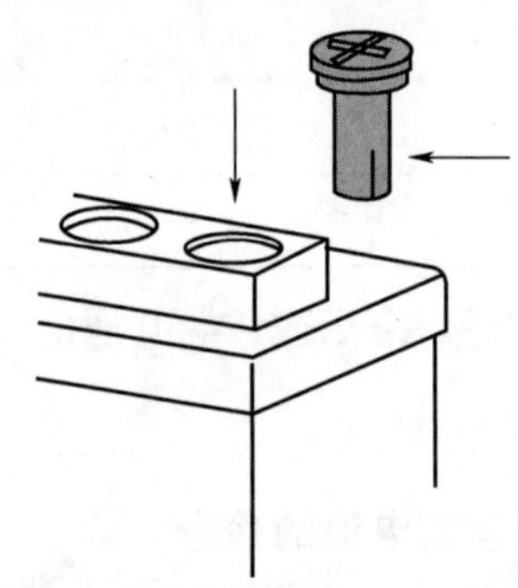

图 4-8　蓄电池表面和通气孔的检查

(4)定期对蓄电池进行补充充电，以保证蓄电池始终保持充足电的状态。

(5)经常检查蓄电池的放电程度，超过规定时立即进行补充充电。

三 蓄电池的充电

蓄电池的充电作业方法常有恒压充电、恒流充电和脉冲快速充电三种，目前比较流行的充电方法是脉冲快速充电。蓄电池的充电作业根据使用情况，分为初充电和补充充电两种工艺过程。

1 充电作业方法

(1)蓄电池与充电机连接之前，应将蓄电池极桩和表面清理干净，将液面高度调整到正常水平。

(2)正确连接充电机和蓄电池，如图 4-9 所示。

(3)将充电机上的电压调节旋钮调至最小位置。

(4)打开交流电源开关。

(5)打开充电机上的电源开关,调节电压旋钮,观察电流表读数,直到电流表读数指示出所确定的电流值为止(按照充电规范,确定充电电流大小)。

(6)通过加液孔观察蓄电池的内部情况,用万用表测量蓄电池两端的电压,当有连续气泡冒出或连续 3h 电压不变时,应立即停止充电。

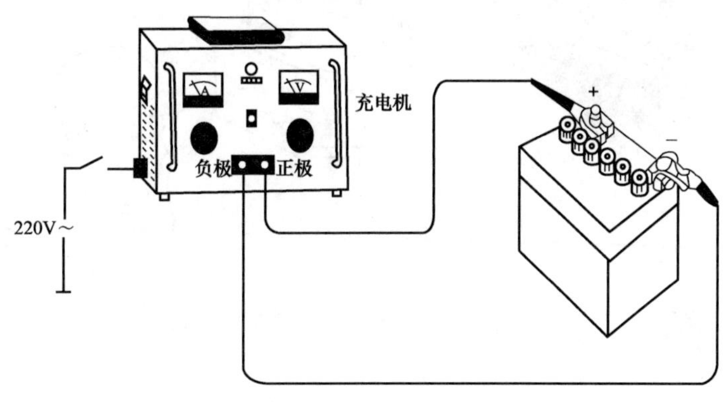

图 4-9 蓄电池与充电机连接

2 充电作业的注意事项

(1)严格遵守各种充电方法的操作规范。

(2)充电过程中,要及时检查记录各单格电池电解液密度和端电压。每 2h 检查记录一次即可,接近充电终了时,每 1h 检查记录一次。

(3)若发现个别单格电池的端电压和电解液密度上升比其他单格电池缓慢,甚至变化不明显时,应停止充电,及时查明原因。

(4)在充电过程中,必须随时测量各单格电池的温度,以免温度过高影响蓄电池的性能,当电解液温度上升到 45℃时,应立即将充电电流减半,减小充电电流后,如果电解液温度仍继续升高,应该停止充电,待温度降低到 35℃以下时,再继续充电,如图 4-10 所示。

(5)初充电作业应连续进行,不可长时间间断。

(6)充电时,应旋开出气孔盖,使产生的气体能顺利逸出,充电室要安装通风和防火设施,在充电过程中,严禁烟火,以免发生事故。

(7)就车充电时,一定要将蓄电池搭铁接线柱断开,否则充电机的高电压可能会将电控系统的电控元件损坏。

(8)如果蓄电池长时间未在行车中使用,如库存车蓄电池等,必须以小电流进行充电。

(9)对于过度放电的蓄电池(空载电压为 11.6V 或更低)进行充电时,不可以采用快速充电方法充电,这种蓄电池充电时间至少应为 24h。

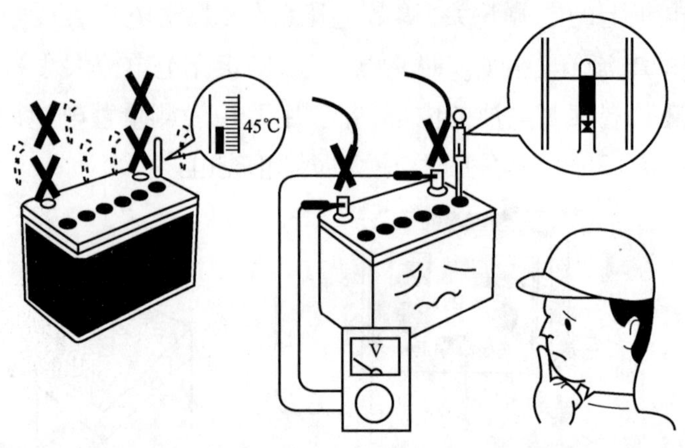

图 4-10　蓄电池温度过高时停止充电

四 蓄电池的跨接

(1)跨接线的连接方法是将一个 12V 的备用蓄电池和原车蓄电池正极与正极、负极与负极相连,如图 4-11 所示。

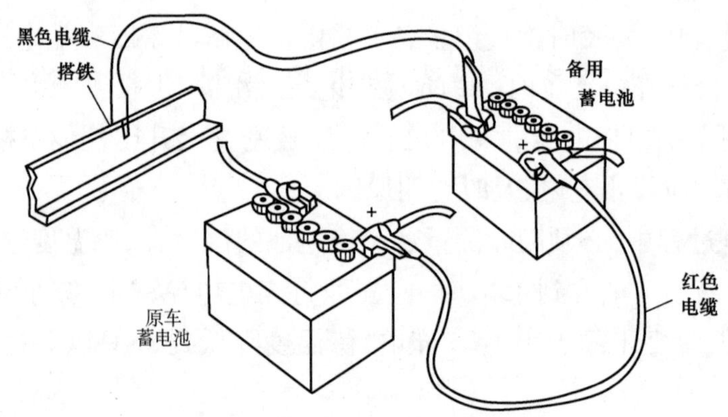

图 4-11　与备用蓄电池的连接方法

(2)用起动电源跨接起动时,跨接电压不能超过 16V,以防损坏发动机电控系统。

不能长时间采用上述方法起动。

五 蓄电池拆装时的注意事项

(1)拆装、移动蓄电池时,应轻搬轻放,严禁在地上拖拽。

(2)安装前应检查待用蓄电池型号是否和本车型相符,电解液密度和高度是否符合规定。

(3)安装时必须将蓄电池固定在托架上,如图4-12所示,塞好防振垫,以免汽车行驶时蓄电池在框架中振动。

(4)极桩上应涂上凡士林或润滑油,以防腐防锈。极桩卡子应紧固,与极桩之间要接触良好。

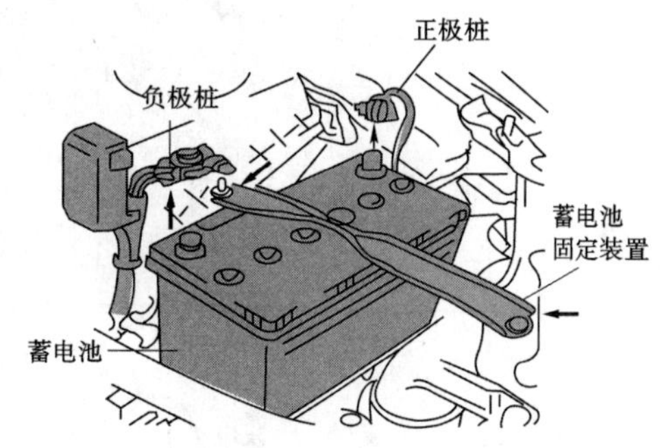

图4-12　蓄电池的固定方法

(5)蓄电池搭铁极性必须与发电机一致,不得接错。

(6)接线时先接正极后接负极,拆线时按相反顺序进行,以防金属工具搭铁,造成蓄电池短路。

第二节　交流发电机与起动机的维护

一 交流发电机的维护

交流发电机是汽车电源系统的重要组成部分,它与发电机调节器互相配合工作,其主要任务是对除起动机以外的所有用电设备供电,并向蓄电池充电。汽车发电机有交流发电机和直流发电机两种。汽车用交流发电机是随着半导体整流技术的出现而发展起来的,目前主要有硅整流交流发电机、感应式交流发电机等,其中以硅整流交流发电机在汽车上的应用最为普遍,已取代了传统的直流发电机。

汽车用交流发电机,多采用三相同步交流发电机,由6只二极管构成三相桥式全波整流器。各国生产的交流发电机都大同小异,主要由定子、转子、集电环、电刷、整流二极管、前后端盖、风扇及带轮等组成,如图4-13所示。有的还将调节器与发电机装在一起。

交流发电机的维护项目有交流发电机的基本检查、交流发电机性能检查以及交流发电机输出特性检查。需要准备的工具有传动带张力计、万用表、游标卡尺以及

示波器等。

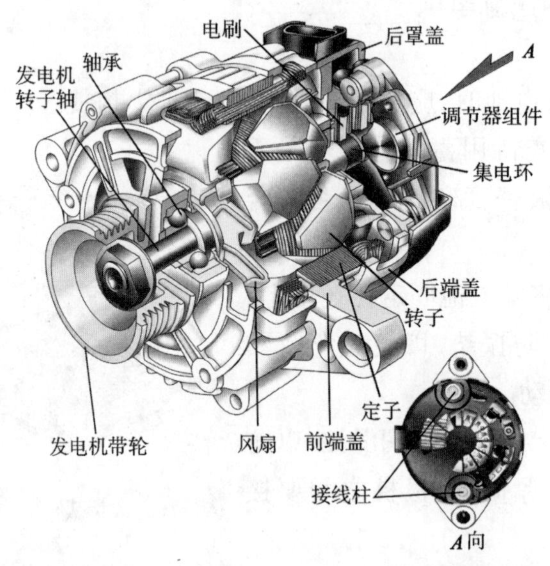

图 4-13 交流发电机的组成

1 发电机的基本检查

1 发电机传动带的检查和调整

(1)检查发电机传动带的安装情况是否正常。

(2)检查发电机充电传动带是否有撕裂、磨光、裂纹等情况,并检查传动带张紧度是否合适,如图 4-14 所示,上述情况会造成充电系统故障。

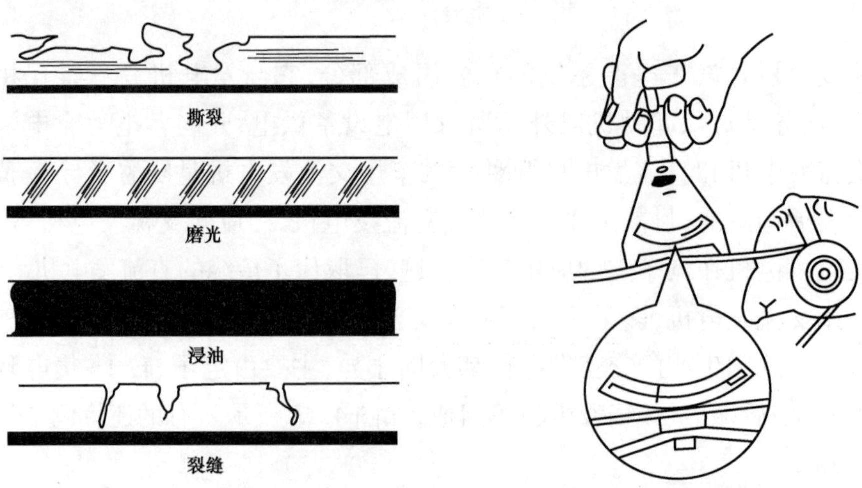

图 4-14 发电机传动带损坏形式及张紧度的检查

(3)如果张紧度不正常,则调整传动带张紧度。

❷ 发电机轴承的检查

(1)发电机轴承的轴向间隙和径向间隙应不大于0.20mm,滚珠和滚道无斑点。

(2)使发动机怠速运转,通过听诊器或螺丝刀诊断发电机轴承转动时有无异响,如图4-15所示。

(3)检查前、后端盖,带轮应该无裂纹、变形,绝缘垫应完好。

2 发电机整体性能的检查

发电机整体性能的检查主要是在不解体发电机的前提下,判断发电机二极管是否损坏。如果二极管损坏,而又不能及时更换损坏的二极管,可能会导致其他零件失效。

❶ 用数字万用表检测

(1)用数字万用表的二极管测试功能,一个表笔接触发电机壳,另一个表笔接触发电机输出端,如图4-16所示。

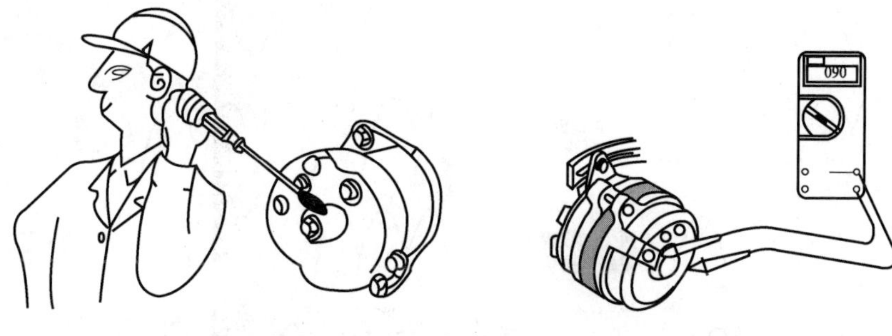

图4-15　用听诊器或螺丝刀诊断轴承异响

图4-16　用数字万用表测试发电机的二极管

(2)万用表读数在0.8V附近时,表示正常;万用表读数为0.4V时,表示单个二极管短路。

(3)对调两个表笔,再次测量,当两个二极管短路时,万用表会发出连续的蜂鸣声。

(4)为了确定是哪个二极管失效,应把发电机拆解后,再单独检查每个二极管。

❷ 用示波器检查

用示波器在负载情况下观察发电机输出的波形,也是判断二极管是否损坏的方法。用示波器检查发电机输出波形的步骤如下:

(1)将示波器连接到发电机B端子和搭铁之间,连接方法如图4-17所示。

(2)将示波器调整到发电机波形测试功能。

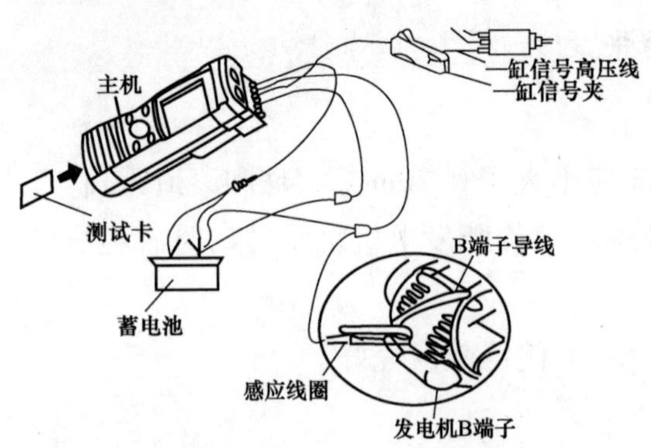

图 4-17　用示波器测量发电机波形连接方法

(3)起动发动机,记录发电机的输出波形。

(4)参照图 4-18 所示的参考波形,对比分析发电机工作性能。

3 发电机输出特性检查

1 充电系统空载电压检测

(1)将电压表并联到蓄电池电缆接头上。

(2)测量蓄电池开路电压,一般情况下蓄电池开路电压为 12.66V。

(3)把发动机转速提高到大约 1500r/min,在负载的情况下,充电系统电压应比开路电压高约 2V,根据汽车型号的不同在 13.5 ~ 15.0V 之间。

(4)分析测量结果。若低于 13.5V,表明发电机存在发电不足的问题;若高于 15.0V,表明出现了严重的过充电。

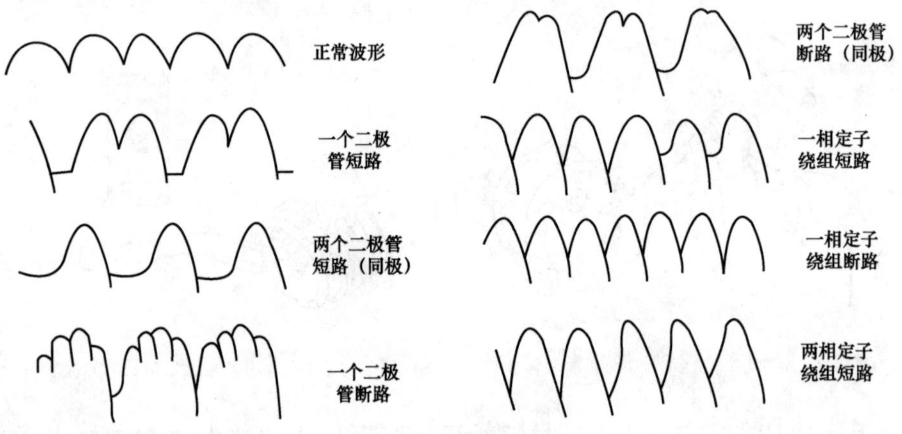

图 4-18　发电机的输出波形

2 发电机输出线路的电压降检测

如果发电机输出线路电阻过大,也会造成充电不良,所以要检查发电机 B 端子和蓄电池正极桩的配线是否正常。

(1)检查发电机的安装状态是否正常;检查发电机传动带的张紧度是否正常;检查发电机运转时有无异响等。

(2)把点火开关转到 OFF 位置,拆下蓄电池的负极电缆。

(3)从 B 端子拆下发电机的输出线,在 B 端子和已拆下的输出线之间串联一个 0 ~ 100A 的测试用直流电流表,线路连接如图 4-19 所示。

(4)如果采用钳形电流表,就可以不拆发电机输出线也能测量,这样可避免因连接不良而造成测量误差。

(5)把一个电压表接在交流发电机的B端子和蓄电池之间。

(6)装上发动机转速表,并连接蓄电池的负极电缆。

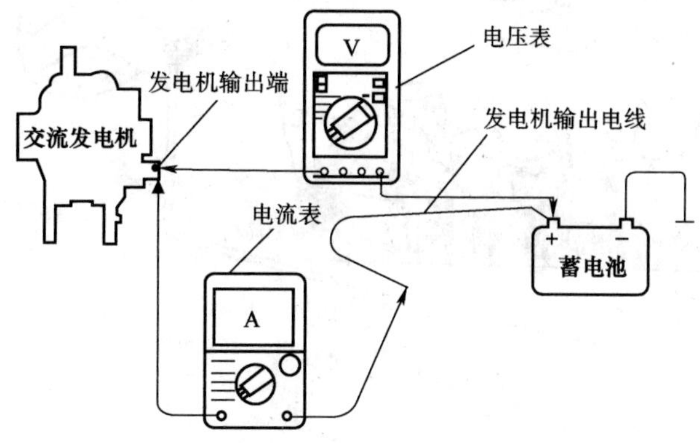

图4-19　发电机输出线路电压降检查

(7)起动发动机,当转速为2500r/min的状态下,用打开或关断前照灯和其他用电器的方法来调整发电机的负载,使电流表指针指示在比30A稍高的位置。慢慢地降低发动机转速使电流表的指示值为30A,并读取此时的电压表指示值,极限值为0.3V。

(8)观察电压表的指示,若电压值高于极限值,可以认为发电机的输出不良,应检查发电机B端子和蓄电池正极间的配线(包括熔断丝)。

(9)测试结束后,先关掉全部的用电器,再把点火开关转到OFF位置;拆下蓄电池的负极电缆;拆去测试用的电流表、电压表和发动机转速表;将发电机的输出线接到发电机B端子;最后连接蓄电池的负极电缆。

二 起动机的维护

汽车发动机是靠外力起动的,常用的起动方式有人力起动和电力起动两种。人力起动简单,但是不方便,劳动强度大,目前只在部分汽车上作为后备方式而保留。电力起动操作简便,起动迅速、可靠,重复起动能力强,所以在现代汽车上广泛采用。

起动系统由蓄电池、起动机、起动继电器、开关等组成,如图4-20所示。起动机在点火开关和起动继电器的控制下,将蓄电池的电能转化为机械能,带动发动机飞轮齿圈使曲轴转动,完成发动机的起动。

起动机(俗称“马达”)是起动系统的主要组成部分,一般由直流串励式电动机、传动机构、电磁开关三部分组成,起动机的分解图如图4-21所示。

起动机不解体检查维护项目有电磁开关的检查、起动机性能测试等项目。所需的工具和设备有万用表、蓄电池、连接导线和台虎钳等。

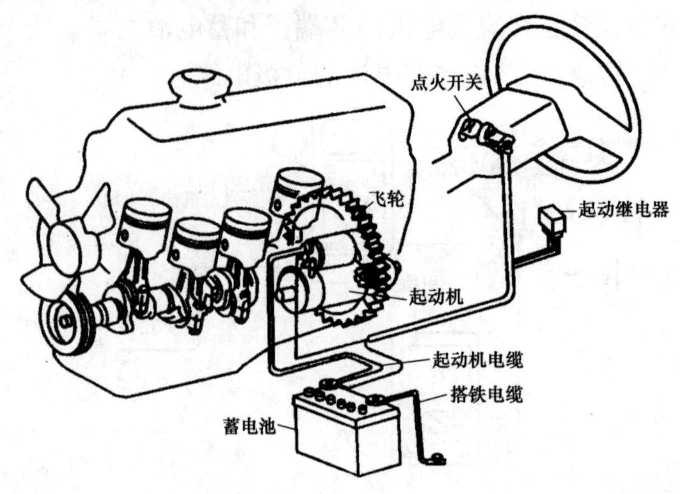

图 4-20　起动系统的组成

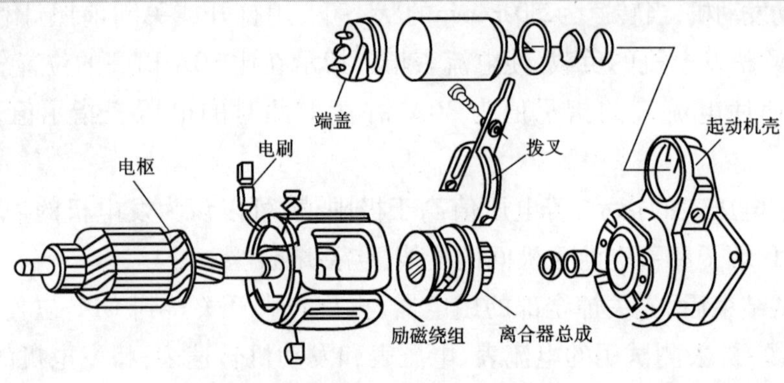

图 4-21　起动机的分解图

1 起动机电磁开关的检查

1 电磁开关线圈的检测

(1)用万用表电阻挡分别测量吸引线圈和保持线圈的电阻,吸引线圈的电阻值一般在 0.6Ω 以下,而保持线圈的电阻值一般在 1Ω 左右。

(2)如果万用表指针不摆动即表明电阻无穷大,说明线圈断路。

(3)若电阻值小于规定值,说明线圈有匝间短路、线圈断路或短路故障,需更换电磁开关。

2 起动机吸引动作的测试

(1)将起动机固定在台虎钳上。

(2)拆下起动机C端子上的电缆引线,如图4-22所示。

(3)用带夹电缆将起动机C端子、电磁开关的壳体与蓄电池的负极相连。

(4)用带夹的电缆将起动机50端子与蓄电池正极连接,驱动齿轮应向外移动;如果不移动,说明电磁开关有故障,应进行修理或更换。

❸ 起动机保持动作的测试

(1)当驱动齿轮保持在伸出位置时,拆下起动机C端子,如图4-23所示。

(2)此时驱动齿轮应保持在伸出位置不动,若驱动轮复位,说明保持线圈断路,应该进行维修。

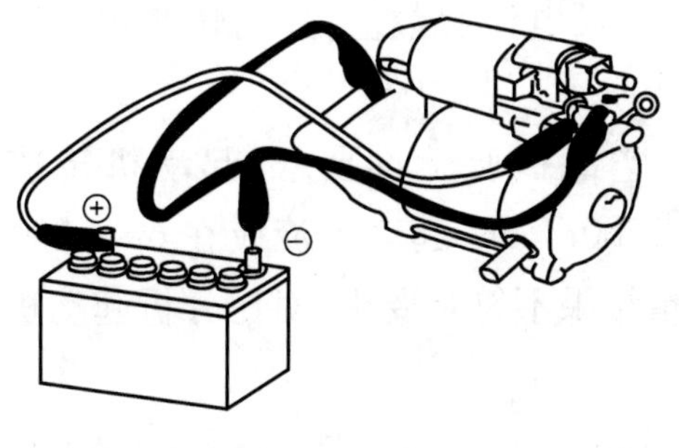

图4-22　起动机吸引动作的测试

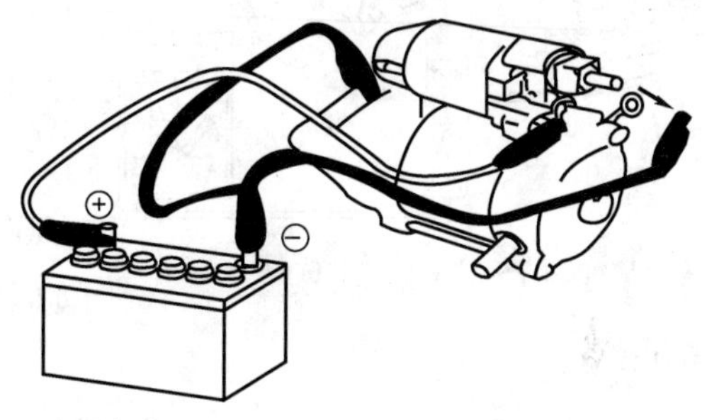

图4-23　起动机保存动作的测试

(3)在保持动作测试状态下,用游标卡尺测量小齿轮和止动环之间的间隙,如图4-24所示。

❹ 起动复位动作的测试

在保持动作的基础上,拆下起动机壳体上的电缆夹,如图4-25所示,此时驱动齿轮应该迅速复位。如果驱动齿轮不复位,说明复位弹簧失效,应该更换电磁开关总成。

图4-24　检查小齿轮间隙

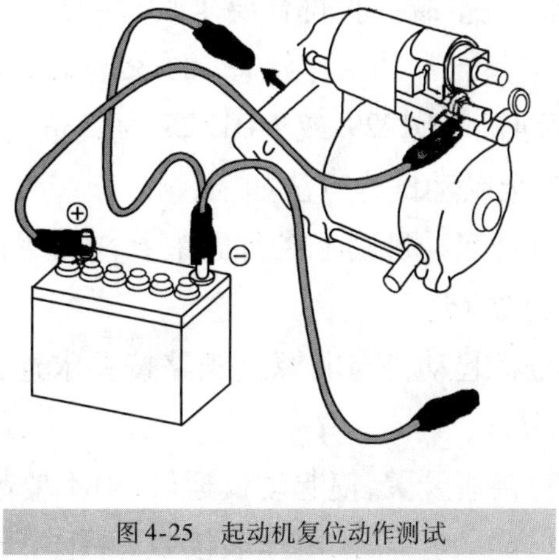

图4-25　起动机复位动作测试

2 起动机性能测试

1 起动机空载试验

(1)将起动机固定在台虎钳上,按照图4-26连接线路。

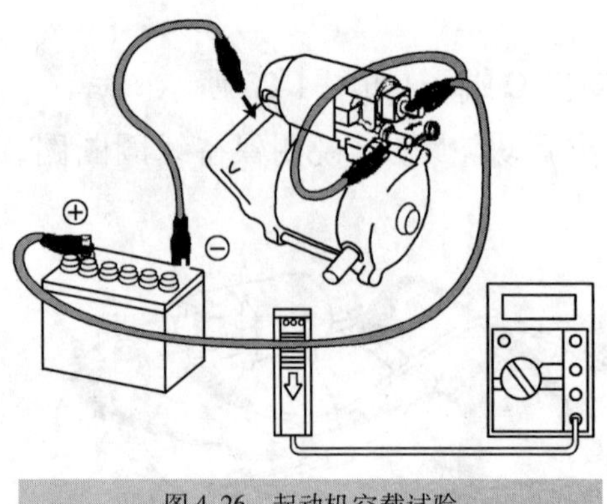

图4-26 起动机空载试验

(2)将起动机与电源的线路按要求连接,但开关断开。

(3)接通开关,使发动机均匀运转,但不要超过1min。

(4)记录电流表数值,并用转速表测量起动机的转速。

(5)空载试验标准要求:起动机转速在6000~12000r/min,起动电流应在60~100A。如果测量结果不符合要求,对比分析起动机性能,见表4-2。

分析起动机性能(空载试验) 表4-2

测量结果	结果分析
若电流大于标准值,而转速低于标准值时	说明起动机装配过紧或电枢线圈和磁场线圈内有短路或搭铁故障
若电流和转速都小于标准值	说明起动机线路中有接触不良的地方,或电刷弹簧压力不足,或换向器与电刷接触不良
若电流和转速都大于标准值	说明起动机磁场线圈有短路故障
若起动机不转且无电流	说明磁场线圈开路、电枢线圈开路、电刷弹簧或电刷折断

2 起动机全制动试验

起动机空载试验符合要求后,还要进行起动机全制动试验,以检验起动机的转矩和单向离合器的工作状态。以桑塔纳2000型汽车起动机QD1229或QD1225为例进行全制动试验,全制动试验方法如下:

(1)将起动机固定在台虎钳上,按照图4-27所示连接线路。

(2)将起动机与电源的线路按要求连接,但开关断开。

图4-27 起动机全制动试验

(3)接通开关,使起动机运转,但不要超过1min。

(4)记录电流表、电压表读数,并记录转矩。

(5)起动机全制动试验标准要求:起动机转速在200~240r/min,起动电压应保持在10.5V以上,起动电流4缸发动机应在75~150A;6缸发动机应在100~175A;小型8缸发动机应在125~200A;大型V8发动机应在150~300A。对比分析起动机的性能,常见故障现象及原因见表4-3。

分析起动机的性能(全制动试验) 表4-3

测量结果	结果分析
若电流大,转矩小	说明磁场线圈或电枢线圈短路或搭铁不良
若电流小,转矩也小	说明起动机内部接触电阻过大;若驱动齿轮锁止而电枢轴有缓慢的转动时,说明单向离合器打滑

第三节 空调系统的维护

汽车空调的功能是通过人为的方式创造一个对人体适宜的环境,即对车内的温度、湿度、气流速度进行调节,并具有净化空气的功能。除此之外,汽车空调还能除去风窗玻璃上的雾、霜、冰、雪,给驾驶人一个清晰的视野,确保行车安全,如图4-28所示。

图4-28 汽车空调在不同环境下的功用

1 调节车内温度

调节车内温度是汽车空调的基本功能。汽车空调在冬季利用其采暖装置提高车内温度，轿车和中小型汽车以发动机冷却液作为暖风的热源，而大客车采用独立式加热器作为暖风的热源。在夏季，汽车空调利用其制冷装置降低车内空气温度。

2 调节车内湿度

普通汽车空调一般不具备这种功能，只有豪华汽车采用的冷暖一体化空调器，才能对车内的湿度进行适量调节。它通过制冷装置冷却降温去除空气中的水分，再由采暖装置升温以降低空气的相对湿度。

3 调节车内的气流速度

空气的流速和方向对人体舒适性影响很大。夏季，气流速度稍大，有利于人体散热降温。但过大的风速直接吹到人体上，会使人感到不舒服，舒适的气流速度一般为0.25m/s左右。冬季，风速大了会影响人体保温，因而冬季采暖希望气流速度尽量小一些，一般为0.15～0.20m/s。

4 过滤净化车内空气

由于车内空间小，乘员密度大，车内极易出现缺氧和二氧化碳浓度过高的情况。汽车发动机废气中的一氧化碳和道路上的粉尘、花粉都容易进入车内，造成车内空气污浊，影响乘员的身体健康，因此必须要求汽车空调具有补充车外新鲜空气、过滤和净化车内空气的功能。

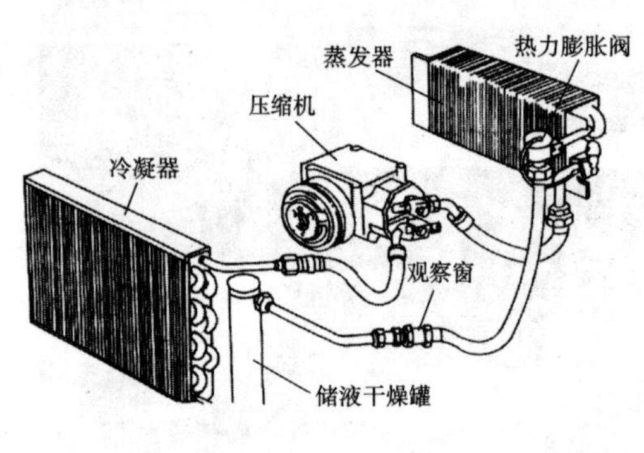

图4-29 汽车空调系统的基本组成

汽车空调系统是由压缩机、冷凝器、蒸发器、孔管或膨胀阀、储液干燥罐、高低压管路、鼓风机、控制电路等组成，如图4-29所示。

汽车空调系统的维护项目有空调功能检查、制冷系统检漏、制冷系统制冷剂的加注以及制冷系统润滑油的加注等。所需的工具和设备有真空泵、检漏仪、开瓶器、空调压力表等。

一 空调系统功能检查

空调系统的操作面板有很多按钮,图 4-30 所示为 BMW 汽车的空调操作面板,了解这些按钮的作用对于空调系统的维护有很重要的作用。

a)手动空调

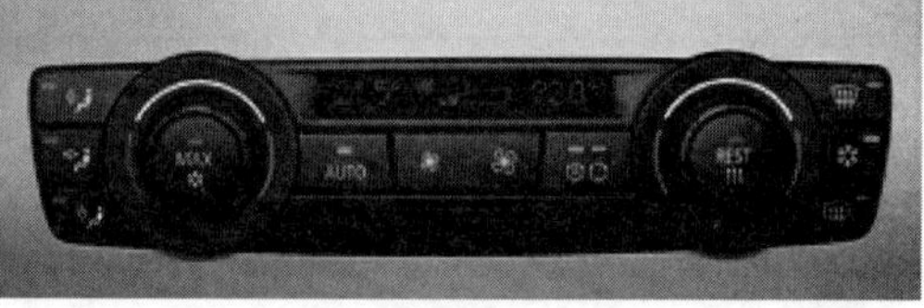

b)自动空调

图 4-30　空调系统操作面板

1 空气流选择器按钮

按下空气选择按钮,如图 4-31 所示,可选择空气流通风口。在自动操作时,除非需要其他的空气流模式,否则不需要选择空气流。

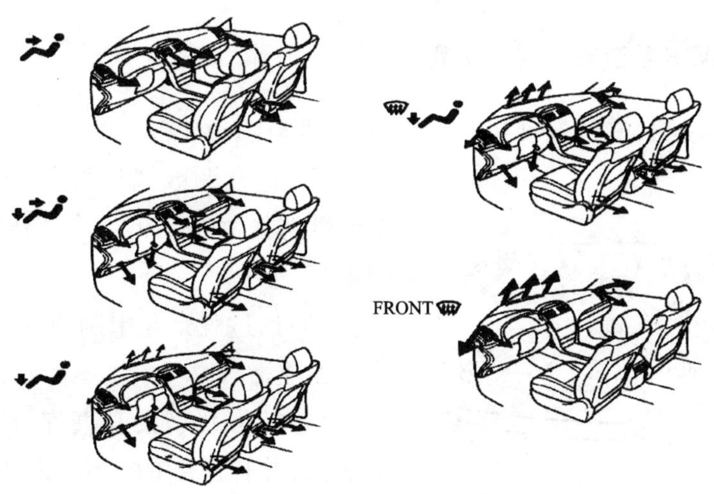

图 4-31　空气选择按钮和对应空气流通形式

2 “AUTO”按钮

要使空调系统自动操作,按下“AUTO”按钮。指示灯点亮表示已经选择了自动操作模式。在自动操作模式下,空调系统将根据温度来选择最合适的风扇转速、空气流、进气和开关空调。

进气模式为新鲜时按下“AUTO”按钮,车内空气循环处于最大冷却情况。如果要自己设定,可以选择手动控制。

3 “A/C”按钮

需要打开空调时,可以按下“A/C”按钮,“A/C”按钮指示灯点亮。如果需要关闭空调系统时,要再次按下此按钮,指示灯熄灭。

如果“A/C”按钮指示灯在闪烁,则表明空调系统内部有故障,空调系统会自动关闭。如果发生这种情况,需要将汽车送至维修厂进行维修。

4 “MAX”按钮

用于左、右侧温度设置的旋转调节器及按钮。

二 检查制冷剂加注量

检查制冷剂加注量有两种方法:一是利用观察孔检查;二是利用歧管压力表检查。

1 利用观察孔检查制冷剂加注量

(1)起动发动机,并使发动机转速保持在1500r/min。

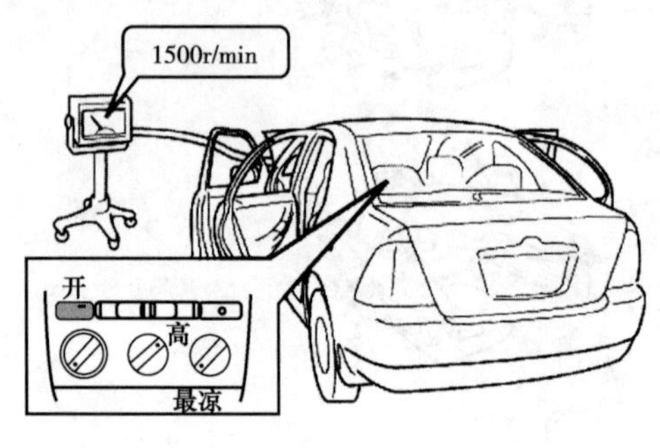

图4-32 利用观察孔检查制冷剂加注量的条件

(2)将空调鼓风机控制开关位于“高”位温度选择为“最凉”,并打开所有车门,如图4-32所示。

(3)通过观察孔中制冷剂的流量检查制冷剂加注量。

(4)如果几乎没有气泡,说明制冷剂量正常;如果有连续的气泡,说明制冷剂量不足;如果看不到气泡,说明制冷剂储液罐是空的或制冷剂加注过量。

2 利用歧管压力表检查制冷剂加注量

(1)完全关闭歧管压力表的低压侧和高压侧的阀门。

(2)用手把加注管的一端和歧管压力表相连,另一端和车辆的维修阀门相连。规定是:蓝色软管接低压侧;红色软管接高压侧,如图4-33所示。

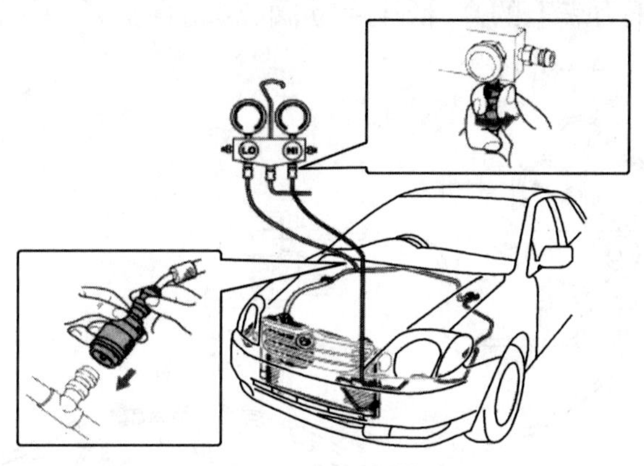

图 4-33　歧管压力表的连接方法

连接软管时不要接反；不要使用任何工具紧固软管；如果加注软管的连接密封件损坏需要更换。

(3)起动发动机，打开空调开关，在空调运行时检查歧管压力表所显示的压力。

(4)规定压力的标准读数是：低压侧为 0.15 ~ 0.25MPa；高压侧为 1.37 ~ 1.57MPa。

(5)如果压力测量值不符合标准，则进行相应的诊断维修。

三 制冷系统抽真空

抽真空是为了排除制冷系统内的空气和水汽，是空调维修中一项极为重要的程序。因为对制冷系统进行维修或更换元件时，空气会进入系统，且空气中含有一定量的水蒸气(湿空气)。

抽真空并不能直接把水分抽出制冷系统，而是产生真空后降低了水的沸点，水汽化成蒸汽后被抽出制冷系统。因此，系统抽真空时，时间越长，系统内残余的水分就越少。为最大限度地将系统内的空气及湿气抽出，必须采用重复抽真空法，即第一次抽真空完毕后，连续抽 30min 以上。图 4-34 为抽真空管路连接方法，具体操作过程如下：

(1)将歧管压力表上的两根高、低压软管分别与空调维修孔上的高、低压接口相连；将歧管压力表上的中间软管与真空泵相连。

(2)打开歧管压力表上的高、低压手动阀,起动真空泵,并观察两个压力表,将系统抽真空至98.70~99.99kPa。

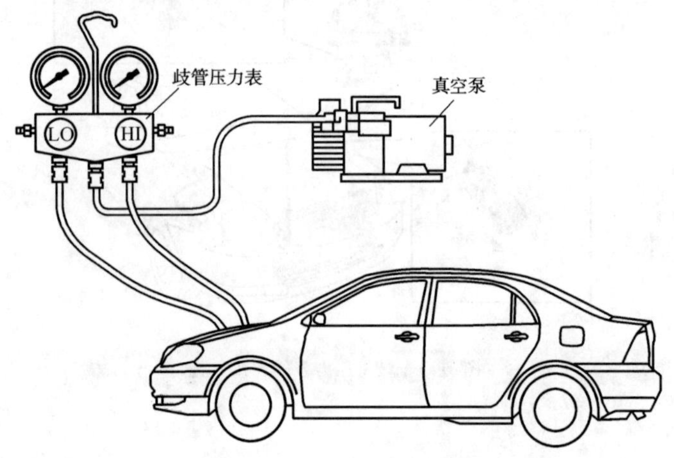

图4-34　抽真空管路连接方法

(3)关闭歧管压力表上的高、低压手动阀,观察压力表指示压力是否回升。若回升,则表示系统泄漏,此时应进行检漏和修补。若压力表针保持不动,则打开高、低压手动阀,起动真空泵继续抽真空15~30min,使其真空压力表指针稳定。

(4)关闭歧管压力表上的高、低压手动阀。

(5)关闭真空泵。先关闭高、低压手动阀,然后关闭真空泵,以防止空气进入制冷系统。

(6)检查歧管压力表两侧的读数应该没有变化,如果压力增加,则有空气进入空调系统,应该检查O形圈和空调系统管路的连接情况。

四 制冷剂的加注

当制冷系统抽真空达到要求,且经检漏确定制冷系统不存在泄漏部位后,即可向制冷系统加注制冷剂。加注前,先确定注入制冷剂的数量。加注量过多或过少,都会影响空调制冷效果。压缩机的铭牌上一般都标有所用的制冷剂的种类及其加注量。

加注制冷剂的方法有两种,一种是从压缩机排气阀(高压阀)的旁通孔(多用通道)加注,称为高压端加注,加入的是制冷剂液体。其特点是安全、快速,适用于制冷系统的第一次加注,即经检漏、抽真空后的系统加注。但用该方法时必须注意,加注时不可开启压缩机(发动机停转)且制冷剂罐要求倒立;另一种是从压缩机吸气阀(低压阀)加注,称为低压端加注,充入的是制冷剂气体,其特点是加注速度慢,可在

系统补充制冷剂的情况下使用。

1 高压端加注制冷剂

(1)当系统抽真空后,关闭歧管压力表上的高、低压手动阀。

(2)将中间软管一端与制冷剂罐注入阀的接头连接,如图4-35所示。

(3)旋转制冷剂罐开口器,打开制冷剂罐开启阀,如图4-36所示,再拧开歧管压力表软管一端的螺母,让气体溢出几分钟,然后拧紧螺母。

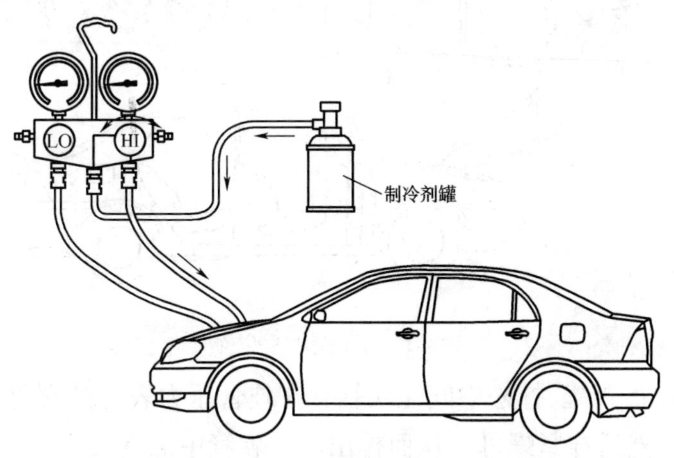

图4-35　高压侧加注液态制冷剂

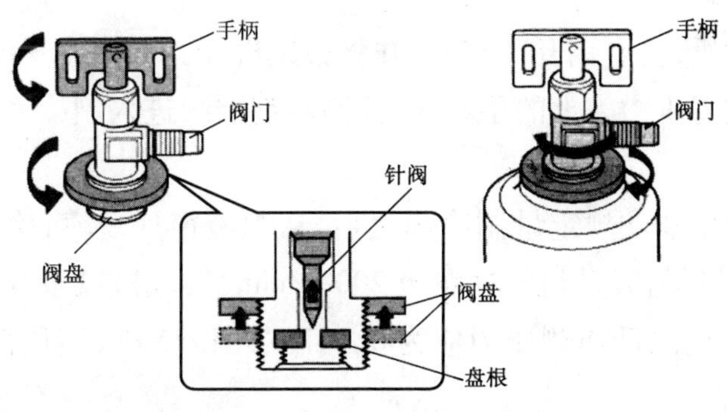

图4-36　制冷剂罐开口器的使用方法

(4)拧开高压侧手动阀至全开位置,将制冷剂罐倒立。

(5)从高压侧注入规定量的液态制冷剂。关闭制冷剂罐注入阀及歧管压力表上的高压手动阀,然后将仪表卸下。

(6)从高压侧向系统加注制冷剂时,发动机处于不起动状态,不要拧开歧管压力表上的低压手动阀,以防产生液压冲击。

2 低压端加注制冷剂

通过歧管压力表上的低压手动阀,可以向制冷系统的低压侧加注气态制冷剂。

(1)连接歧管压力表与车辆的低压维修阀和制冷剂罐,如图4-37所示。

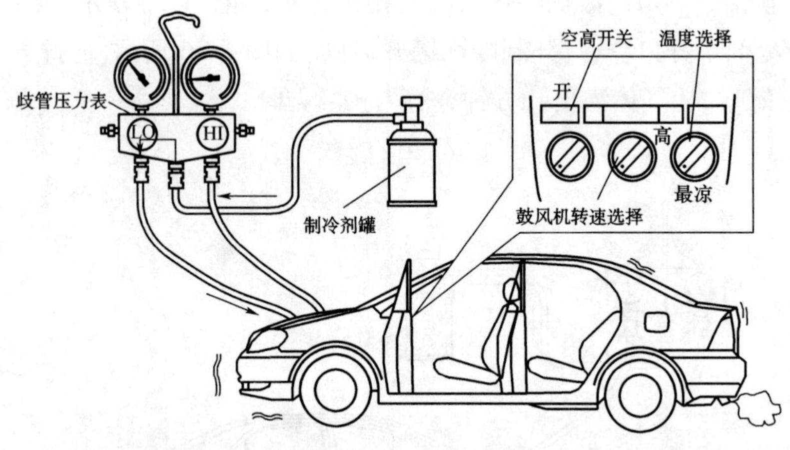

图4-37 低压侧加注气态制冷剂

(2)打开制冷剂罐,拧松中间注入软管在歧管压力表上的螺母,直到听见有制冷剂蒸气流动声,然后拧紧螺母。从而排出注入软管中的空气。

(3)打开低压手动阀,让制冷剂进入制冷系统。当系统的压力值达到0.4MPa时,关闭低压手动阀。

(4)起动发动机,将空调开关接通,并将鼓风机开关和温控开关都调至最大。

(5)再打开歧管压力表上的手动阀,让制冷剂继续进入制冷系统,直至加注量达到规定值。

(6)在向系统中加注规定量制冷剂之后,从视液窗处观察,确认系统内无气泡、无过量制冷剂。随后将发动机转速调至2000r/min,鼓风机风量开到最高挡,若气温为30~35℃,则系统内低压侧压力应为0.147~0.192MPa,高压侧压力应为1.37~1.67MPa。

(7)加注完毕后,关闭歧管压力表上的低压手动阀,关闭装在制冷剂罐上的注入阀,使发动机停止运转,将歧管压力表从压缩机上卸下,卸下时动作要迅速,以免过多制冷剂泄出。

五 制冷系统润滑油的加注

通常汽车空调制冷系统的冷冻润滑油消耗很少,可每两年更换一次,每次应按

规定数量加注(一般压缩机的铭牌上标注有润滑油的型号和数量)。加注时一定要使用同一牌号的冷冻润滑油,不同牌号的冷冻润滑油混用会生成沉淀物。

汽车空调压缩机是高速运转装置,其工作是否正常,取决于润滑是否充分,但过多的润滑油也会影响制冷效果。当更换压缩机和制冷系统部件时,需检查压缩机内的油量,表4-4为更换空调系统部件时冷冻润滑油的补充量。

更换系统部件时冷冻润滑油的补充量　　表4-4

部件名称	需补加润滑油量(mL)	
压缩机	在换下旧压缩机倒出油量的基础上增加30	
蒸发器	40~60	
储液干燥罐	10~30	
冷凝器	无渗油痕迹	10~30
	有渗油痕迹	40~60
软管	无渗油痕迹	可以不补充
	有渗油痕迹	60
更换系统全部管件		120~150

维修汽车空调制冷系统时通常不需加注冷冻润滑油,但在更换制冷系统部件以及发现系统严重泄漏时,必须加注冷冻润滑油,加注方法有两种:

1 利用压缩机本身抽吸作用

将冷冻润滑油从低压阀处吸入,此时发动机一定要保持低速运转。

2 利用抽真空加注冷冻润滑油

(1)对制冷系统抽真空。

(2)选用一个有刻度的量筒,盛入比要加注的冷冻润滑油还要多的冷冻润滑油。

(3)将连接在压缩机上的低压软管从歧管压力表上拧下来,并将其插入盛有冷冻润滑油的量筒内。

(4)起动真空泵,打开歧管压力表上的高压手动阀,加注的润滑油就从压缩机的低压侧进入压缩机中。当冷冻润滑油量达到规定量时,停止真空泵的抽吸,并关闭高压手动阀。

(5)按抽真空法加注冷冻润滑油后,还应继续对制冷系统抽真空、加注制冷剂。

六 泄漏部位的检查

制冷剂检漏仪的特点是用闪烁和蜂鸣音提示检查部位存在泄漏,越靠近泄漏区

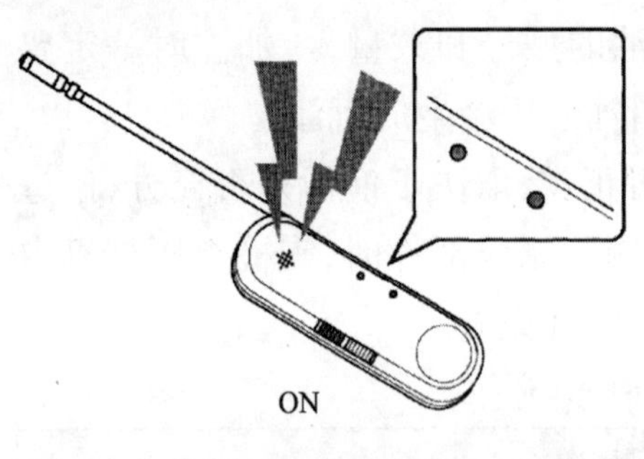

图 4-38 制冷剂检漏仪

域，闪烁和蜂鸣的间隔越短，提高制冷剂检漏仪的灵敏度能够检测轻微的泄漏。

利用制冷剂检漏仪，如图 4-38 所示，检查泄漏部位的方法如下：

(1)发动机停止运转。

(2)将制冷剂检漏仪置于管道较低一侧，并随着管道周围移动实施检查，要有轻微的振动管道会有较好的效果，如图 4-39 所示。

七 空调维修的要求和规范

空调系统的维护是十分重要的工作，有许多注意事项，如图 4-40 所示。

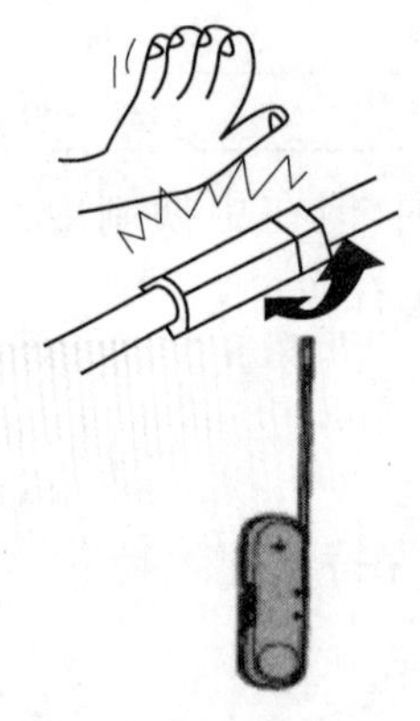
图 4-39 制冷剂检漏仪的使用方法

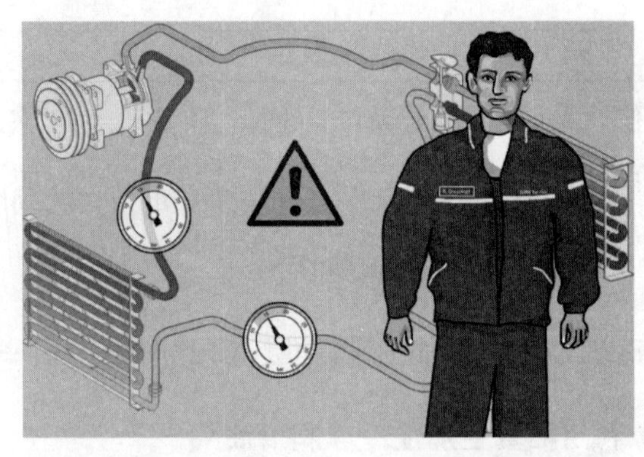
图 4-40 空调系统维护注意事项

(1)空调器维护期间必须保证有足够的新鲜空气输入或保持清洁的室内空气，防止窒息。

(2)对空调器进行维护工作时需要戴好防护眼镜，防止冻伤。

(3)空调器维修期间不允许吸烟，不允许焊接，当温度大于 50℃时制冷剂会分解出有毒的气体。

(4)在打开制冷剂循环回路之前总要抽出制冷剂。

(5)维修时车辆内剩余的空调器部件必须用密封塞进行密封，因为空调器最大的敌人就是潮湿。

(6)向回路重新加注制冷剂之前，先抽真空约 30min。

(7)已加注制冷剂的空调器不能进行焊接作业(加热会导致过压，制冷剂分解)。

(8)制冷剂和冷冻润滑油必须干净和干燥(容器必须密封)。从回路中抽出制冷

剂后，同时更新抽出的冷冻润滑油。

第四节　照明、仪表和报警灯系统的维护

为了保证行驶安全，现代汽车上都装备了多种照明与信号设备，不同汽车的照明与信号系统是不完全相同的，除了美观、实用外，还必须满足两个要求：一是保证运行安全，二是符合交通法规。汽车照明与信号系统的基本组成如下。

(1)前照灯又称大灯，其任务是夜间运行时照明道路，功率为40～60W。

(2)示宽灯又称小灯，其任务是汽车夜间行车或停车时，标示其轮廓存在，前示宽灯为白色，后示宽灯为红色，功率为5～10W。

(3)牌照灯安装在汽车尾部的牌照上方，灯光为白色，其作用是夜间照亮汽车牌照，功率为5～15W。

(4)仪表灯安装在汽车仪表板上，用于夜间照亮仪表，灯光为白色，功率为2～8W。

(5)顶灯安装在驾驶室的顶部，其作用是驾驶室内部照明，灯光为白色，功率为5～8W。

(6)雾灯的作用是在雨、雾天气时提供照明，灯光为黄色，因为黄色有良好的透雾性，功率为35～55W。

(7)转向信号灯的作用是提示汽车的运行方向，左右转向灯同时闪亮时，表示有紧急情况，灯光为黄色，功率为20W以上。

(8)制动灯又称刹车灯，安装于汽车后面，其作用是在汽车制动停车或制动减速行驶时，向后车发出灯光信号，防止追尾，灯光为红色，功率为20W以上。

(9)倒车灯的作用有两个，一是向其他的车辆和行人发出倒车信号，二是夜间倒车照明，灯光为白色，功率为20W。

(10)指示灯指示某一系统是否处于工作状态，灯光为红色，功率为5W。如远近光指示灯、转向指示灯、雾灯工作指示灯、空调工作指示灯、驻车制动指示灯、收放机工作指示灯、自动变速器挡位指示灯等。

(11)报警灯安装在仪表板上，其作用是用来监测汽车各系统的技术状况，当某一系统出现异常情况时，对应的报警灯亮，提醒驾驶人该系统出现故障，灯光为红色、绿色或黄色，功率为2W，如发动机故障报警灯、机油压力报警灯、冷却液温度报警灯等。

此外还有工作灯、门灯、踏步灯、行李舱灯、阅读灯、电喇叭、蜂鸣器等。

仪表用来指示汽车运行以及发动机运转的状况，以便驾驶人随时了解各系统的

情况，保证汽车安全而可靠地行驶。汽车上常见的仪表有冷却液温度表、燃油表、里程表等。

报警灯是当汽车或发动机的某一系统处于不良或特殊状态时，突然发亮，以提醒注意，以便采取适当措施，保证行车安全。在汽车仪表板上安装了许多报警灯，由于其在正常情况下不工作，不需经常确认，对目视性要求低，所以现代汽车广泛采用。

一 灯光的检查维护

1 灯光工作性能的检查

（1）检查前灯总成安装是否牢固。

（2）检查灯光总成表面是否有裂纹和损坏；是否有油污和异物。

（3）打开点火开关，打开灯光开关，检查示宽灯、前照灯，尾灯、牌照灯是否工作正常，如图4-41所示。

图4-41 检查前部和后部灯光

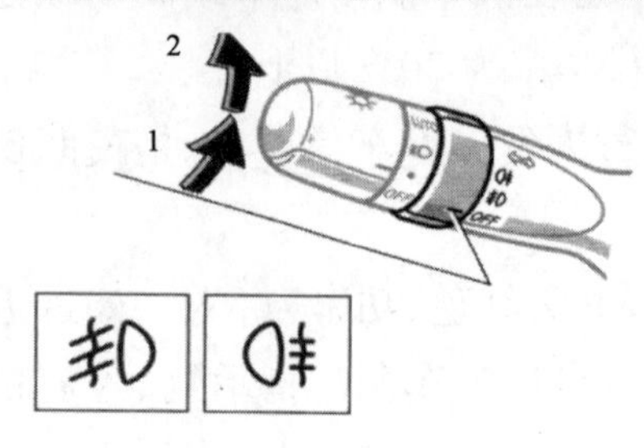

图4-42 检查雾灯和指示灯

（4）打开前、后雾灯开关，如图4-42所示，在位置1时前雾灯点亮，仪表板上前雾灯指示灯也处于打开状态；在位置2时前、后雾灯同时点亮，指示灯也同时处于打开状态。

（5）检查前、后雾灯是否工作正常。

（6）检查前、后雾灯指示灯是否点亮。

（7）打开转向信号灯开关，如图4-43所示，检查转向信号灯是否点亮；检查转向信号灯指示灯是否点亮。

（8）如果仪表板上的转向信号指示灯（绿灯）的闪烁频率比平时快，则表示前面或后面的转向信号灯灯泡已坏。

（9）踩住制动踏板。

（10）将变速杆置于R的位置，检查倒车灯是否点亮，如图4-44所示。

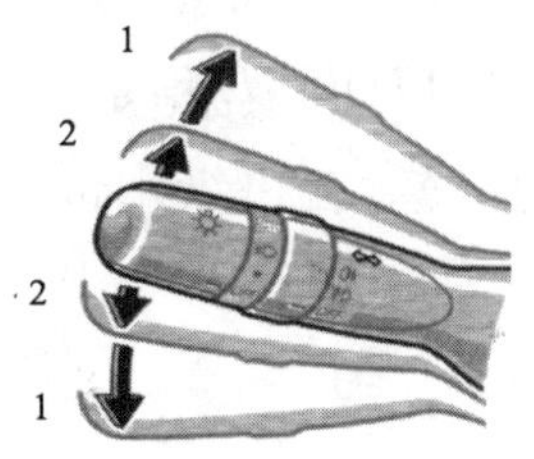

图4-43　检查转向信号灯和指示灯

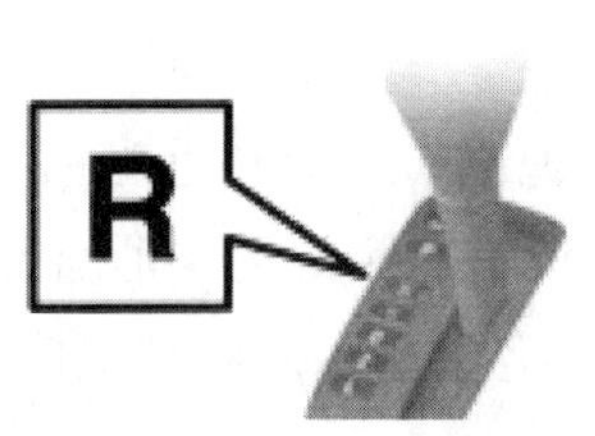

图4-44　检查倒车灯

(11)按下报警灯开关,检查报警灯和指示灯是否点亮,如图4-45所示。

图4-45　检查报警灯和指示灯

2 前照灯的照射角度检查和调整

1 准备工作

(1)确保前照灯周围的车身部分没有损坏或变形。

(2)给油箱加满油,确保润滑油加到规定的油量,确保冷却液加到规定的液位。

(3)给轮胎充气到合适的气压,将备胎、随车工具和千斤顶放到初始位置,清空行李舱。

(4)驾驶人座椅乘坐一位体重75kg、身高170cm左右的人。

(5)将车辆停在很黑暗的地方,以便于看清灯光明暗分界线。分界线是一条很明显的线,在它下面能看到前照灯的光,在它上面无法看到前照灯的光。

(6)确保车辆中线和墙呈 90°角;车辆和墙间距离为 3m。

(7)将车辆停放在水平地面上;使车辆上下跳震几次以使底盘稳定。

(8)准备一张厚白纸(约 2m(高)×4m(宽))作为屏幕;在白纸中部画一条垂直线(V 线),如图 4-46 所示,设置屏幕。

注意

要把屏幕垂直立在地上,并将屏幕上的 V 线与车辆中线对齐。

(9)如图 4-47 所示,在屏幕上画出基线(H 线、左 V 线、右 V 线)。H 线(前照灯高度):画一条横穿屏幕的水平线,使它经过中心标记。H 线应和近光前照灯的灯泡中心标记在同一高度。左 V 线、右 V 线(左前照灯和右前照灯的中心标记位置):画两条竖线,使它们在每一中心标记(和近光前照灯灯泡中心标记对齐)和 H 线相交。

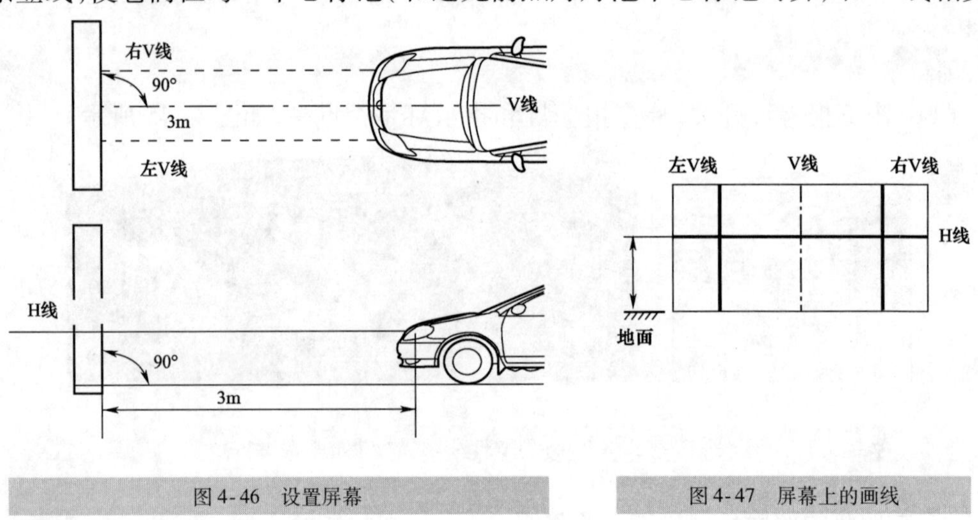

图 4-46 设置屏幕

图 4-47 屏幕上的画线

2 前照灯对光检查

(1)盖住另一侧的前照灯或断开接头,以防止没有检查的前照灯灯光影响前照灯对光检查。注意:不要盖住前照灯超过 3min,前照灯镜片由合成树脂制成,容易由于过热出现熔化或损坏。

注意

检查远光灯对光时,盖住近光灯或断开接头。

(2)起动发动机。发动机转速要达到 1500r/min 或以上。如图 4-48 所示,打开前照灯并确保分界线在指定区域内。

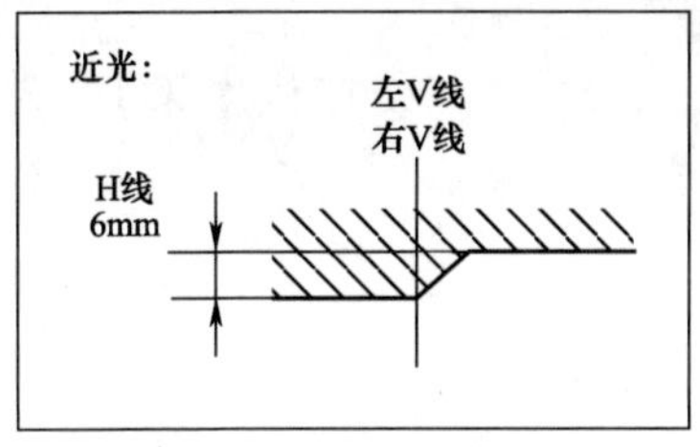

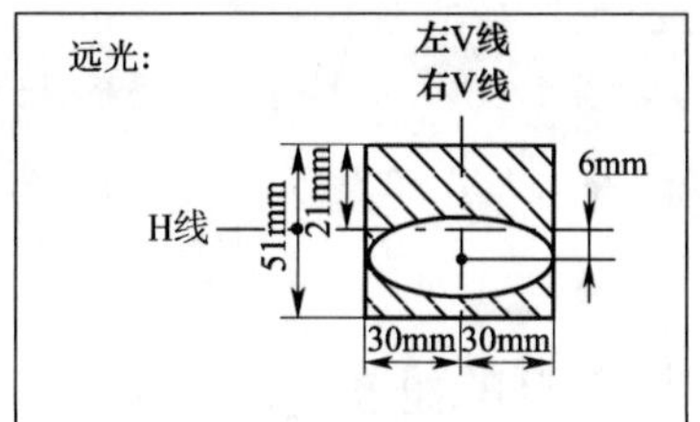

图 4-48　前照灯在屏幕上的区域

(3)由于近光灯和远光灯为一套装置,所以,如果一个灯对准了,则另一个灯也应对准。但是,为了确保都准确,两个灯都要检查。

3 前照灯对光调整

(1)垂直调整对光:用螺丝刀转动对光螺钉 A,如图 4-49 所示,调整前照灯对光到规定范围。

最后对光时,对光螺钉应顺时针转动。如果螺钉已拧得太紧,则先将其松开,再重新拧,以保证最后对光时,螺钉可顺时针转动。进行近光对光调整,顺时针转动对光螺钉时,前照灯对光向上移,逆时针转动对光螺钉时前照灯对光向下移。

(2)水平调整对光:用螺丝刀转动对光螺钉 B,如图 4-50 所示,调整前照灯对光到规定范围。

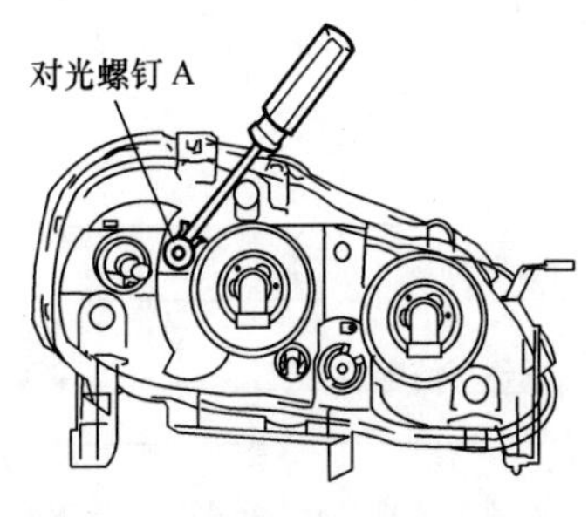

图 4-49　垂直调整灯光图

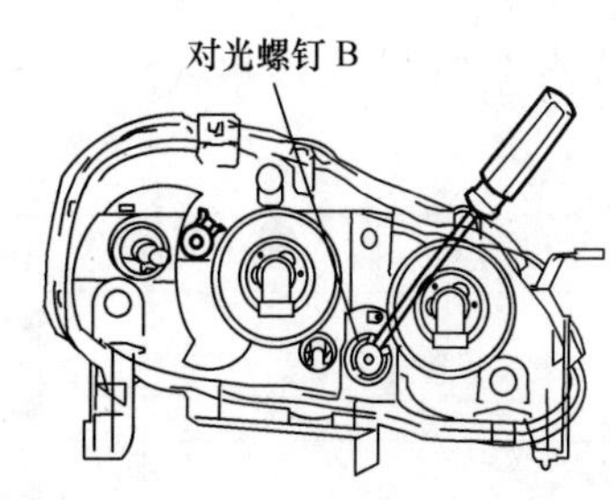

图 4-50　水平调整灯光

最后对光时，对光螺钉应顺时针转动。如果螺钉已拧得太紧，则先将其松开，再重新拧，以保证最后对光时，螺钉可顺时针转动。

二 仪表和报警灯的维护

汽车仪表按其工作原理分为机电模拟式仪表和电子式仪表。机电模拟式仪表在汽车上的应用最为广泛，如图 4-51 所示，但随着汽车电子技术的不断发展，近年来电子式仪表，如图 4-52 所示，在汽车上特别是高档轿车上的应用越来越多。

图 4-51　桑塔纳 2000 型模拟式仪表

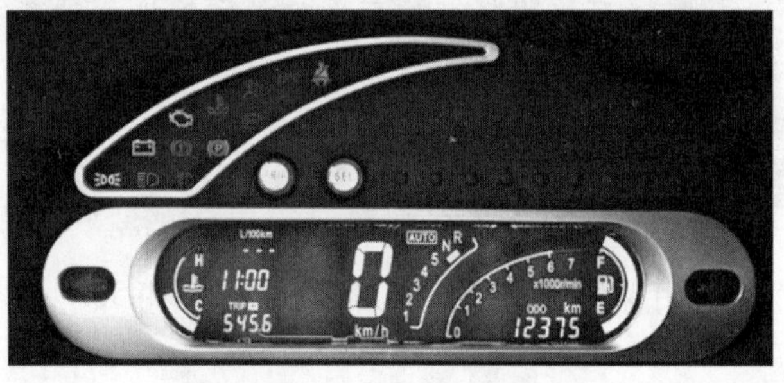

图 4-52　凯旋汽车数字式仪表

现代汽车常见仪表报警灯见表 4-5。

汽车常见报警灯图形符号及作用　　表 4-5

序号	名　称	图形	颜色	作　用
1	车门未关报警灯		红	车辆车门未关时，灯亮
2	机油压力报警灯		红	发动机机油压力在 0.03MPa 以下时，灯亮
3	充电指示灯		红	蓄电池不充电时，灯亮

续上表

序号	名　称	图形	颜色	作　用
4	驻车制动指示灯		红	驻车制动器失效时,灯亮
5	制动失效指示灯		红	制动失效或制动液液面低于最低值时,灯亮
6	右转向指示灯		绿	打开右转向灯时,灯亮
7	左转向指示灯		绿	打开左转向灯时,灯亮
8	近光指示灯		绿	使用近光时,灯亮
9	远光指示灯		蓝	使用远光时,灯亮
10	后雾灯		黄	使用后雾灯时,灯亮
11	前雾灯		绿	使用前雾灯时,灯亮
12	安全气囊报警灯	AIR BAG	黄	安全气囊故障时,灯亮
13	冷却液温度报警灯		红	冷却液温度过高时,灯亮
14	防盗起动指示灯		黄	防盗系统起动时,灯亮
15	ABS 报警灯		黄	ABS 故障时,灯亮
16	最低燃油液面报警灯		红	燃油液面低于规定值时,灯亮
17	强制停车报警灯	STOP	红	车辆需要强制停车时,灯亮

检查仪表报警灯的方法如下:

(1)打开点火开关,但不起动发动机;

(2)检查仪表上机油压力报警灯、充电指示灯、安全带报警灯、发动机故障指示灯、安全气囊指示灯是否点亮;

(3)起动发动机检查机油压力报警灯、充电指示灯、发动机故障指示灯、安全气囊指示灯是否在5s内熄灭,如果没有熄灭,进行下一步检查;

(4)拉起驻车制动器,检查驻车制动指示灯是否点亮;

(5)操作安全带,检查安全带指示灯是否点亮和熄灭;

(6)打开车门,检查车门未关报警灯是否点亮;关闭车门,检查车门未关报警灯是否熄灭;

(7)打开行李舱,检查行李舱指示灯是否点亮;

(8)预热发动机,检查发动机冷却液温度表是否指示正常;

(9)踏下发动机加速踏板,检查发动机转速表是否正常。

第五节　其他电气设备的维护

一 风窗玻璃刮水器/玻璃清洗器的维护

刮水器的作用是用来清除风窗玻璃上的雨水、雪或尘土,以确保驾驶人有良好的视野。有前风窗玻璃刮水器和后风窗玻璃刮水器。因驱动装置的不同,刮水器有真空式、气动式和电动式三种。目前汽车上广泛使用的是电动刮水器。电动刮水器由直流电动机和一套传动机构组成,如图4-53所示。电动机旋转经减速和连动机构的作用变成刮水臂的摆动。

1 风窗玻璃刮水器/玻璃清洗器功能检查

(1)将风窗玻璃刮水器/玻璃清洗器操纵杆移到所需的设定位置,检查其相应的功能是否正常,如图4-54所示。

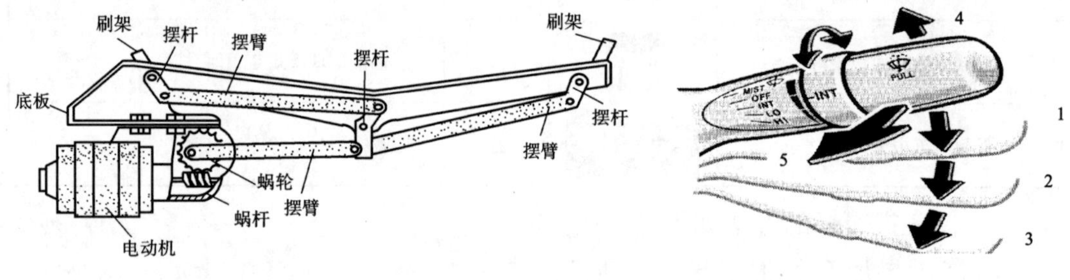

图4-53　电动刮水器

图4-54　检查刮水器的功能

(2)刮水器操纵杆在位置1时,刮水片间歇性动作;操纵杆在位置2时,刮水片低速动作;操纵杆在位置3时,刮水片高速动作;操纵杆在位置4时,刮水片单程动作;操纵杆在位置5时,玻璃清洗器动作。

(3)检查刮水器工作状态。打开刮水器,工作几个循环后,关闭刮水器。如果风

窗玻璃出现刮不均匀或不干净的现象，应更换刮水片，如图4-55所示。

(4)检查刮水片的停止位置应该位于风窗玻璃下端，以不影响驾驶人视线为宜，如不符合要求需要进行调整。

(5)使刮水器电动机回到停止位置，将刮水片装到风窗玻璃上，校正后拧紧紧固螺母。调整停止位置时应保证图4-56中的 a 和 b 满足下列要求：$a=(15\pm5)$ mm；$b=(35\pm5)$ mm。图4-56中所给尺寸为刮水片与风窗玻璃下边缘处压力舱附加板之间的距离。

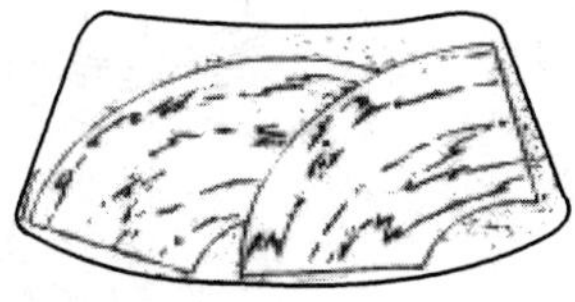

图4-55 刮水器工作状态不良

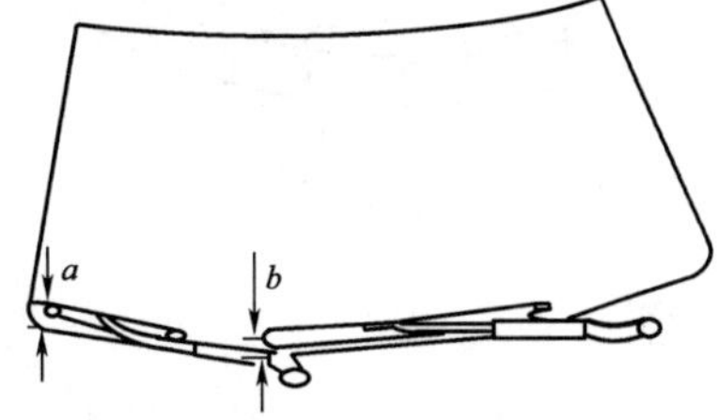

图4-56 刮水片停止位置的调整

2 刮水片的检查和更换

(1)检查刮水片外观有无异样，若有，应更换。

(2)检查刮水片表面是否附有油污，若有，应用专用洗涤液清洗。

(3)检查刮水片橡胶是否出现老化现象，若有，应及时更换。

(4)定期检查刮水臂的紧固螺母的松紧度。

3 喷嘴的检查与调整

(1)用记号笔在风窗玻璃上做上四点标记(标记应可擦掉)。如图4-57所示，为上海大众帕萨特汽车的调整尺寸：$a=(400\pm50)$ mm；$b=(190\pm50)$ mm；$c=(420\pm50)$ mm。

(2)调整后用专用工具检测喷嘴标记的位置。注意调整尺寸是从风窗玻璃密封条的边缘和下边缘处压力舱附加护板测量的。调整尺寸是按车行驶时给出的超前值，在汽车静止时喷嘴喷射略有不同。不同车型的调整尺寸略有不同，图4-58为上海大众桑塔纳2000汽车调整喷嘴尺寸。

二 电动车窗的维护

电动车窗可使驾驶人或乘员坐在座位上利用开关使车门玻璃自动升降，操作简

便并有利于行车安全。

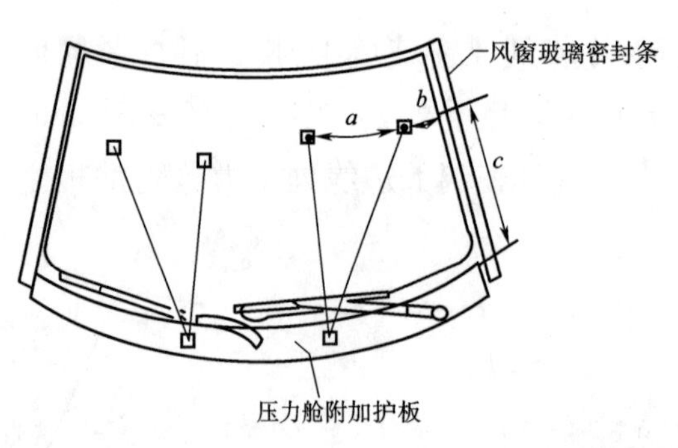

图 4-57　上海大众帕萨特汽车调整喷嘴

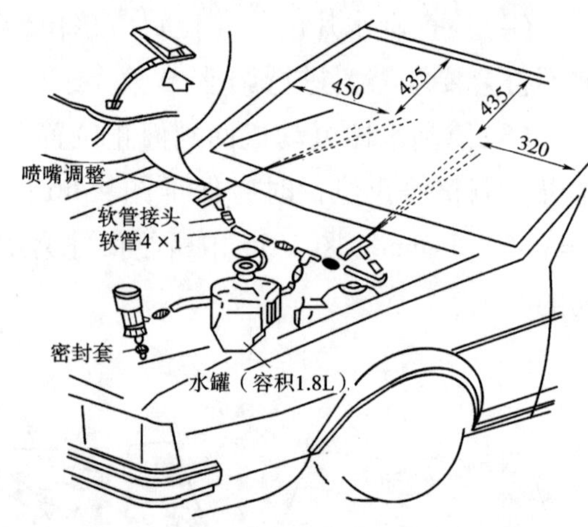

图 4-58　上海大众桑塔纳 2000 汽车调整喷嘴尺寸

电动车窗系统由车窗、车窗玻璃升降器、电动机、继电器、开关等装置组成。常见的车窗玻璃升降器有钢丝滚筒式和交叉传动臂式两种，如图 4-59 和图 4-60 所示。

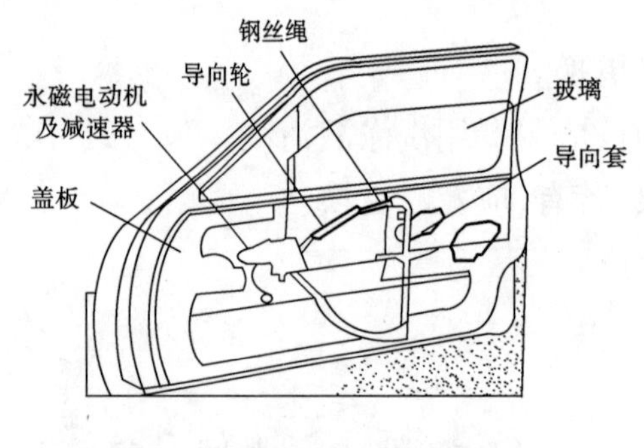

图 4-59　钢丝滚筒式电动车窗玻璃升降器

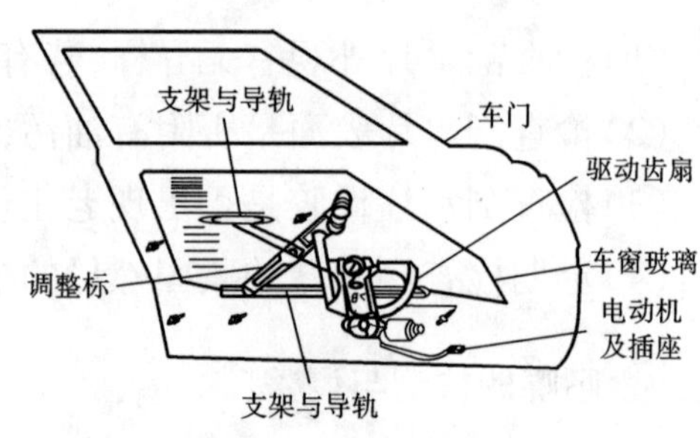

图 4-60　交叉传动臂式电动车窗玻璃升降器

1 检查电动窗基本功能(手动操作功能)

(1)将点火开关旋转至 ON 位置。

(2)当操作电动车窗玻璃升降器主开关到 UP 位置时，检查车门玻璃是否升起。而当 DOWN 位置时，检查车门玻璃是否下降。

(3)当把每个车门的电动车窗玻璃升降器开关旋转到 UP 位置时，检查车门玻璃是否升起。而操纵其开关到 DOWN 位置时，车门玻璃是否下降。

(4)当锁定车窗锁止开关时，检查驾驶人座椅侧玻璃以外的车门玻璃是否不工作。

2 检查自动操作的基本功能

(1)将点火开关旋转至 ON 位置。

(2)检查 AUTO DOWN 功能启动,操纵驾驶人位置的电动车窗玻璃升降器,按下主开关位置时,通过双重过滤后,车门玻璃将完全打开。

(3)检查 AUTO UP 功能启动,操纵驾驶人位置的电动车窗玻璃升降器,按下主开关到 UP 位置时,通过双重过滤后,车门玻璃将完全关闭。

(4)检查操纵 AUTO DOWN 期间,当操纵电动车窗玻璃升降器的主开关到 UP 位置时车门玻璃的工作将停止。

(5)检查操纵 AUTO UP 期间,当操纵电动车窗开关到 DOWN 位置时,门玻璃的工作将停止。(但是,当继续进行 UP 和 DOWN 操作时,车门玻璃的操作会转换为手动操作)。

3 检查防夹伤功能(驾驶人座椅车门玻璃)

在操作时千万要小心,以免被夹伤。当身体的任何部位,如手被夹在玻璃和车身之间时千万不要进行检查。当重新设置电动车窗电动机时,通过进行 AUTO 操作,重复上升和下降车门玻璃几次后再进行检查。

(1)完全打开车门玻璃。

(2)在靠近全关闭位置处放置锤子的手柄,如图4-61所示。

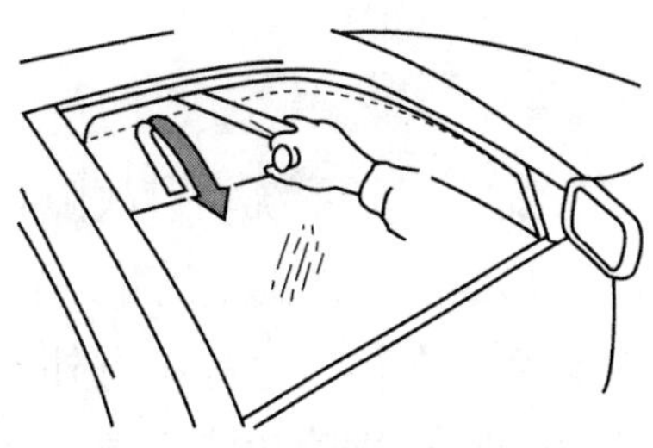
图4-61　检查防夹功能

(3)操纵 AUT OUP 时,车门玻璃完全关闭检查在锤子没有被夹住时,它应向下移动大约 200mm,并停在那里。

(4)下降操作期间,检查即使通过电动车窗玻璃升降器主开关的输入它也不会上升。

只有在 AUTO UP 操作期间,防夹伤功能才起作用。

三 安全气囊的维护

安全气囊属于被动安全保护装置，对驾驶人的头部和颈部安全起保护作用，特别是汽车正面碰撞和侧前方碰撞时，其保护作用十分明显。有一些国家已经在交通法规中明确规定轿车必须配置安全气囊装置，随着世界汽车市场的激烈竞争，随着安全气囊制造成本的降低，安全气囊将作为标准配置装配到所有家庭用的经济型轿车上。

当汽车行驶中遭受到正面或侧面碰撞时，安全气囊系统的工作原理基本相同。现以图4-62所示的正面碰撞为例来说明安全气囊系统的工作原理。

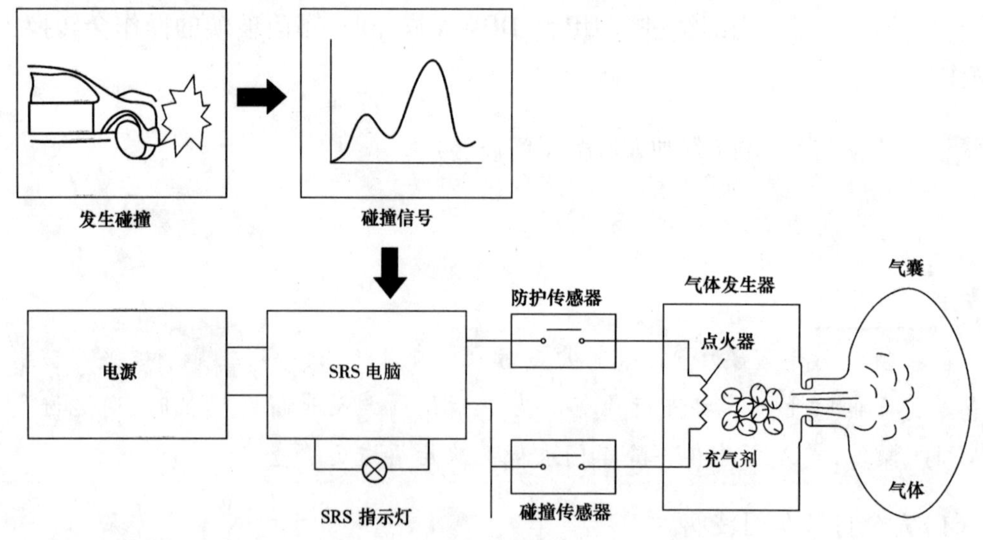

图4-62　安全气囊工作原理

安全气囊系统均有故障自诊断功能，系统一旦出现故障，可通过诊断系统进行故障诊断。在维修、检测安全气囊系统时，要严格按规范进行操作，否则，会使安全气囊系统在检修过程中意外展开而造成严重事故，或致使安全气囊系统不能正常运作，因此，在排除故障之前，一定要注意以下几点：

(1)检修工作必须在将点火开关旋转到 LOCK 位置并拆下蓄电池搭铁线 30s 或更长一些时间才能开始。这是因为安全气囊系统配有备用电源，如果检修工作在拆下蓄电池搭铁线后 30s 之内进行，就可能使安全气囊打开。

(2)即使只发生轻微碰撞而安全气囊未打开，也要对前气囊传感器和安全气囊组件进行检查，但绝对不可使用其他车辆上的安全气囊组件。如需更换，务必使用新零件。

(3)中心安全气囊传感器总成含有水银,更换之后,不要将换下的旧零件随意毁掉。当报废车辆或只更换安全气囊中心传感器总成时,应拆下安全气囊中心传感器总成并作为有害废弃物处置。

(4)手持安全气囊时,不要使安全气囊和盖指向身体,放置于工作台或其他表面时,要使装饰面朝上,如图4-63所示;展开安全气囊时,需要戴手套和安全眼镜。因为安全气囊内表面可能残留氢氧化钠,若接触到皮肤可以用冷水冲洗。

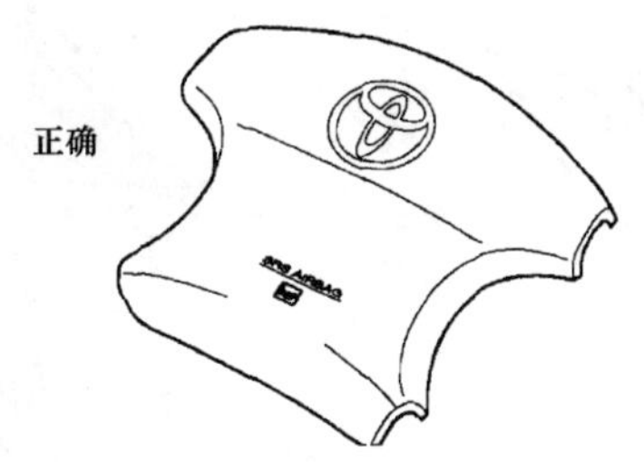

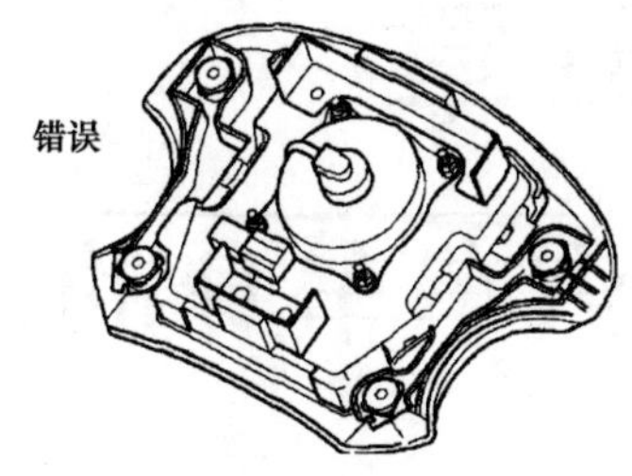

图4-63 安全气囊的放置方法

(5)绝不要试图拆卸和修理前气囊传感器、气囊中心传感器总成或安全气囊组件以供重新使用。

(6)对电路进行检查时,要使用高阻抗(至少10kΩ/V)汽车专用万用表来诊断电路系统故障。

(7)所有与安全气囊系统有关的检修工作必须在安全气囊系统正确拆除后进行。安装安全气囊时,不要试探任何连接处。如果在车上检修安全气囊系统,在安全气囊组件安全拆除前,不要坐在气囊附近。

(8)传感器安装方向是安全气囊系统发挥正常功能的关键,应将其恢复到原来位置。配线作业要十分小心,在作业前必须将安全气囊组件安全拆除。

(9)检修完成后,不要急于将安全气囊组件接入电路,应先进行电气检查,确认无误时,再将安全气囊组件接入。

(10)在安全气囊系统零部件的外表面上有说明标牌,必须遵守这些注意事项。

(11)安全气囊系统检修工作结束之后,进行安全气囊系统报警灯的检查。

第五章 Chapter

汽车车身的维护

知识目标

1. 了解汽车的分类和车身标识；
2. 能够认识到汽车清洁与维护的重要性；
3. 熟悉汽车车身清洗的作业项目；
4. 能够正确地识别和合理选用汽车清洗用品；
5. 能够根据不同的车身污染制订合理的施工工艺，并能熟练操作。

汽车因工作环境复杂，车身不但要经受日晒雨淋、石击、冰雪、严寒、酷暑这样多变环境条件的影响，同时行驶中车身经常接触化学药品、酸、碱、盐等腐蚀性的物质，更容易使其表面划伤，材料老化，甚至被腐蚀。再加上不正确的维护，更降低了汽车车身的使用寿命。一辆外表肮脏的汽车，不仅破坏汽车的美观，影响驾驶人的心情，而且也直接影响着乘客的乘坐舒适性和健康。当尘土和泥水黏附在汽车的前照灯、后视镜或风窗玻璃时，还会影响行驶安全性。所以，汽车车身要定期地进行专业的清洗和维护，以保持车辆外观整洁，延长车辆的使用寿命，提高驾驶安全性。同时，汽车车容装饰美观是汽车产品的一项技术指标，也被当作车辆年检中技术要求项目之一。

汽车车身清洗听起来很简单，甚至有些人认为不就是洗车吗！“一桶水，一把刷

子,一条毛巾”,就完全可以搞定了,我们说这种想法是错误的。车身就像人体的皮肤一样,光用水冲一下是远远不够的,要想保持它各方面的性能,就必须要进行专业的清洗和维护。

第一节　车身外部清洗维护

一 汽车车身清洗设备和用品

1 清洗设备

1 洗车机

洗车机如图5-1所示,洗车机能产生高压水流,冲掉车身表面和缝隙中的砂粒及灰尘,是车身清洗设备之一。有些高档的洗车机还带有自加热功能,靠燃烧柴油等燃料把水加热,在冬季洗车时能产生温水,提高清洗效果。

2 泡沫机

泡沫机如图5-2所示,把清洗液和水按比例加入泡沫机中,它能利用压缩空气将混合液以泡沫形式吹出,均匀地喷洒到车身上,能充分溶解车身污物,提高清洗效果。

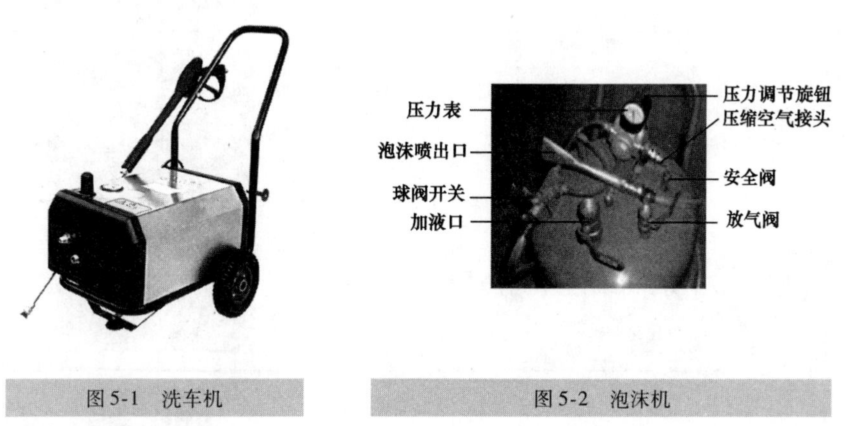

图5-1　洗车机　　图5-2　泡沫机

3 手工辅助工具

常见的手工清洗工具见表5-1。

手工清洗工具 表5-1

名称	功用	实物
喷水壶	盛放调配好的洗车液，可对遗漏的清洗部位，以及车轮和保险杠等难清洗部位清洗	
刷子	可对车身橡胶饰条，以及车轮和保险杠等难清洗部位清洗	
兔毛手套	喷涂泡沫后擦拭，便于油污去除，不伤漆面	

常用擦拭工具见表5-2。

擦拭工具 表5-2

名称	功用	实物
刮水板	去除车身水分，方便快捷，不损伤漆面	
鹿皮	精细擦拭，吸水性强	
毛巾	擦拭，吸水性好，不掉纤维，不伤漆面	
甩干桶	快速甩干鹿皮、毛巾和清洗后的脚垫	

2 车身清洗液

车身清洗液如图5-3所示。好的清洗液呈中性，含阴离子表面活性剂，能同时达到去除车身静电、油污和涂面维护的多重目的。使用方法要按照使用说明，绝大多数的洗车液都要求与水按一定的比例混合使用，根据车身污染程度的不同随时调整混合比例。

二 汽车车身表面的清洗工艺流程

1 准备工作

1 车身表面损伤检查

在车辆进行美容操作前，一定要做好检查记录工作，如图5-4所示。

图5-3　车身清洗液

图5-4　仔细检查，做好记录

当顾客要给车辆漆面、内饰、玻璃等部位进行美容装饰时，因费用会比较高，为了避免与顾客之间产生不必要的误会，故而做好记录就显得非常重要了。同时还应保留客户的信息记录，便于日后的联系和沟通，提高自身的规范程度，记录表格见表5-3。

2 检查车门、车窗等部位

一定要仔细检查车门、车窗、行李舱盖等部位是否关严，否则洗车时高压水流会通过未关严的缝隙冲进驾驶室内，有可能会造成严重的后果（真皮座椅、电子元件等被损坏），如图5-5所示。

车辆检查登记表　　表5-3

车辆检查登记表　　序号:----------------------

＊＊＊＊美容店　　地址:＊＊＊＊＊＊＊＊＊＊＊＊＊＊＊＊＊＊＊　　电话:＊＊＊＊＊＊＊＊＊

<table>
<tr><td>客户姓名:　　车牌号:　　来店时间:
车身颜色:　　车辆型号:</td></tr>
<tr><td>客户要求
项目:洗车(　)打蜡(　)清洗内饰(　)抛光(　)封釉(　)内室桑拿(　)底盘装甲(　)贴膜(　)
客户其他要求:

费用预估:</td></tr>
<tr><td>检查车辆
外部:</td></tr>
<tr><td>内部:</td></tr>
<tr><td>客户确认:</td></tr>
</table>

2 准备好相关的清洗设备和清洗材料

1 泡沫机的使用

按比例加水和清洗液,观察混合液的加入量,如图5-6所示。

图5-5　车窗没有关严

图5-6　给泡沫机加水和清洗液

打开空气阀,将泡沫机的进气压力调整到 2 ~4kPa,在此压力范围内,泡沫喷出的效果最好。压力过低吹不出泡沫,压力过高会把泡沫吹得到处都是,造成不必要的浪费,如图 5-7 所示。

图 5-7　调整气压

2 高压水枪水流的调整

接通水源和电源后,打开洗车机,调整高压水枪的水流形状,使水压达到要求。洗车时的水压没有绝对的数值要求,我们也无法准确地判断,只要能把污物冲掉同时还不能损坏漆面和其他车身零件即可。一般来说,车身预冲洗时水压要高一些,二次冲洗时水压要适当调小。由于高档汽车的漆面和车身零件质量要好于低档汽车,冲洗时,可以适当调高水压。当洗微型汽车等低档车辆时,尽量调低水压,否则很容易会把漆面损坏。

现在市场上大部分高压水枪水压都要人为调整,调整方法有两种:一种是通过改变枪嘴与被喷淋物之间的距离,距离近压力高,距离远压力低;另一种是通过改变水流的形状来调整,扇形大压力小,扇形小压力大。具体使用哪种方法,根据实际情况灵活调整。

柱状水流,水压高、冲力强,适合冲洗缝隙和污泥堆积严重的地方,如图 5- 8 所示。

大扇面水流,冲洗面积大、水压低,适于外表淋湿和二次冲洗。如图 5-9 所示。

图 5-8　柱状水流

图 5-9　扇面状水流

3 清洗操作

1 车身预冲洗

车身预冲洗时,一定要把水压适当调高,通过改变水枪与车身的距离来调整水压。初次冲洗时,水枪的距离在0.5m左右,水流扇面形状在15°~20°为宜,缝隙和拐角等处用柱状水流,如图5-10所示。因为脏污的车身上会有大量的尘土和砂粒,通过各种方式牢固地黏附在车身上,水压小的话很难把它们冲洗掉,会为下一道工序埋下隐患。但是水压也不要调得太高,否则会损伤漆面和其他零件。

冲洗的顺序一定要遵循由上到下、从前到后的原则,从车顶到底盘,从发动机舱盖到行李舱盖仔细冲洗,不要放过任何一个缝隙和拐角等容易积存砂土的地方。车身通体均用高压水枪打湿,涂面无大颗粒泥沙和污物后,才能确保下一步骤的顺利进行。

车轮上方的车身圆弧里,由于车轮滚动甩上来大量的泥沙和污物。一定要清洗干净,如图5-11所示。

图5-10 从车顶开始冲洗

图5-11 藏污纳垢的地方

2 喷洒泡沫并擦匀

喷涂的泡沫要均匀、适量,喷洒泡沫的顺序也是按从上到下来进行。喷完车身清洗剂以后,带上浸泡过的干净毛手套,轻轻将车身擦拭一遍,以便彻底去除顽固的油渍。用毛手套擦拭的部位是车身上有油漆的表面和汽车玻璃表面,如图5-12所示。

对于轮胎和门槛下缘等车体以下部位,一定要用专用的海绵或刷子单独清理。防止工具混用而对车漆面和玻璃造成意外损伤。如图5-13所示。

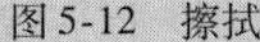

图 5-12　擦拭

图 5-13　清理轮胎和轮辋

3 二次冲洗

二次冲洗的目的是要把清洗剂泡沫和污水完全冲掉。所以这时冲洗的水压不用过高，水流扇面在 30° ~45°为宜，水枪距离仍然保持在 0.5m 左右。依然按从上到下、从前到后的顺序进行，如图 5-14 所示。当车身上的水自然流下时，呈现帘幕状，没有油珠的感觉，说明车身已经清洗干净了。

4 刮水

车身清洗用的刮水板是经过专业设计的，它就像风窗玻璃刮水器一样，能适应车身的不同流线，并且与车身表面的接触非常严密。刮水操作快捷彻底，省时省力，如图 5-15 所示。

图 5-14　二次冲洗

图 5-15　刮水

5 精细擦拭

鹿皮在使用前一定要浸泡透、拧干后再使用，这样它的吸水性会更好，如图5-16所示。擦拭一定要仔细、彻底，不要忽略了车门、行李舱盖内边缘和门框等部位。如图5-17所示。

图5-16　浸泡并拧干

6 吹干

对于锁孔、门缝、车窗密封条、后视镜壳、加油口盖等部位，用压缩空气辅助吹干，尤其是钥匙孔里的水分更要吹干。在北方的冬季，经常会发生洗车后车锁被冻住而无法开、锁车门的事情，有时还会因为加油口盖打不开而无法加油，如图5-18所示。

图5-17　边角位置不要遗漏

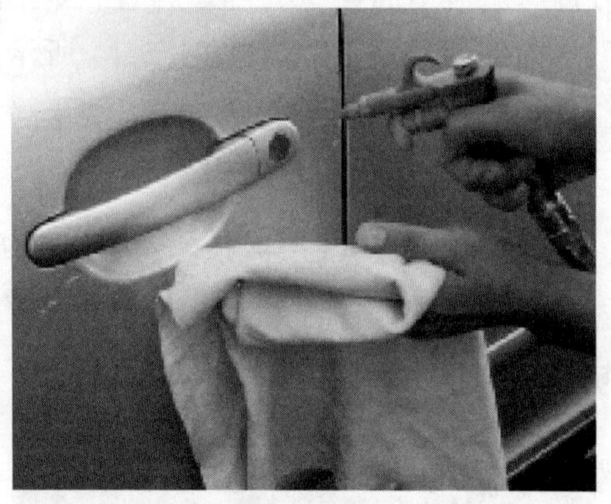

图5-18　吹干锁孔

第二节　车身手工打蜡维护

一、工具和材料

1 车蜡种类

车蜡按作用的不同可以分为维护蜡、修护蜡、综合蜡。

(1)维护蜡如图5-19所示。维护蜡能均匀地渗透到涂层的细小空隙中,使涂膜上多了一层保护膜,可以隔绝紫外线、灰尘、油烟以及其他杂质,保持漆面的光泽和持久性。

(2)修护蜡主要是在蜡中加入研磨成分,如氧化铝、碳化硅等。根据研磨剂的颗粒切削能力不同,修护蜡分为粗蜡、中蜡和细蜡。修护蜡能够修复涂层上的划痕,但同时涂层也会变薄。

(3)综合蜡是将修护蜡和维护蜡掺合在一起,可以将抛光和保护一次完成。如常听到的三合一美容蜡等。

2 车蜡选择

市场上车蜡种类繁多,分类标准五花八门,由于各种车蜡的性能不同,其作用效果也不一样,所以在选用时必须慎重,选择不当不仅不能保护车体,反而会损伤漆面,甚至使漆面变色。

一般情况下选择车蜡时,要根据车蜡的作用特点、车辆的新旧程度、车漆颜色及行驶环境等因素综合考虑。对于高档轿车,可选用高档车蜡。新车最好用彩涂上光蜡以保护车体的光泽和颜色;夏天宜用防紫外线车蜡;行驶环境较差时,则用保护作用突出的树脂蜡比较合适;而对普通车辆,用普通的珍珠色或金属漆系列车蜡即可。当然,选用车蜡时,还必须考虑与车漆颜色相适应,一般深色车漆选用黑色、红色、绿色系列的车蜡,浅色车漆选用银色、白色、珍珠色系列车蜡。

3 褪蜡毛巾

手工打蜡时需要使用干净柔软的毛巾,如图5-20所示。市场还有一种叫神奇百洁布的褪蜡毛巾,它不同于普通毛巾,柔软性好,不伤漆面。

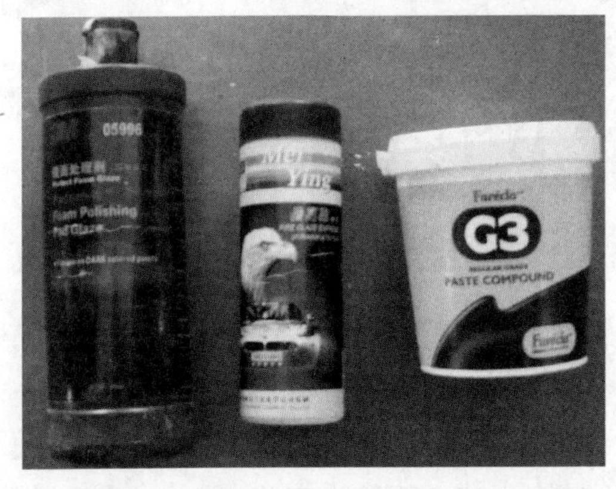

图5-19　手工维护蜡

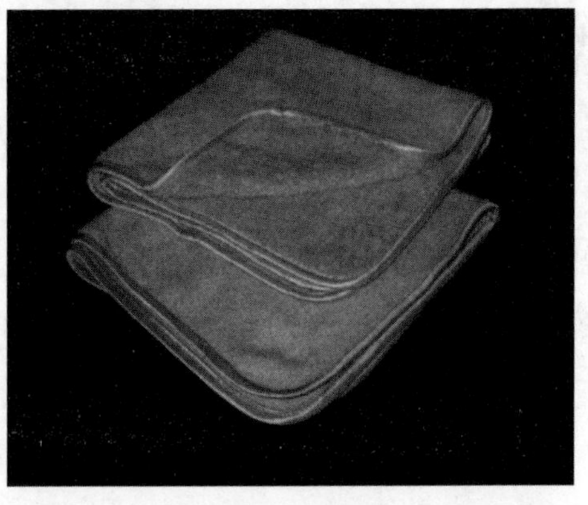

图5-20　褪蜡毛巾

二 手工打蜡操作过程

1 打蜡

如图 5-21 所示。将少量蜡挤在海绵上,保证每次处理的面积一定,不可大面积涂抹。打蜡时,手的力度一定要均匀,用大拇指和小拇指夹住海绵,以手掌和其余的三个手指按住海绵进行打蜡。打蜡操作时,应按一定的顺序,一般从车顶开始,再到发动机舱盖、翼子板、车门、尾部,遵循先上后下的原则。蜡膜尽量做到薄而均匀,并且将车身上有漆膜覆盖的表面都要上到。打蜡时可以按直线往复的方式也可以按螺旋线的方式进行,但是不可把蜡液倒在车上乱涂。一次作业要连续完成,不可涂涂停停,如图 5-21 所示。

2 褪蜡

如图 5-22 所示。打蜡完成停留几分钟后用手工擦拭或用抛光机将其打亮。手工擦拭时应先用手背感觉车蜡的干燥程度,以刚刚干燥而不粘手为宜。褪蜡时按打蜡的顺序进行就可以,手掌放平,垫上柔软的毛巾,掌心微用力,反复擦拭直到将蜡粉褪净,漆面明亮、光滑。从侧面观察漆面光泽一致,没有未褪掉车蜡的地方。机器处理时应在车蜡完全干燥后再处理,转速控制在 1000r/min 以下。

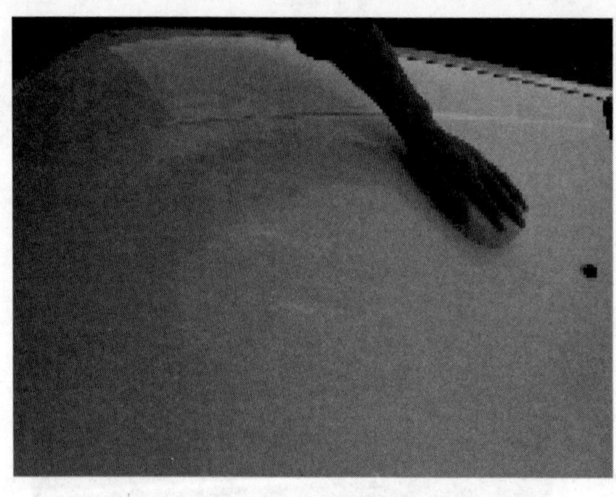

图 5-21 打蜡

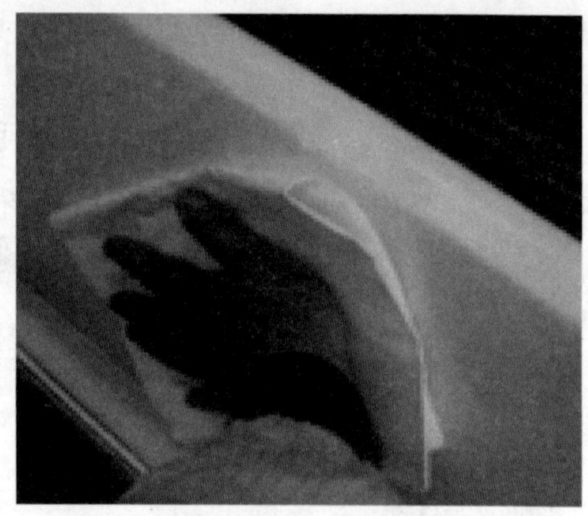

图 5-22 褪蜡

车身打蜡后,在车灯、车牌、车门和行李舱等处的缝隙中会残留一些车蜡,使车身显得很不美观。这些地方的蜡垢若不及时擦干净,还可能产生锈蚀。因此,打完蜡后一定要将蜡垢彻底清除干净,这样才能得到完美的打蜡效果。

3 竣工检查

打蜡完毕后，要对全车表面进行一次检查，此时应特别注意检查容易遗漏的部位，如发动机舱盖边沿及内侧、车门边缘内侧、车门把手内侧、行李舱盖边沿内侧、加油口盖内侧、轮胎等部位。维护完毕的车身，光亮如新，如图 5-23 所示。

图 5-23　车身维护竣工的车辆

三 交车、整理设备

将维护好的车辆交给顾客，整理设备和工具，进一步完善施工单。

至此，整个车身维护过程结束。

第六章

4S店售前维护操作规程和维护灯复位操作

知识目标

1. 了解售前检查的目的和作用；
2. 掌握不同车系售前检查的项目；
3. 能够实际操作常见车型的售前检查项目；
4. 可以根据检查结果进行相应的维护；
5. 注意工作安全和车辆清洁。

第一节 4S店售前维护(PDI)项目操作

汽车4S店所做的售前检查就是将车辆交给顾客前所做的检验，简称PDI。其目的是为了保证车辆处于最佳状态，顾客在提车后即可驾驶。

售前检查由下列三道工序组成：①验证车辆的状态；②将车辆恢复到工作状态；③汽车性能的检查。

一、大众车系售前检查(PDI)项目

(1)检查蓄电池静态电压(空载电压)。

(2)检查蓄电池电缆紧固情况。

(3)检查蓄电池负载电压。

(4)目视检查发动机及发动机舱是否存在渗漏及损坏。

(5)检查冷却液液位。

(6)检查风窗/前照灯清洗液液位,售前检查时清洗液罐内应装满清洗液。

(7)检查发动机机油液位。

(8)检查制动液液位。

(9)检查转向助力系统液压油油位。

(10)拆除前/后悬架运输锁块。

(11)目视检查车辆下部是否存在渗漏及损坏。

(12)检查轮胎(包括备胎)充气压力。

(13)检查车轮螺栓紧固力矩。

(14)安装熔断丝。

(15)检查所有开关、电气设备、显示器及驾驶人操作控制系统功能。

(16)检查电动车窗玻璃升降器的单触功能。

(17)调整数字式时钟。

(18)检查空调系统功能。

(19)激活收音机/导航系统功能(输入防盗码)。

(20)设置组合仪表语言显示。

(21)维护周期复位。

(22)前排乘员侧安全气囊开关处于开启(ON)位置(配有该开关时)。

(23)检查所有电控单元故障记忆。

(24)检查风窗清洗喷嘴喷射角度及位置(必要时调整)。

(25)拆除座椅保护套及地毯塑料保护膜。

(26)检查车辆内部是否清洁,包括前后座椅、内部装饰件、地毯/脚垫和车窗等。

(27)安装车轮罩盖/装饰帽、车顶天线、电话天线等(这些零件一般存放在行李舱内)。

(28)安装脚垫。

(29)拆除车门保护块。

(30)检查车辆外部是否清洁,包括油漆、装饰件、车窗及刮水器等。

(31)检查钥匙标牌上的钥匙号/认证号胶贴是否完整、清晰。

(32)在维护胶贴上填写下次维护日期及更换制动液日期,将该胶贴粘贴在仪表

板左侧或车门B柱上。

(33)在维护手册中填写交车检查的有关内容。

(34)检查随车文件是否完整、齐全。

(35)试车。

二 丰田车系售前检查(PDS)项目

1 验证车辆状态

在运输中会出现各种问题,可能会有损伤。因此,在车辆到达经销商处时必须验证车辆有没有问题。

2 恢复正常工作的状态

为了防止运输中发生问题,在车辆离厂前厂家对其采取了各种措施。所以,在PDS时必须将车辆恢复到工作状态。

(1)安装熔断丝及短路销。

(2)安装工厂提供的零部件。

(3)从制动器盘上拆下防锈盖。

(4)安装橡胶车身塞。

(5)取下前弹簧隔圈。

(6)取下紧急拖车环。

(7)调整轮胎空气压力。

(8)除去不需要的标签、标志、贴纸等。

(9)取掉车身防护膜。

3 检查车辆的功能

在车辆交付顾客前,确保各部件和机械运转正常。检验步骤如下。

(1)准备作业;

(2)环车检查;

(3)发动机舱;

(4)底盘;

(5)道路测试;

(6)最终检查及清洁。

4 售前检查项目表

丰田汽车售前检查项目表见表6-1。

丰田汽车售前检查项目表 表6-1

准备工作

01. 安装收音机天线

环车检查

01. 检查警告灯及蜂鸣器
02. 检查发动机起动、平稳、异音、振动等状况(冷机)
03. 检查灯光及电子元器件
    - 前照灯、示宽灯、雾灯及仪表灯
    - 尾灯、牌照灯及后雾灯
    - 制动灯及倒车灯
    - 转向灯、报警灯
    - 刮水器、玻璃清洗器及喇叭
    - 后窗除霜器及点烟器
    - 音响系统及时钟
    - 室内灯
    - 天窗
04. 检查内外侧后视镜
05. 检查角度可调转向盘动作
06. 检查杂物箱盖、杯架及烟灰缸
07. 检查座椅及安全带动作、损伤及污迹
08. 检查加油口盖、行李舱盖及发动机舱盖
09. 检查车窗动作
10. 检查车门、门锁及遥控门锁动作

检查发动机舱

01. 检查工作液、润滑油品质
    - 机油
    - 转向助力油
    - 自动变速器油
    - 制动及离合器油
    - 玻璃清洗液
    - 蓄电池液面
02. 检查燃油、机油、冷却液及其他工作液渗漏
03. 检查蓄电池端子紧固程度
04. 检查蓄电池电压(标准值:12.2V)
05. 检查组装、破损

车辆底部

01. 检查车轮螺母力矩
02. 调整轮胎气压
03. 检查轮胎缺陷及破损
04. 安装前扰流板
05. 检查燃油、机油、冷却液及其他工作液渗漏
06. 检查底盘及传动机构螺纹紧固件
07. 检查车辆底部损伤、锈蚀等情况

行驶检查

01. 检查踏板自由行程、高度及储备行程
02. 检查发动机起动、平稳、异响、振动等状况(暖机)
03. 行驶性能(加速、定速、减速、响应性等)
04. 检查组合仪表工作情况
05. 检查离合器、手动变速器工作情况
06. 检查行车制动器及驻车制动器工作情况
07. 检查转向机构工作情况
08. 寻找任何异常噪声及振动
09. 检查暖风及空调工作情况
10. 检查自动变速器
11. 检查导航系统

终检及修理

01. 揭去不必要的标签、贴纸等
02. 目视检查内饰件的安装、固定、污损、破损等情况
03. 确认《用户手册》等资料
04. 安装轮毂盖
05. 清洗车辆内外部
06. 检查漆面划伤、起皮或破损
07. 检查外观件安装、破损或锈蚀等情况

第二节 常见车型的维护灯复位操作

为了更好地贯彻“预防为主、定期检测、强制维护”的汽车维护原则，提高汽车行驶的可靠性，延长汽车的使用寿命以及为了适应电子控制技术在汽车上的不断运用，目前汽车制造商在中、高档汽车的相关系统上均设置于汽车维护警告灯。其目的是提示汽车驾驶维修人员，要定期检测维护车辆。下面就有关汽车维护警告灯的复位及设置方法等进行详细介绍。

一 一汽宝来轿车维护灯复位程序

1 维护周期显示

宝来轿车在维护周期还剩下3000km时，会发出首次提示，在打开点火开关以后，组合仪表上里程显示屏上将显示20s的“Service 3000km”。以后会根据实际行驶的里程，以100km的步长来启动警报。下一次打开点火开关后，维护警报会与里程状况一同显示。

2 维护请求

警报到期时，里程表显示屏上会出现维护请求。打开点火开关后，组合仪表上的里程显示表出现“SERVICE”闪烁，并保持20s，以提醒驾驶人进行相应的维护。

3 维护周期显示复位

在车辆进行完维护完毕以后，要求对车辆的维护周期复位，其具体方法如下。

(1)关闭点火开关。

(2)如图6-1所示，按下车速表旁的调节按钮1，并保持该状态。

(3)打开点火开关，并松开调节按钮1，里程表显示屏上会出现“SERVICE”字样。

(4)如图6-2所示，顺时针转动转速表旁的调节按钮1，这时维护周期显示就被复位了，显示屏上的显示内容随即消失。

(5)关闭点火开关。

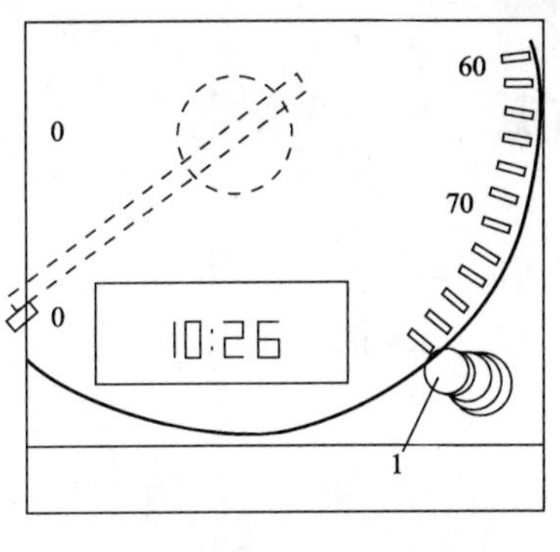

图 6-1　车速表旁的调节按钮

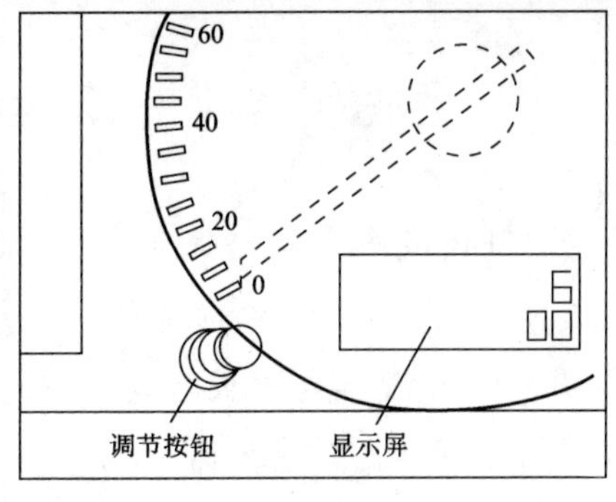

图 6-2　调节按钮位置

二 沃尔沃 S80 轿车维护灯复位程序

(1)将点火开关置于 ACC 位置。

(2)按住里程表重新设置键。

(3)接通点火开关。

(4)按住重新设置键 10s 后维护灯开始闪烁。

(5)持续 5s 后松开重新设置键。成功后仪表将发出“嘀”的一声响。

5s 内没有松开重新设置键将会操作失败,需要重新设置。

三 东风标致 307 轿车维护灯复位程序

每次定期维护完成之后,均要按照以下步骤进行维护灯复位操作。

(1)关闭点火开关。

(2)按下组合仪表上的单次计程表复位按钮,并使按钮保持被按下状态。

(3)接通点火开关。

(4)里程表显示屏开始倒计数。当显示 0000.0 时松开按钮,此时组合仪表上显示屏中维护操作的扳手指示灯应熄灭。

(5)此操作完成之后,如果要断开蓄电池,必须将车辆上锁,并至少等待 5min,否则复位将不会被电控单元记录下来。

参 考 文 献

[1] 夏长明.现代汽车维护与保养[M].北京:机械工业出版社,2008.
[2] D·威德尔.汽车发动机构造与诊断维修[M].北京:机械工业出版社,2006.
[3] 李春明,魏崴.汽车电气设备与维修[M].西安:西安电子科技大学出版社,2006.
[4] 丰田汽车公司.汽车基本常识与工作原理[M].北京:高等教育出版社,2006.
[5] 丰田汽车公司.汽车维护操作[M].北京:高等教育出版社,2006.
[6] 张西振.汽车发动机[M].沈阳:辽宁科学技术出版社,2002.
[7] 贺展开,黄清伟.汽车检修实验指导[M].北京:机械工业出版社,2007.
[8] 金喜庆.汽车维护与保养[M].武汉:华中科技大学出版社,2008.
[9] 朱军.汽车维修常用工量具使用[M].北京:人民交通出版社,2010.
[10] 明光兴,李培军.汽车电器实训教程[M].北京:中国人民大学出版社,2010.
[11] 毛峰.汽车电器设备与维修[M].北京:机械工业出版社,2008.
[12] 李春明.汽车电器与电路[M].北京:高等教育出版社,2003.
[13] Wilfred Staudt.汽车机电技术(一)[M].华晨宝马汽车有限公司,译.北京:机械工业出版社,2008.
[14] 黄银娣.新型汽车电控系统及检修[M].北京:中国林业出版社,2001.
[15] 岳江.汽车空调系统检修[M].北京:人民邮电出版社,2009.
[16] 金加龙.汽车底盘构造与维修[M].北京:电子工业出版社,2005.